O NOVO
CÓDIGO DE ÉTICA
E DISCIPLINA DA OAB
COMENTADO

- Quadro comparativo entre o antigo e o novo Código de Ética e Disciplina da OAB
- Comentários sobre as Atualizações Normativas
- Banco de 80 questões do Exame de Ordem
- Estatuto da Advocacia e da OAB - Lei 8.906/94
- Regulamento Geral da OAB
- Notas Remissivas atualizadas

COLEÇÃO
TEMAS ESSENCIAIS
COORDENADOR
FRANCISCO FONTENELE

JONNAS VASCONCELOS

`EXAME DA OAB - 1ª FASE`

O NOVO
CÓDIGO DE ÉTICA
E DISCIPLINA DA OAB
COMENTADO

- *Quadro comparativo entre o antigo e o novo Código de Ética e Disciplina da OAB*
- *Comentários sobre as Atualizações Normativas*
- *Banco de 80 questões do Exame de Ordem*
- *Estatuto da Advocacia e da OAB - Lei 8.906/94*
- *Regulamento Geral da OAB*
- *Notas Remissivas atualizadas*

VOLUME 1

GZ
CONCURSO

Brasiljurídico
Ensino de Alta Performance

1ª edição – 2017

© *Copyright*
Francisco Fontenele
Jonnas Esmeraldo Marques de Vasconcelos

Diagramação
Maurício Amaral

Capa
Helder Brito

CIP – Brasil. Catalogação-na-fonte.
Sindicato Nacional dos Editores de Livros, RJ.

V45n

Vasconcelos, Jonnas Esmeraldo Marques de
O novo código de ética e disciplina da OAB comentado / Jonnas Esmeraldo Marques de Vasconcelos; coordenação Francisco Fontenele. - 1. ed. - Rio de Janeiro: LMJ Mundo Jurídico, 2017.

196 p. ; 24 cm. (Temas essenciais : exame da OAB ; 1ª fase)

Inclui índice
ISBN 978-85-62027-99-4
1. Ordem dos Advogados do Brasil - Estatutos. 2. Advogados - Estatuto legal, leis, etc. - Brasil. 3. Ética jurídica - Brasil I. Fontenele, Francisco. II. Título. III. Série.

16-37124   CDU: 347.965.8

O titular cuja obra seja fraudulentamente reproduzida, divulgada ou de qualquer forma utilizada poderá requerer a apreensão dos exemplares reproduzidos ou a suspensão da divulgação, sem prejuízo da indenização cabível (art. 102 da Lei nº 9.610, de 19.02.1998).

Quem vender, expuser à venda, ocultar, adquirir, distribuir, tiver em depósito ou utilizar obra ou fonograma reproduzidos com fraude, com a finalidade de vender, obter ganho, vantagem, proveito, lucro direto ou indireto, para si ou para outrem, será solidariamente responsável com o contrafator, nos termos dos artigos precedentes, respondendo como contrafatores o importador e o distribuidor em caso de reprodução no exterior (art. 104 da Lei nº 9.610/98).

As reclamações devem ser feitas até noventa dias a partir da compra e venda com nota fiscal (interpretação do art. 26 da Lei nº 8.078, de 11.09.1990).

Reservados os direitos de propriedade desta edição pela
GZ EDITORA
e-mail: contato@editora gz.com.br
www.editoragz.com.br
Travessa do Paço nº 23, sala 1.208 – Centro
CEP: 20010-170 – Rio de Janeiro – RJ
Tel.: (0XX21) 2240-1406 – Fax: (0XX21) 2240-1511

Impresso no Brasil
Printed in Brazil

SUMÁRIO:

Considerações iniciais 15

Código de Ética e Disciplina da OAB 17
- A. Preâmbulo 17
  - A.1. Quadro comparativo 18
- B. Título i - da ética do advogado 20
  - B.1. Capítulo I – Dos Princípios Fundamentais 20
    - B.1.i. Quadro comparativo 21
  - B.2. Capítulo II – Da Advocacia Pública 23
    - B.2.i. Quadro comparativo 24
  - B.3. Capítulo III – Das relações com o cliente 25
    - B.3.i. Quadro comparativo 25
  - B.4. Capítulo IV – Das relações com os colegas, agentes políticos, autoridades, servidores públicos e terceiros 33
    - B.4.i. Quadro comparativo 33
  - B.5. Capítulo V – Da advocacia *pro bono* 36
    - B.5.i. Quadro comparativo 36
  - B.6. Capítulo VI – Do exercício de cargos e funções na OAB e na representação da classe 38
    - B.6.i. Quadro comparativo 38
  - B.7. Capítulo VII – Do sigilo profissional 41
    - B.7.i. Quadro comparativo 41
  - B.8. Capítulo VIII – Da publicidade profissional 43
    - B.8.i. Quadro comparativo 44
  - B.9. Capítulo IX – Dos honorários profissionais 49
    - B.9.i. Quadro comparativo 50

C. Título II – Do processo disciplinar 58
    C.1. Capítulo I – Dos procedimentos 59
        C.1.i. Quadro comparativo 59
    C.2. Capítulo II – Dos órgãos disciplinares 85
        C.2.i. Quadro comparativo 85

Banco de questões - Análise 360º 89
    Questões pertinentes ao tema do Título I - Capítulo I 90
    Questão pertinente ao tema do Título I - Capítulo II 95
    Questões pertinentes ao tema do Título I - Capítulo III 96
    Questões pertinentes ao tema do Título I - Capítulo IV 106
    Questões pertinentes ao tema do Título I - Capítulo V 107
    Questões pertinentes ao tema do Título I - Capítulo VI 108
    Questões pertinentes ao tema do Título I - Capítulo VII 110
    Questões pertinentes ao tema do Título I - Capítulo VIII 114
    Questões pertinentes ao tema do Título I - Capítulo IX 119
    Questões pertinentes ao tema do Título II- Capítulo I 126
    Questões pertinentes ao tema do Título II - Capítulo II 129

Palavras finais 131

Legislação pertinente 133

Regulamento geral do Estatuto da Advocacia e da OAB 155

AGRADECIMENTOS

Este livro não seria possível sem o apoio da excelente equipe do *Brasil Jurídico – Ensino de Alta Performance*, sempre dedicada para a construção dos melhores materiais de estudos aos alunos.

Fundamental também a terna ajuda em todas as fases de elaboração desse livro - de correções textuais às análises de conteúdo – de Ariella Kreitlon Carolino, a minha "Lela".

A todos vocês, o meu eterno obrigado!

APRESENTAÇÃO DO COORDENADOR

Eis que surge no mercado uma proposta genuína para direcioná-lo(a) na prova do Exame da OAB.

A G|Z Editora e o Brasil Jurídico - Ensino de Alta Performance consolidam uma extraordinária parceria para a publicação desta coleção, notadamente, voltada para o Exame da OAB e com obras individuais que contemplam: doutrina, jurisprudência e legislação de cada uma das dezessetes disciplinas que compõem esse Exame, além de questões aplicadas pela FGV.

O projeto Coleção TEMAS ESSENCIAIS - EXAME DA OAB - 1ª FASE traz um novo formato de leitura, que conduzirá de maneira objetiva e assertiva os seus estudos. A obra reúne um brilhante grupo de professores, consagrados e com vasta experiência, que juntos constroem um conceito inovador de estudo de Alta Performance. Traduz em eficácia e precisão, sobretudo, compreendendo a necessidade de um conteúdo de altíssima qualidade, atrelado a objetividade para obter êxito na resolução das questões da prova.

A Coleção tem como base os Temas Essenciais extraídos pelo Análise 360º, que faz análise criteriosa da Banca FGV e de todas as provas anteriores aplicadas por esta banca examinadora, apontando o que é realmente essencial para o seu estudo.

Assim, a G|Z Editora e o Brasil Jurídico - Ensino de Alta Performance colocam a sua disposição uma coleção totalmente voltada para o seu objetivo, proporcionando o melhor conteúdo e demonstrando excelentes resultados com a prática.

Bons Estudos! Estamos trabalhando em prol do seu sucesso.

Francisco Fontenele
Diretor Executivo do Brasil Jurídico
Especialista em concursos públicos e Exame de Ordem.

APRESENTAÇÃO DO AUTOR

A ética é, certamente, uma das palavras mais presentes no linguajar comum, permeando inúmeras conversas, debates, discussões públicas e ideários político-filosóficos. A palavra, contudo, dificilmente é usada pelas pessoas da mesma maneira - isto é, expressando o mesmo significado, a mesma ideia, o mesmo conteúdo. Por isso, quando olhamos de maneira atenta, verificamos que, por debaixo de um aparente consenso, existem, na verdade, diferentes perspectivas sobre o que significa a ética e, por consequência, sobre o que é agir eticamente e quais são os valores éticos etc.

A multiplicidade de usos dessa palavra tem, pois, uma razão de ser. A ética é um fenômeno social que pode ser apreendido por meio de duas dimensões distintas, porém articuladas: enquanto "saber teórico" e enquanto "prática social".

Quando falamos de ética enquanto "saber teórico", fazemos referência à dimensão das reflexões que tomam por objeto as normas morais, ou seja, os padrões de comportamento, os valores que organizam as relações humanas, as concepções de vícios e de virtudes entre outras questões. Neste plano, as perspectivas éticas podem confirmar ou negar a moralidade dominante em dado contexto social, histórico e cultural. Certos intelectuais se destacaram com reflexões desenvolvidas em diálogo crítico tanto com as normas morais de sua época quanto com as ideias desenvolvidas por outros pensadores sobre o tema. Assim, ao longo da história humana, conformaram-se diversos sistemas teóricos sobre a ética, como a "ética socrática", a "ética platônica", a "ética aristotélica", a "ética utilitarista", a "ética kantiana", dentre várias outras. Cada qual a seu modo e cada qual a seu tempo, foram sendo construídas diferentes perspectivas no campo da ética enquanto saber teórico.

Por outro lado, quando falamos em ética enquanto "prática social", acentuamos a dimensão aplicada da vida em sociedade, ou melhor, das escolhas morais que são exteriorizadas pelos seres humanos em suas condutas e posturas dentro de cada contexto. Por fatores diversos – que, inclusive, podem ser objetos de estudos mais aprofundados -, certas normas morais acabam por ser elevadas a "guias" organizadores da vida em sociedade, orientando a prática dos indivíduos. Neste plano, há uma inegável interseção entre o direito e a ética, pois normas morais (como, por exemplo, não se deve matar) podem ingressar no campo da subjetividade jurídica - isto é, no universo do sujeito de direito, qualificando-se enquanto normas jurídicas. Em face dessa possibilidade, podemos encontrar na sociedade tanto normas morais que se caracterizam como normas jurídicas (exemplo: não se deve roubar) quanto normas morais que não integram o universo das obrigações do sujeito de direito (exemplo: deve-se ter fé).

Em torno dessas interações entre moral e direito, desenvolve-se, na ciência do direito, a chamada "Ética Jurídica". Um campo bastante vasto, cuja importância reside não apenas no âmbito da reflexão filosófica, mas também nos desdobramentos da dogmática (como pode ser observado, por exemplo, em institutos como o da reparação civil por danos morais, do princípio da moralidade na administração pública, da boa-fé contratual, dos costumes como fonte de direito entre outros).

Dentre os desdobramentos da Ética Jurídica, enquadra-se a regulação profissional dos operadores do direito, a chamada "deontologia forense". A deontologia (do grego: *deon* = dever + *logos* = ciência) forense é, assim, o campo que versa sobre os direitos e deveres éticos que disciplinam as carreiras jurídicas. Em suma, tratam-se de valores éticos que foram incorporados pelo sistema jurídico para servir de guia de conduta aos juristas. A lógica é que o indivíduo, ao ingressar em determinada profissão, deve adequar a sua ética pessoal aos *mandamentos mínimos* que conformam a categoria à qual passa a pertencer.

Em que pesem as particularidades que caracterizam cada carreira jurídica (advocacia, magistratura, promotoria dentre outras), podemos perceber que, de maneira comum, as regras dessas profissões gravitam em torno de dois eixos estruturantes: o da "ciência" e o da "consciência". Por "ciência", referimo-nos ao incentivo ao preparo intelectual, ao domínio sobre as técnicas necessárias para o exercício da profissão. Por "consciência", tratamos do compromisso e da responsabilidade com os efeitos e as expectativas sociais gerados pela atividade.

Os mandamentos ético-jurídicos estruturam não só a dinâmica de *punições* aos eventuais desvios e infrações disciplinares, mas também os *estímulos* para o melhor exercício das profissões jurídicas. Com esses objetivos, os "Códigos de Ética" profissionais são elaborados.

O nosso livro tem por objeto de análise o mais novo Código de Ética e Disciplina da Ordem dos Advogados do Brasil (doravante, CED da OAB), elaborado pelo Conselho Federal da OAB por meio da Resolução 02/2015 e publicado no Diário Oficial da União, em novembro de 2015, substituindo, a partir de 2016, o Código de Ética em vigor desde 1995.

O novo CED, além de adequar alguns temas à realidade de uma sociedade cada vez mais informatizada e dinâmica, caso das regras de publicidade e de honorários, trouxe uma série de inovações. Entre as novidades, destacamos a previsão da advocacia *pro bono*, a criação de Corregedorias-Gerais e as novas regras do Processo Disciplinar.

Não apenas fundamental para quem já exerce a advocacia e, por isso, precisa atualizar os conhecimentos sobre o regramento ético da profissão, o estudo do CED da OAB é extremamente relevante também para aquele que deseja ser aprovado no Exame da OAB. Afinal, a matéria Ética e Legislação Profissional é aquela com maior número de questões objetivas na primeira fase do Exame: 10 questões ao todo, o que representa 25% das 40 questões necessárias para a aprovação na primeira etapa. Evidente está, portanto, que essa disciplina é estratégica para o sucesso no certame.

Neste livro, você encontrará quadro comparativo entre a nova e a antiga redação, explicações sobre os novos capítulos e artigos, comentários acerca das mudanças normativas, resoluções de 80 questões relacionadas aos assuntos disciplinados pelo Código e um anexo com a legislação profissional pertinente com notas remissivas.

Com esse rico material, tanto quem já exerce a advocacia poderá aprofundar conhecimentos sobre as normas éticas da profissão quanto os que desejam aprovação no Exame de Ordem estarão preparados para gabaritar as perguntas sobre o novo CED da OAB.

Bons estudos!

CONSIDERAÇÕES INICIAIS

A primeira consideração a ser feita consiste em que, conforme dispõe o artigo 33 da Lei n. 8.906/94 (Estatuto da Advocacia e a Ordem dos Advogados do Brasil - EOAB), todo advogado está obrigado a cumprir rigorosamente os deveres consignados no Código de Ética e Disciplina. A observância deste diploma é, por isso, condição para o adequado exercício da profissão.

No novo CED da OAB, além de reformas pontuais e até mesmo repetição *ipsis litteris* de alguns textos do Código anterior, houve um incremento substantivo da matéria regulada, que pode ser percebido tanto pelo aumento na quantidade de artigos (80 frente aos 66 do antigo Código) quanto pelas inovações temáticas - por exemplo, as disposições acerca da advocacia pública (artigo 8º), da advocacia *pro bono* (artigo 30), do exercício de cargos e funções na OAB (artigos 31 e 34) e das Corregedorias-Gerais (artigo 72).

Conhecer o novo regramento ético da advocacia é fundamental tanto para quem já exerce a profissão quanto para aqueles que desejam ingressar na carreira. Para auxiliá-los nesta empreitada, elaboramos o presente livro.

Aos que já exercem a advocacia, destacamos a importância de conhecer as novas regras sobre publicidade - mais adequadas às novas tecnologias e mídias sociais que o Código anterior -, sobre honorários advocatícios – notadamente à autorização de pagamentos mediante cartão de crédito – e sobre a nova dinâmica do procedimento disciplinar.

Aos que pretendem ingressar na carreira e, por isso, precisam passar no Exame de Ordem, elaboramos também uma seção com questões selecionadas com base na *Análise 360º* - estatísticas elaboradas pelo *Brasil*

Jurídico – Ensino de Alta Performance sobre como os temas referentes à Ética Profissional têm sido cobrados nos Exames, ao longo dos anos. Com esse material, você terá um estudo direcionado da matéria.

Desse modo, organizamos a análise do CED da OAB por meio de três partes:

1. Quadro comparativo entre capítulos do antigo e do novo Código, destacando as reformas constantes na redação dos artigos;

2. Seção de comentários sobre o assunto regulado pelo capítulo comparado, destacando as eventuais mudanças e a incidência do mesmo em exames anteriores;

3. Resoluções de **80 questões** relacionadas ao tema.

Seguindo essa estrutura de estudo, com foco e estratégia, a tão desejada aprovação no Exame de Ordem estará a mais um passo de se tornar realidade.

CÓDIGO DE ÉTICA E DISCIPLINA DA OAB

A matéria disciplinada no novo CED da OAB está organizada por meio de Preâmbulo e três Títulos: (i) "TÍTULO I - DA ÉTICA DO ADVOGADO", (ii) "TÍTULO II - DO PROCESSO DISCIPLINAR" e (iii) "TÍTULO III - DAS DISPOSIÇÕES GERAIS E TRANSITÓRIAS".

O TÍTULO I é composto por 54 artigos, distribuídos em 9 capítulos[1], enquanto o TÍTULO II é composto por 18 artigos, distribuídos em 2 capítulos[2], e o TÍTULO III composto por 8 artigos. Como este último consiste somente nas disposições gerais e transitórias, o nosso livro focará na análise do preâmbulo e dos dois primeiros títulos, comparando-os com as disposições do diploma anterior.

A. Preâmbulo

O preâmbulo é a parte introdutória ao diploma legal, que, apesar de indevidamente negligenciada por muitos operadores do direito, possui uma importante função hermenêutica. Pois, ao explicitar as intenções do legislador na elaboração da norma, o preâmbulo ajuda o intérprete do direito a construir o sentido mais completo das regras postas pelo novo CED da OAB.

Vejamos no quadro comparativo, abaixo, os preâmbulos da antiga e da nova redação do CED da OAB, destacando, em vermelho, as mudanças textuais.

---

[1] CAPÍTULO I - DOS PRINCÍPIOS FUNDAMENTAIS; CAPÍTULO II - DA ADVOCACIA PÚBLICA; CAPÍTULO III - DAS RELAÇÕES COM O CLIENTE; CAPÍTULO IV - DAS RELAÇÕES COM OS COLEGAS, AGENTES POLÍTICOS, AUTORIDADES, SERVIDORES PÚBLICOS E TERCEIROS; CAPÍTULO V - DA ADVOCACIA *PRO BONO*; CAPÍTULO VI - DO EXERCÍCIO DE CARGOS E FUNÇÕES NA OAB E NA REPRESENTAÇÃO DA CLASSE; CAPÍTULO VII - DO SIGILO PROFISSIONAL; CAPÍTULO VIII - DA PUBLICIDADE PROFISSIONAL; CAPÍTULO IX - DOS HONORÁRIOS PROFISSIONAIS.

[2] CAPÍTULO I - DOS PROCEDIMENTOS; CAPÍTULO II - DOS ÓRGÃOS DISCIPLINARES.

A.1. QUADRO COMPARATIVO

ANTIGO CED DA OAB	NOVO CED DA OAB
O CONSELHO FEDERAL DA ORDEM DOS ADVOGADOS DO BRASIL, ao instituir o Código de Ética e Disciplina, norteou-se por princípios que formam a consciência profissional do advogado e representam imperativos de sua conduta, tais como: os de lutar sem receio pelo primado da Justiça; pugnar pelo cumprimento da Constituição e pelo respeito à Lei, fazendo com que esta seja interpretada com retidão, em perfeita sintonia com os fins sociais a que se dirige e as exigências do bem comum; ser fiel à verdade para poder servir à Justiça como um de seus elementos essenciais; proceder com lealdade e boa-fé em suas relações profissionais e em todos os atos do seu ofício; empenhar-se na defesa das causas confiadas ao seu patrocínio, dando ao constituinte o amparo do Direito, e proporcionando-lhe a realização prática de seus legítimos interesses; comportar-se, nesse mister, com independência e altivez, defendendo com o mesmo denodo humildes e poderosos; exercer a advocacia com o indispensável senso profissional, mas também com desprendimento, jamais permitindo que o anseio de ganho	O CONSELHO FEDERAL DA ORDEM DOS ADVOGADOS DO BRASIL, ao instituir o Código de Ética e Disciplina, norteou-se por princípios que formam a consciência profissional do advogado e representam imperativos de sua conduta, os quais se traduzem nos seguintes mandamentos: lutar sem receio pelo primado da Justiça; pugnar pelo cumprimento da Constituição e pelo respeito à Lei, fazendo com que o ordenamento jurídico seja interpretado com retidão, em perfeita sintonia com os fins sociais a que se dirige e as exigências do bem comum; ser fiel à verdade para poder servir à Justiça como um de seus elementos essenciais; proceder com lealdade e boa-fé em suas relações profissionais e em todos os atos do seu ofício; empenhar-se na defesa das causas confiadas ao seu patrocínio, dando ao constituinte o amparo do Direito, e proporcionando-lhe a realização prática de seus legítimos interesses; comportar-se, nesse mister, com independência e altivez, defendendo com o mesmo denodo humildes e poderosos; exercer a advocacia com o indispensável senso profissional, mas também com

ANTIGO CED DA OAB	NOVO CED DA OAB
material sobreleve à finalidade social do seu trabalho; aprimorar-se no culto dos princípios éticos e no domínio da ciência jurídica, de modo a tornar-se merecedor da confiança do cliente e da sociedade como um todo, pelos atributos intelectuais e pela probidade pessoal; agir, em suma, com a dignidade das pessoas de bem e a correção dos profissionais que honram e engrandecem a sua classe. Inspirado nesses postulados é que o Conselho Federal da Ordem dos Advogados do Brasil, no uso das atribuições que lhe são conferidas pelos arts. 33 e 54, V, da Lei nº 8.906, de 04 de julho de 1994, aprova e edita este Código, exortando os advogados brasileiros à sua fiel observância.	desprendimento, jamais permitindo que o anseio de ganho material sobreleve a finalidade social do seu trabalho; aprimorar-se no culto dos princípios éticos e no domínio da ciência jurídica, de modo a tornar-se merecedor da confiança do cliente e da sociedade como um todo, pelos atributos intelectuais e pela probidade pessoal; agir, em suma, com a dignidade e a correção dos profissionais que honram e engrandecem a sua classe. Inspirado nesses postulados, o Conselho Federal da Ordem dos Advogados do Brasil, no uso das atribuições que lhe são conferidas pelos arts. 33 e 54, V, da Lei n. 8.906, de 04 de julho de 1994, aprova e edita este Código, exortando os advogados brasileiros à sua fiel observância.

A leitura do preâmbulo, de início, ajuda-nos a compor o conjunto de expectativas sociais que se espera daquele que exerce a advocacia. Em certo sentido, os valores explicitados podem ser reunidos em torno de duas grandes diretrizes éticas: *ciência* e *consciência*.

Por "ciência", referimos à busca pelo adequado preparo técnico e intelectual que o advogado deve ter no exercício da profissão. Por isso, espera-se daquele que exerce a advocacia o "domínio da ciência jurídica", para que possa agir "com a dignidade e a correção dos profissionais que honram e engrandecem a sua classe".

Por "consciência", aponta-se o compromisso que o mesmo deve ter com os efeitos de seus atos e com a finalidade social da própria carreira, contribuindo para que "o ordenamento jurídico seja interpretado com retidão, em perfeita sintonia com os fins sociais a que se dirige e as exigências do bem comum".

Esse conjunto de mandamentos serve, destarte, não só como referência para estabelecer eventuais punições àqueles que se desviam da rota ética traçada, mas - e fundamentalmente - como *estímulos* para aprimorar a conduta dos membros da advocacia.

B. TÍTULO I - DA ÉTICA DO ADVOGADO

O termo advocacia deriva do latim *ad vocatus* (*ad* = junto + *vocatus* = chamado), podendo ser entendido como "aquele que é chamado". Assim sendo, o advogado é aquele que é chamado para representar interesses jurídicos de terceiros.

Nesse sentido, a profissão exerce elevada função social junto à administração da Justiça, pois o advogado se conforma enquanto verdadeiro veículo para viabilizar a efetivação de direitos individuais e coletivos consagrados na ordem jurídica.

A inerente parcialidade no exercício da representação de interesses de terceiros - importante frisar - deve ser desenvolvida nos limites da ordem constitucional, da responsabilidade social e da independência de consciência. Com esses compromissos, o advogado se encontra, destarte, incumbido do chamado *munus* público - ou seja, da função social de servir de meio à população no acesso aos seus direitos.

Em vista desse *munus*, a legislação nacional estabelece uma série de normas que vedam práticas profissionais que o deturpem, tais como práticas mercantilizantes que terminam sobrepondo os interesses financeiros àqueles da efetivação da justiça, da defesa do Estado Democrático de Direito e do apaziguamento dos conflitos sociais. Tais valores conformam a unidade axiológica dos capítulos que compõem o presente Título sobre a ética do advogado.

B.1. CAPÍTULO I – DOS PRINCÍPIOS FUNDAMENTAIS

O CED da OAB explicita, justamente nos artigos que compõem o Capítulo 1 do Título I, os valores que devem nortear a advocacia brasileira. Vejamos no quadro comparativo, abaixo, os artigos que versam sobre os princípios fundamentais da advocacia, destacando-se, em vermelho, as mudanças da nova redação.

B.1.I. QUADRO COMPARATIVO

ANTIGO CED DA OAB	NOVO CED DA OAB
CAPÍTULO I DAS REGRAS DEONTOLÓGICAS FUNDAMENTAIS **Art. 1º** O exercício da advocacia exige conduta compatível com os preceitos deste Código, do Estatuto, do Regulamento Geral, dos Provimentos e com os demais princípios da moral individual, social e profissional. Art. 2º O advogado, indispensável à administração da Justiça, é defensor do Estado democrático de direito, da cidadania, da moralidade pública, da Justiça e da paz social, subordinando a atividade do seu Ministério Privado à elevada função pública que exerce. Parágrafo único. São deveres do advogado: I – preservar, em sua conduta, a honra, a nobreza e a dignidade da profissão, zelando pelo seu caráter de essencialidade e indispensabilidade; II – atuar com destemor, independência, honestidade, decoro, veracidade, lealdade, dignidade e boa-fé;	CAPÍTULO I DOS PRINCÍPIOS FUNDAMENTAIS **Art. 1º** O exercício da advocacia exige conduta compatível com os preceitos deste Código, do Estatuto, do Regulamento Geral, dos Provimentos e com os princípios da moral individual, social e profissional. **Art. 2º** O advogado, indispensável à administração da Justiça, é defensor do Estado Democrático de Direito, dos direitos humanos e garantias fundamentais, da cidadania, da moralidade, da Justiça e da paz social, cumprindo-lhe exercer o seu ministério em consonância com a sua elevada função pública e com os valores que lhe são inerentes. **Parágrafo único**. São deveres do advogado: I - preservar, em sua conduta, a honra, a nobreza e a dignidade da profissão, zelando pelo caráter de essencialidade e indispensabilidade da advocacia; II - atuar com destemor, independência, honestidade, decoro, veracidade, lealdade, dignidade e boa-fé;

ANTIGO CED DA OAB	NOVO CED DA OAB
III – velar por sua reputação pessoal e profissional;	III - velar por sua reputação pessoal e profissional;
IV – empenhar-se, permanentemente, em seu aperfeiçoamento pessoal e profissional;	IV - empenhar-se, permanentemente, no aperfeiçoamento pessoal e profissional;
V – contribuir para o aprimoramento das Instituições, do Direito e das leis;	V - contribuir para o aprimoramento das Instituições, do Direito e das leis;
VI – estimular a conciliação entre os litigantes, prevenindo, sempre que possível, a instauração de litígios;	VI - estimular, a qualquer tempo, a conciliação e a mediação entre os litigantes, prevenindo, sempre que possível, a instauração de litígios;
VII – aconselhar o cliente a não ingressar em aventura judicial;	VII - desaconselhar lides temerárias, a partir de um juízo preliminar de viabilidade jurídica;
VIII – abster-se de: a) utilizar de influência indevida, em seu benefício ou do cliente; b) patrocinar interesses ligados a outras atividades estranhas à advocacia, em que também atue;	VIII - abster-se de: a) utilizar de influência indevida, em seu benefício ou do cliente; b) vincular seu nome a empreendimentos sabidamente escusos;

Como se pode depreender da comparação acima, o novo CED da OAB reforçou a necessidade de o exercício da advocacia ser coerente com a elevada função social que possui junto à administração da Justiça, detalhando deveres e vedações éticas.

O conjunto dos mandamentos éticos da profissão diz respeito não só à relação entre o advogado e a parte que representa, mas se estende às relações com as outras partes, com os colegas de profissão e com os demais sujeitos políticos e autoridades. Tratam-se, todavia, de *mandamentos mínimos*, isto é, de parâmentros basilares a serem incorporados por aqueles que exercem a advocacia.

Nesse sentido, o novo diploma reforça as diretrizes para o advogado ser veículo da resolução de conflitos - e não seu fomentador ou empecilho -, bem como atuar de maneira proba, honesta, com lealdade e liberdade de consciência. Veda, ainda, quaisquer práticas que impliquem na mercantilização e/ou na depreciação do *munus* público da profissão, como a captação de clientela e o aviltamento (rebaixamento) de honorários.

No que tange à independência profssional e liberdade de consciência do advogado, destaquemos que são valores que devem prevalecer mesmo em caso de vínculo empregatício (art. 4º, novo CED da OAB; art. 18, da Lei 8.906/94). Uma das consequências práticas é o direito à legitima recusa. Trata-se do direito que o advogado tem de recusar o patrocínio de pretensão concernente a direito que também lhe seja aplicável (por isso, em evidente conflito de interesses) ou contrarie orientação que tenha manifestado anteriormente.

Conforme banco de perguntas anexo, é frequente, nos Exames de Ordem encontrar questões cuja resolução passem pela compreensão dos princípios éticos da advocacia.

B.2. CAPÍTULO II – DA ADVOCACIA PÚBLICA

Na medida em que o exercício da atividade de advocacia, pública ou privada, no Brasil, é privativo dos inscritos na OAB (art. 3º, § 1º, da Lei n. 8.906/94)[3], o novo CED da OAB inova ao estabelecer capítulo específico sobre a advocacia pública, intencionando vincular as disposições éticas desse Código a essas carreiras.

---

3 Importante mencionar que há discussão no STF sobre a constitucionalidade desse dispositivo do Estatuto da Advocacia, por meio da ADI 5.334. Na opinião do Procurador-Geral da República: "É que, conforme se demonstrará, os advogados públicos (integrantes da Advocacia-Geral da União, da Procuradoria da Fazenda Nacional, da Defensoria Pública e das Procuradorias e Consultorias Jurídicas dos Estados, do Distrito Federal, dos Municípios e das respectivas entidades de administração indireta e fundacional) exercem, sim, atividade de advocacia, mas sujeitam-se a regime próprio (estatuto específico), não necessitando de inscrição na OAB nem, tampouco, a ela se submetendo".

B.2.1. QUADRO COMPARATIVO

ANTIGO CED DA OAB	NOVO CED DA OAB
SEM CORRESPONDENTE	CAPÍTULO II DA ADVOCACIA PÚBLICA **Art. 8º** As disposições deste Código obrigam igualmente os órgãos de advocacia pública, e advogados públicos, incluindo aqueles que ocupem posição de chefia e direção jurídica. § 1º O advogado público exercerá suas funções com independência técnica, contribuindo para a solução ou redução de litigiosidade, sempre que possível. § 2º O advogado público, inclusive o que exerce cargo de chefia ou direção jurídica, observará nas relações com os colegas, autoridades, servidores e o público em geral, o dever de urbanidade, tratando a todos com respeito e consideração, ao mesmo tempo em que preservará suas prerrogativas e o direito de receber igual tratamento das pessoas com as quais se relacione.

Do capítulo acima, é importante observar que, para a OAB, a advocacia pública está obrigada a cumprir os dispositivos do CED, incluindo aqueles que ocupem posição de chefia e direção jurídica. Sobre as funções de chefia e direção, lembremos que, conforme dispõe o artigo 1º, inciso II, da Lei n. 8.906/94, as atividades de consultoria, assessoria e direção jurídicas são privativas da advocacia. E, como detalha o artigo 7º do Regulamento Geral da OAB, é privativa da advocacia a função de diretoria e gerência jurídicas em qualquer empresa pública, privada ou paraestatal, inclusive, em instituições financeiras.

Dado o seu caráter inovador e polêmico, a matéria não é frequente em Exames de Ordem.

B.3. CAPÍTULO III – DAS RELAÇÕES COM O CLIENTE

Nas disposições do capítulo III do CED, estão presentes as regras tanto sobre a formação do vínculo entre advogado e cliente quantosobre as formas de uso e extinção do mandato judicial ou extrajudicial. Trata-se de temática já presente na redação antiga do Código, que o novo diploma repetiu e atualizou. Em vermelho, estão destacadas as alterações entre as duas redações.

B.3.I. QUADRO COMPARATIVO

ANTIGO CED DA OAB	NOVO CED DA OAB
CAPÍTULO II DAS RELAÇÕES COM O CLIENTE	CAPÍTULO III DAS RELAÇÕES COM O CLIENTE
Art. 8º O advogado deve informar o cliente, de forma clara e inequívoca, quanto a eventuais riscos da sua pretensão, e das conseqüências que poderão advir da demanda. Art. 9º A conclusão ou desistência da causa, com ou sem a extinção do mandato, obriga o advogado à devolução de bens, valores e documentos recebidos no exercício do mandato, e à pormenorizada prestação de contas, não excluindo outras prestações solicitadas, pelo cliente, a qualquer momento. Art. 10. Concluída a causa ou arquivado o processo, presumem-se o cumprimento e a cessação do mandato.	Art. 9º O advogado deve informar o cliente, de modo claro e inequívoco, quanto a eventuais riscos da sua pretensão, e das consequências que poderão advir da demanda. Deve, igualmente, denunciar, desde logo, a quem lhe solicite parecer ou patrocínio, qualquer circunstância que possa influir na resolução de submeter-lhe a consulta ou confiar-lhe a causa. Art. 10. As relações entre advogado e cliente baseiam-se na confiança recíproca. Sentindo o advogado que essa confiança lhe falta, é recomendável que externe ao cliente sua impressão e, não se dissipando as dúvidas existentes, promova, em seguida, o substabelecimento do mandato ou a ele renuncie.

ANTIGO CED DA OAB	NOVO CED DA OAB
Art. 11. O advogado não deve aceitar procuração de quem já tenha patrono constituído, sem prévio conhecimento deste, salvo por motivo justo ou para adoção de medidas judiciais urgentes e inadiáveis. Art. 12. O advogado não deve deixar ao abandono ou ao desamparo os feitos, sem motivo justo e comprovada ciência do constituinte. Art. 13. A renúncia ao patrocínio implica omissão do motivo e a continuidade da responsabilidade profissional do advogado ou escritório de advocacia, durante o prazo estabelecido em lei; não exclui, todavia, a responsabilidade pelos danos causados dolosa ou culposamente aos clientes ou a terceiros. Art. 14. A revogação do mandato judicial por vontade do cliente não o desobriga do pagamento das verbas honorárias contratadas, bem como não retira o direito do advogado de receber o quanto lhe seja devido em eventual verba honorária de sucumbência, calculada proporcionalmente, em face do serviço efetivamente prestado. Art. 15. O mandato judicial ou extrajudicial deve ser outorgado individualmente aos advogados que integrem sociedade de que façam parte, e será exercido no interesse	**Art. 11.** O advogado, no exercício do mandato, atua como patrono da parte, cumprindo-lhe, por isso, imprimir à causa orientação que lhe pareça mais adequada, sem se subordinar a intenções contrárias do cliente, mas, antes, procurando esclarecê-lo quanto à estratégia traçada. **Art. 12.** A conclusão ou desistência da causa, tenha havido, ou não, extinção do mandato, obriga o advogado a devolver ao cliente bens, valores e documentos que lhe hajam sido confiados e ainda estejam em seu poder, bem como a prestar-lhe contas, pormenorizadamente, sem prejuízo de esclarecimentos complementares que se mostrem pertinentes e necessários. **Parágrafo único**. A parcela dos honorários paga pelos serviços até então prestados não se inclui entre os valores a ser devolvidos. **Art. 13.** Concluída a causa ou arquivado o processo, presume-se cumprido e extinto o mandato. **Art. 14**. O advogado não deve aceitar procuração de quem já tenha patrono constituído, sem prévio conhecimento deste, salvo por motivo plenamente justificável ou para adoção de medidas judiciais urgentes e inadiáveis.

ANTIGO CED DA OAB	NOVO CED DA OAB
do cliente, respeitada a liberdade de defesa. Art. 16. O mandato judicial ou extrajudicial não se extingue pelo decurso de tempo, desde que permaneça a confiança recíproca entre o outorgante e o seu patrono no interesse da causa. Art. 17. Os advogados integrantes da mesma sociedade profissional, ou reunidos em caráter permanente para cooperação recíproca, não podem representar em juízo clientes com interesses opostos. Art. 18. Sobrevindo conflitos de interesse entre seus constituintes, e não estando acordes os interessados, com a devida prudência e discernimento, optará o advogado por um dos mandatos, renunciando aos demais, resguardado o sigilo profissional. Art. 19. O advogado, ao postular em nome de terceiros, contra ex-cliente ou ex-empregador, judicial e extrajudicialmente, deve resguardar o segredo profissional e as informações reservadas ou privilegiadas que lhe tenham sido confiadas. Art. 20. O advogado deve abster-se de patrocinar causa contrária à ética, à moral ou à validade de ato	**Art. 15**. O advogado não deve deixar ao abandono ou ao desamparo as causas sob seu patrocínio, sendo recomendável que, em face de dificuldades insuperáveis ou inércia do cliente quanto a providências que lhe tenham sido solicitadas, renuncie ao mandato. **Art. 16**. A renúncia ao patrocínio deve ser feita sem menção do motivo que a determinou, fazendo cessar a responsabilidade profissional pelo acompanhamento da causa, uma vez decorrido o prazo previsto em lei (EAOAB, art. 5º, § 3º). § 1º A renúncia ao mandato não exclui responsabilidade por danos eventualmente causados ao cliente ou a terceiros. § 2º O advogado não será responsabilizado por omissão do cliente quanto a documento ou informação que lhe devesse fornecer para a prática oportuna de ato processual do seu interesse. **Art. 17.** A revogação do mandato judicial por vontade do cliente não o desobriga do pagamento das verbas honorárias contratadas, assim como não retira o direito do advogado de receber o quanto lhe seja devido em eventual verba honorária de sucumbência, calculada proporcionalmente em face do serviço efetivamente prestado.

ANTIGO CED DA OAB	NOVO CED DA OAB
jurídico em que tenha colaborado, orientado ou conhecido em consulta; da mesma forma, deve declinar seu impedimento ético quando tenha sido convidado pela outra parte, se esta lhe houver revelado segredos ou obtido seu parecer. Art. 21. É direito e dever do advogado assumir a defesa criminal, sem considerar sua própria opinião sobre a culpa do acusado. Art. 22. O advogado não é obrigado a aceitar a imposição de seu cliente que pretenda ver com ele atuando outros advogados, nem aceitar a indicação de outro profissional para com ele trabalhar no processo. Art. 23. É defeso ao advogado funcionar no mesmo processo, simultaneamente, como patrono e preposto do empregador ou cliente. Art. 24. O substabelecimento do mandato, com reserva de poderes, é ato pessoal do advogado da causa. § 1º O substabelecimento do mandato sem reservas de poderes exige o prévio e inequívoco conhecimento do cliente. § 2º O substabelecido com reserva de poderes deve ajustar antecipadamente seus honorários com o substabelecente.	**Art. 18.** O mandato judicial ou extrajudicial não se extingue pelo decurso de tempo, salvo se o contrário for consignado no respectivo instrumento. **Art. 19.** Os advogados integrantes da mesma sociedade profissional, ou reunidos em caráter permanente para cooperação recíproca, não podem representar, em juízo ou fora dele, clientes com interesses opostos. **Art. 20.** Sobrevindo conflitos de interesse entre seus constituintes e não conseguindo o advogado harmonizá-los, caber-lhe-á optar, com prudência e discrição, por um dos mandatos, renunciando aos demais, resguardado sempre o sigilo profissional. **Art. 21.** O advogado, ao postular em nome de terceiros, contra ex-cliente ou ex-empregador, judicial e extrajudicialmente, deve resguardar o sigilo profissional. **Art. 22.** Ao advogado cumpre abster-se de patrocinar causa contrária à validade ou legitimidade de ato jurídico em cuja formação haja colaborado ou intervindo de qualquer maneira; da mesma forma, deve declinar seu impedimento ou o da sociedade que integre quando

ANTIGO CED DA OAB	NOVO CED DA OAB
	houver conflito de interesses motivado por intervenção anterior no trato de assunto que se prenda ao patrocínio solicitado. **Art. 23.** É direito e dever do advogado assumir a defesa criminal, sem considerar sua própria opinião sobre a culpa do acusado. **Parágrafo único.** Não há causa criminal indigna de defesa, cumprindo ao advogado agir, como defensor, no sentido de que a todos seja concedido tratamento condizente com a dignidade da pessoa humana, sob a égide das garantias constitucionais. **Art. 24.** O advogado não se sujeita à imposição do cliente que pretenda ver com ele atuando outros advogados, nem fica na contingência de aceitar a indicação de outro profissional para com ele trabalhar no processo. **Art. 25.** É defeso ao advogado funcionar no mesmo processo, simultaneamente, como patrono e preposto do empregador ou cliente. **Art. 26.** O substabelecimento do mandato, com reserva de poderes, é ato pessoal do advogado da causa. § 1º O substabelecimento do mandato sem reserva de poderes exige o prévio e inequívoco conhecimento do cliente.

ANTIGO CED DA OAB	NOVO CED DA OAB
	§ 2º O substabelecido com reserva de poderes deve ajustar antecipadamente seus honorários com o substabelecente.

Como se depreende da leitura dos artigos acima, a relação entre advogado e cliente é fundada em torno da confiança *recíproca*. O assento na reciprocidade é importante, pois essa é a chave para a formação e manutenção do vínculo. Isso significa que o advogado deve ser honesto com o cliente, expondo de maneira clara a sua opinião, a estratégia sobre a pretensão e os eventuais riscos. O cliente, por outro lado, deve ser também transparente, não podendo ser omisso ou inerte frente às demandas apresentadas pelo patrono. Não pode, ainda, impor limitações à independência de consciência do advogado no exercício da profissão.

Sabemos que o instrumento que formaliza o vínculo é a Procuração. Por meio deste mandato, o cliente outorga certos poderes ao advogado, habilitando-o a representar seus interesses jurídicos. Existem duas espécies de poderes outorgados, chamadas de (i) "foro em geral" e de (ii) "poderes especiais". Na primeira, enquadra-se o conjunto de poderes concedidos para representar os interesses jurídicos de maneira geral - como, por exemplo, poderes para comparecer em audiência ou peticionar nos autos em nome do cliente. Na espécie de "poderes especiais", são as cláusulas que outorgam ao advogado poderes específicos requisitados por lei, como para praticar atos de disposição de direitos (por exemplo, o poder de realizar acordo judicial sem a presença do cliente).

O uso dos poderes outorgados pelo cliente, por sua vez, deve seguir as balizas expostas no CED. Dentre essas, destacamos as seguintes vedações éticas:

> ➢ A regra do art. 14 do CED, que determina a não aceitação de procuração de cliente com patrono já constituído, sem o prévio conhecimento deste. O advogado deve informar (ou fazer prova de que tentou informar) o patrono já constituído acerca do pedido do cliente. Somente para a

adoção de medidas urgentes e inadiáveis é justificado o advogado aceitar os poderes sem o prévio conhecimento do outro patrono. Tal seria o caso, por exemplo, do advogado que está temporariamente incomunicável, cujo cliente precisa adotar certa medida judicial inadiável e, por isso, requisita outro advogado.

- ➢ A regra do art. 19 do CED, que veda a possibilidade de advogado representar em juízo clientes com interesses opostos. No caso de conflitos de interesse entre seus clientes e não conseguindo o advogado harmonizá-los, caber-lhe-á optar, com prudência e discrição, por um dos mandatos (art. 20 do CED da OAB).

- ➢ A proibição do advogado funcionar, ao mesmo tempo, como patrono e preposto do cliente, mesmo se for contratado na condição de advogado empregado (art. 25 do CED; art. 3 do Regulamento Geral da OAB; art. 18, da Lei 8.906/94).

Em regra, o advogado deve fazer prova do mandato no primeiro momento em que atuar em nome do cliente. Em certos casos, como para evitar preclusão, decadência ou prescrição, ou para praticar ato considerado urgente, o advogado pode postular sem apresentar a procuração pelo prazo de 15 dias, prorrogável por igual período (art. 5º, § 1º, do Estatuto da Advocacia e art. 104, § 1º, do Novo Código de Processo Civil).

Como dispõe o art. 18 do CED, o mandato judicial ou extrajudicial não se extingue pelo decurso de tempo, salvo se o contrário for consignado no respectivo instrumento. A presunção de extinção decorre, na verdade, quando a causa que lhe deu origem (por exemplo, a defesa em certa ação judicial) tenha sido extinta ou arquivada (art. 13 do CED da OAB).

Além das formas presumidas de extinção do mandato, é importante atentar também para as regras éticas sobre as formas expressas de extinção do mandato, que são: (i) a renúncia; (ii) a revogação; e (iii) o substabelecimento "sem reservas" de poderes.

A renúncia é um direito do advogado, que independe da aceitação do cliente. Por isso, fala-se que é um ato unilateral. Esse ato, contudo, exige dupla comunicação para que possa produzir seus efeitos: deve, primeiro, notificar o cliente (preferencialmente por carta com Aviso de Recebimento) e, em seguida, comunicar ao juízo (art. 6º do Regulamento Geral da OAB). O art. 16 do CED da OAB veda de maneira peremptória a menção ao motivo que determinou a renúncia. Lembramos ainda que, ao renunciar, o advogado fica vinculado ao mandato por até 10 dias, salvo se for substituído antes do término desse prazo (art. 5º, § 3º, da Lei n. 8.906/94). Prazo que é contado a partir da notificação da renúncia ao cliente.

A revogação, por outro lado, é um direito do cliente que independe da aceitação do advogado. Por isso, um ato unilateral de efeito imediato. A revogação, entretanto, não desobriga o cliente ao pagamento de honorários contratados e não anula o direito aos honorários de sucumbência, ainda que proporcionais ao serviço prestado (art. 17 do CED da OAB).

Outra forma de extinção do mandato é o substabelecimento "sem reservas" de poderes. Para entender essa forma específica, importa, em primeiro lugar, entender que substabelecimento é um ato de transferência de mandato, uma espécie de procuração da procuração. Em relação aos poderes transferidos, este ato pode ser de dois tipos, chamados de:

> "Com reservas": trata-se de direito do advogado de transferir parte dos poderes outorgados para outro advogado, de modo a realizar os interesses do cliente (art. 26, CED da OAB). O advogado substabelecido age conforme as diretrizes do advogado que lhe substabeleceu os poderes. Destaca-se, ainda, que o substabelecido com reserva de poderes não pode cobrar honorários sem a intervenção daquele que lhe conferiu o substabelecimento (art. 26 da Lei 8.906/94), devendo ajustar antecipadamente os honorários com o substabelecente (art. 26, § 2º, do CED da OAB).

> "Sem reservas": nesse caso, ocorre a transferência total dos poderes outorgados pelo cliente de um advogado para outro. Extingue-se, por isso, o mandato. Como dispõe o art. 26, § 1º, do CED, este é um ato bilateral, que depende da notificação prévia e inequívoca do cliente. Afinal, este precisa saber da transferência e, se for o caso, anuir com o novo patrono.

Como veremos a seguir, os temas regulados por esse capítulo são muito frequentes nos Exames de Ordem. Por isso, recomendamos o estudo redobrado das regras sobre formação e extinção da relação entre cliente e advogado.

B.4. CAPÍTULO IV – DAS RELAÇÕES COM OS COLEGAS, AGENTES POLÍTICOS, AUTORIDADES, SERVIDORES PÚBLICOS E TERCEIROS

A nova redação do CED da OAB reformulou os artigos que regulam a matéria referente aos deveres de urbanidade, alterando a topologia e o nome do capítulo. Entretanto, não houve mudança de sentido entre as duas redações. Houve, ao contrário, um detalhamento maior do tipo de conduta ética que o advogado deve preservar em relação aos demais profissionais e colegas da advocacia, tanto no exercício das funções cotidianas quanto em momentos extraordinários, como nos pleitos eleitorais da OAB. Em vermelho, destacamos as alterações na nova redação. Vejamos.

B.4.1. QUADRO COMPARATIVO

ANTIGO CED DA OAB	NOVO CED DA OAB
CAPÍTULO VI DO DEVER DE URBANIDADE Art. 44. Deve o advogado tratar o público, os colegas, as autoridades e os funcionários do Juízo com respeito, discrição e independência, exigindo igual tratamento e zelando pelas prerrogativas a que tem direito. Art. 45. Impõe-se ao advogado lhaneza, emprego de linguagem escorreita e polida, esmero e disciplina na execução dos serviços. Art. 46. O advogado, na condição de defensor nomeado, conveniado ou dativo, deve comportar-se com zelo, empenhando-se para que o cliente se sinta amparado e tenha a expectativa de regular desenvolvimento da demanda.	CAPÍTULO IV DAS RELAÇÕES COM OS COLEGAS, AGENTES POLÍTICOS, AUTORIDADES, SERVIDORES PÚBLICOS E TERCEIROS Art. 27. O advogado observará, nas suas relações com os colegas de profissão, agentes políticos, autoridades, servidores públicos e terceiros em geral, o dever de urbanidade, tratando a todos com respeito e consideração, ao mesmo tempo em que preservará seus direitos e prerrogativas, devendo exigir igual tratamento de todos com quem se relacione.

ANTIGO CED DA OAB	NOVO CED DA OAB
	§ 1º O dever de urbanidade há de ser observado, da mesma forma, nos atos e manifestações relacionados aos pleitos eleitorais no âmbito da Ordem dos Advogados do Brasil. § 2º No caso de ofensa à honra do advogado ou à imagem da instituição, adotar-se-ão as medidas cabíveis, instaurando-se processo ético-disciplinar e dando-se ciência às autoridades competentes para apuração de eventual ilícito penal. **Art. 28.** Consideram-se imperativos de uma correta atuação profissional **o emprego de linguagem escorreita e polida,** bem como a observância da boa técnica jurídica. **Art. 29.** O advogado que se valer do concurso de colegas na prestação de serviços advocatícios, seja em caráter individual, seja no âmbito de sociedade de advogados ou de empresa ou entidade em que trabalhe, dispensar-lhes-á tratamento condigno, que não os torne subalternos seus nem lhes avilte os serviços prestados mediante remuneração incompatível com a natureza do trabalho profissional ou inferior ao mínimo fixado pela Tabela de Honorários que for aplicável.

ANTIGO CED DA OAB	NOVO CED DA OAB
	Parágrafo único. Quando o aviltamento de honorários for praticado por empresas ou entidades públicas ou privadas, os advogados responsáveis pelo respectivo departamento ou gerência jurídica serão instados a corrigir o abuso, inclusive intervindo junto aos demais órgãos competentes e com poder de decisão da pessoa jurídica de que se trate, sem prejuízo das providências que a Ordem dos Advogados do Brasil possa adotar com o mesmo objetivo.

Além de reforçar os imperativos de respeito, de honestidade e de uso de linguagem polida e de boa técnica jurídica, o advogado tem o dever de exigir igual tratamento, mantendo, assim, a dignidade da profissão. Por essa razão, prevê a instauração de processo ético-disciplinar e apuração de eventual ilícito penal em caso de ofensa à honra do advogado ou da instituição.

A regra de defesa da dignidade da profissão é igualmente amparada na Lei 8.906/94, que estabelece o dever de o advogado proceder de forma que o torne merecedor de respeito e que contribua para o prestígio da classe e da advocacia. Nesse sentido, o advogado, no exercício da profissão, deve manter independência e nenhum receio de desagradar a magistrado ou a qualquer autoridade, nem de incorrer em impopularidade (art. 31, §1º e §2º, da Lei 8.906/94).

Destaca-se, ainda, o reforço normativo ao espírito de solidariedade corporativa, isto é, do dever de vigilância mútua acerca da observância de direitos e prerrogativas profissionais. Essa solidariedade, contudo, não se restringe à relação dos advogados com terceiros (autoridades, servidores públicos etc), abrangendo a relação entre os próprios advogados. O art. 29 do CED da OAB expressa justamente o dever de tratar de maneira condigna os advogados em concurso com outros colegas, não os tornando subalternos tampouco aviltando (rebaixando) os serviços prestados mediante remuneração incompatível com a natureza do trabalho profissional ou inferior ao mínimo fixado pela Tabela de Honorários da Seccional competente. No caso de aviltamento praticado por entidades públicas ou privadas, os advogados responsáveis possuem o dever de intervir junto aos setores e órgãos competentes internos para corrigir o abuso, sem prejuízo de acionar a OAB para adotar medidas cabíveis.

Conforme banco de perguntas, no VII e XIX Exames de Ordem, foram cobradas questões relacionadas ao tema regulado nesse capítulo do CED.

B.5. CAPÍTULO V – DA ADVOCACIA *PRO BONO*

Uma das inovações do novo CED da OAB consiste em capítulo sobre a chamada advocacia *pro bono*, prática existente no Brasil e no mundo, mas que carecia de regulamentação própria.

B.5.1. QUADRO COMPARATIVO

ANTIGO CED DA OAB	NOVO CED DA OAB
SEM CORRESPONDENTE	CAPÍTULO V DA ADVOCACIA *PRO BONO* **Art. 30.** No exercício da advocacia *pro bono*, e ao atuar como defensor nomeado, conveniado ou dativo, o advogado empregará o zelo e a dedicação habituais, de forma que a parte por ele assistida se sinta amparada e confie no seu patrocínio. § 1º Considera-se advocacia *pro bono* a prestação gratuita, eventual e voluntária de serviços jurídicos em favor de instituições sociais sem fins econômicos e aos seus assistidos, sempre que os beneficiários não dispuserem de recursos para a contratação de profissional.

ANTIGO CED DA OAB	NOVO CED DA OAB
SEM CORRESPONDENTE	§ 2º A advocacia *pro bono* pode ser exercida em favor de pessoas naturais que, igualmente, não dispuserem de recursos para, sem prejuízo do próprio sustento, contratar advogado. § 3º A advocacia *pro bono* não pode ser utilizada para fins político-partidários ou eleitorais, nem beneficiar instituições que visem a tais objetivos, ou como instrumento de publicidade para captação de clientela.

A advocacia *pro bono* é a prestação gratuita, eventual e voluntária de serviços jurídicos em favor de (i) instituições sociais sem fins econômicos e de (ii) seus assistidos, bem como em favor de (iii) pessoas naturais. Para tanto, os beneficiários não podem dispor de recursos para contratar o profissional, justificando o caráter excepcionalmente gratuito da prestação de serviços.

A advocacia *pro bono* não se confunde com a figura do "defensor nomeado", que ocorre, por exemplo, quando na impossibilidade de Defensoria Pública, o magistrado designa certo advogado para prestar assistência jurídica a terceiro necessitado em lítigo. A recusa, sem justo motivo, a essa nomeação é, inclusive, prevista como infração disciplinar (art. 34, XII, da Lei n. 8.906/94). Em que pese o assistido não custear diretamente os serviços prestados pelo advogado enquanto defensor nomeado, este tem direito aos honorários fixados pelo juiz, segundo tabela organizada pelo Conselho Seccional da OAB, e pagos pelo Estado (art. 22, § 1º, da Lei n. 8.906/94).

Na advocacia *pro bono*, destarte, a prestação da assistência jurídica é custeada com recursos do próprio patrono, que, de maneira voluntária, aceitou representar gratuitamente o beneficiário em certa causa, dado que este não possui meios para pagar pelos serviços contratados. Isso, contudo, não significa que o advogado não tenha direito a eventuais honorários de sucumbência.

Importante destacar, ainda, a explícita vedação do CED da OAB ao uso da advocacia *pro bono* para fins político-partidários e para fins de publicidade e captação de clientela, bem como o dever de agir com o zelo e a dedicação habituais na prestação do serviço ao beneficiário.

Por ser uma novidade normativa, não existem questões de Exame de Ordem sobre a advocacia *pro bono*. Por isso, selecionamos, na parte em anexo, perguntas relacionadas à assistência jurídica gratuita.

B.6. CAPÍTULO VI – DO EXERCÍCIO DE CARGOS E FUNÇÕES NA OAB E NA REPRESENTAÇÃO DA CLASSE

A Ordem dos Advogados do Brasil (OAB) é entidade representativa da advocacia e, como tal, é composta por advogados eleitos pelos seus pares. O novo CED da OAB introduz, no Capítulo VI, as regras éticas que devem orientar a conduta dos advogados no exercício dessas funções de representação.

B.6.1. QUADRO COMPARATIVO

ANTIGO CED DA OAB	NOVO CED DA OAB
SEM CORRESPONDENTE	CAPÍTULO VI DO EXERCÍCIO DE CARGOS E FUNÇÕES NA OAB E NA REPRESENTAÇÃO DA CLASSE **Art. 31.** O advogado, no exercício de cargos ou funções em órgãos da Ordem dos Advogados do Brasil ou na representação da classe junto a quaisquer instituições, órgãos ou comissões, públicos ou privados, manterá conduta consentânea com as disposições deste Código e que revele plena lealdade aos interesses, direitos e prerrogativas da classe dos advogados que representa.

ANTIGO CED DA OAB	NOVO CED DA OAB
SEM CORRESPONDENTE	**Art. 32.** Não poderá o advogado, enquanto exercer cargos ou funções em órgãos da OAB ou representar a classe junto a quaisquer instituições, órgãos ou comissões, públicos ou privados, firmar contrato oneroso de prestação de serviços ou fornecimento de produtos com tais entidades nem adquirir bens postos à venda por quaisquer órgãos da OAB.
	Art. 33. Salvo em causa própria, não poderá o advogado, enquanto exercer cargos ou funções em órgãos da OAB ou tiver assento, em qualquer condição, nos seus Conselhos, atuar em processos que tramitem perante a entidade nem oferecer pareceres destinados a instrui-los.
	Parágrafo único. A vedação estabelecida neste artigo não se aplica aos dirigentes de Seccionais quando atuem, nessa qualidade, como legitimados a recorrer nos processos em trâmite perante os órgãos da OAB.
	Art. 34. Ao submeter seu nome à apreciação do Conselho Federal ou dos Conselhos Seccionais com vistas à inclusão em listas destinadas ao provimento de vagas reservadas à classe nos tribunais, no Conselho Nacional de Justiça, no Conselho Nacional do Ministério Público e

ANTIGO CED DA OAB	NOVO CED DA OAB
	em outros colegiados, o candidato assumirá o compromisso de respeitar os direitos e prerrogativas do advogado, não praticar nepotismo nem agir em desacordo com a moralidade administrativa e com os princípios deste Código, no exercício de seu mister.

A OAB é uma instituição que presta serviço de interesse público, mas não mantém vínculo funcional ou hierárquico com a Administração Pública (art. 44, §1º, da Lei n. 8.906/94). Sua receita é, inclusive, composta fundamentalmente pelas contribuições obrigatórias dos advogados e por eventuais serviços prestados.

Com as finalidades de defender a Constituição, a ordem jurídica do Estado Democrático de Direito, os direitos humanos e a justiça social, bem como as de representar e disciplinar os advogados, a OAB se organiza de maneira federativa. Dessa maneira, tem por órgãos dotados de personalidade jurídica própria: (i) o Conselho Federal, sediado no Distrito Federal, sendo o seu órgão supremo; (ii) os Conselhos Seccionais, órgãos com jurisdição sobre os respectivos territórios dos Estados-membros e do Distrito Federal[4]; e (iii) as Caixas de Assistência dos Advogados, criadas pelos Conselhos Seccionais quando estes contarem com mais de 1.500 inscritos.

Os órgãos da OAB são compostos por advogados eleitos pelos seus pares por meio de sufrágio da maioria dos votos válidos em chapa, para exercer mandato de três anos. O voto é obrigatório e o pleito é realizado pelas Seccionais na segunda quinzena do mês de novembro do último ano do mandato.

O cotidiano de atividades da OAB, importante frisar, é realizado não só pelos conselheiros eleitos, mas também por eventuais convidados, por membros honorários - Presidente do Instituto de Advogados e os agraciados com a medalha Rui Barbosa (art. 63 do Regulamento Geral da OAB) – entre outros.

---

4 Os Conselhos Seccionais podem, ainda, criar unidades autônomas auxiliares chamadas de Subseções (art. 45, §3º, da Lei n. 8.906/94). É o único órgão da OAB que não possui personalidade jurídica própria. A regulação sobre as Subseções está nos artigos 60 e 61 da Lei n. 8.906/94 e nos artigos 115 a 120 do Regulamento Geral da OAB.

O novo Código de Ética inovou ao introduzir capítulo próprio sobre os deveres éticos dos advogados que exercem quaisquer tipos de funções ou cargos na OAB ou que estejam exercendo algum tipo de representação da classe. No artigo 31, explicita a necessidade de conduta consentânea com a ética profissional e a lealdade aos interesses, direitos e prerrogativas da classe dos advogados que representa.

Dentre as regras do Capítulo, destacamos a vedação a firmar contrato oneroso de prestação de serviços ou fornecimento de produtos com entidades em que esteja atuando, assim como adquirir bens postos à venda por quaisquer órgãos da OAB (art. 32 do CED da OAB).

Além da vedação exposta acima, o novo Código estabelece ainda que, salvo em causa própria, esse advogado não pode atuar em processos que tramitem perante a entidade nem oferecer pareceres destinados a instrui-los. Tal vedação não se aplica, contudo, aos dirigentes das Seccionais quando atuem, nessa qualidade, como legitimados a recorrer nos processos em trâmite perante os órgãos da OAB.

Questões relacionadas ao tema das eleições e mandatos na OAB, apesar de não serem historicamente muito frequentes, foram cobradas nos últimos Exames de Ordem.

B.7. CAPÍTULO VII – DO SIGILO PROFISSIONAL

Com a reorganização da ordem dos capítulos no novo CED, o tema do sigilo profissional está regulado nos artigos que compõem o Capítulo VII. No quadro comparativo, abaixo, podemos visualizar as alterações na nova redação, destacadas em vermelho.

B.7.I. QUADRO COMPARATIVO

ANTIGO CED DA OAB	NOVO CED DA OAB
CAPÍTULO III DO SIGILO PROFISSIONAL Art. 25. O sigilo profissional é inerente à profissão, impondo-se o seu respeito, salvo grave ameaça ao direito à vida, à honra, ou quando o advogado se veja afrontado	CAPÍTULO VII DO SIGILO PROFISSIONAL **Art. 35.** O advogado tem o dever de guardar sigilo dos fatos de que tome conhecimento no exercício da profissão.

ANTIGO CED DA OAB	NOVO CED DA OAB
pelo próprio cliente e, em defesa própria, tenha que revelar segredo, porém sempre restrito ao interesse da causa. Art. 26. O advogado deve guardar sigilo, mesmo em depoimento judicial, sobre o que saiba em razão de seu ofício, cabendo-lhe recusar-se a depor como testemunha em processo no qual funcionou ou deva funcionar, ou sobre fato relacionado com pessoa de quem seja ou tenha sido advogado, mesmo que autorizado ou solicitado pelo constituinte. Art. 27. As confidências feitas ao advogado pelo cliente podem ser utilizadas nos limites da necessidade da defesa, desde que autorizado aquele pelo constituinte. Parágrafo único. Presumem-se confidenciais as comunicações epistolares entre advogado e cliente, as quais não podem ser reveladas a terceiros.	**Parágrafo único**. O sigilo profissional abrange os fatos de que o advogado tenha tido conhecimento em virtude de funções desempenhadas na Ordem dos Advogados do Brasil. **Art. 36.** O sigilo profissional é de ordem pública, independendo de solicitação de reserva que lhe seja feita pelo cliente. § 1º Presumem-se confidenciais as comunicações de qualquer natureza entre advogado e cliente. § 2º O advogado, quando no exercício das funções de mediador, conciliador e árbitro, se submete às regras de sigilo profissional. **Art. 37.** O sigilo profissional cederá em face de circunstâncias excepcionais que configurem justa causa, como nos casos de grave ameaça ao direito à vida e à honra ou que envolvam defesa própria. **Art. 38.** O advogado não é obrigado a depor, em processo ou procedimento judicial, administrativo ou arbitral, sobre fatos a cujo respeito deva guardar sigilo profissional.

O sigilo profissional é um poder-dever do advogado. Ou seja, ao mesmo tempo que se trata de um direito para o livre exercício da advocacia, resguardar o sigilo acerca dos fatos conhecidos em seu ofício (englobando até as adquiridas em virtude de funções desempenhadas na OAB e/ou no exercício das funções de mediador, conciliador e árbitro) é um dever condizente à natureza de ordem pública que caracteriza essas informações. O novo CED da OAB estabelece, de maneira peremptória, que as comunicações *de qualquer natureza* entre cliente e advogado são presumidas confidenciais (art. 36, § 1º, do CED da OAB).

Enquanto que a prerrogativa da inviolabilidade do local de trabalho, de seus instrumentos de trabalho, de correspondência escrita, eletrônica, telefônica, etc, é um direito dos advogados contra terceiros (art. 7º, II, da Lei n. 8.906/94)[5], o sigilo profissional é um poder-dever ético do advogado para viabilizar a relação de confiança com os seus clientes. Por essa razão, o advogado tem o direito de se recusar a depor como testemunha sobre fato que constitua sigilo profissional (art. 7º, XIX, da Lei n. 8.906/94 e art. 38 do CED da OAB).

Somente em circunstâncias excepcionais pode ser quebrado o sigilo profissional: situações de grave ameaça ao direito à vida e à honra ou que envolvam defesa própria (art. 37 do CED da OAB). Violar, sem justa causa, o sigilo profissional é, inclusive, infração disciplinar (art. 34, VII, da Lei n. 8.906/94). Ademais, o advogado pode responder penalmente pelo crime de violação do segredo profissional, estando sujeito à pena de detenção, de três meses a um ano, ou multa (art. 154 do Código Penal).

Como vemos no banco de perguntas, os temas regulados por esse capítulo são muito frequentes nos Exames de Ordem. Por isso, recomendamos o estudo redobrado das regras sobre sigilo profissional.

B.8. CAPÍTULO VIII – DA PUBLICIDADE PROFISSIONAL

As importantes regras sobre a publicidade na advocacia estão dispostas no Capítulo VIII do novo Código de Ética e Disciplina. No quadro comparativo, abaixo, podemos visualizar as alterações na nova redação, destacadas em vermelho.

---

[5] Importante lembrar que a inviolabilidade do local de trabalho não é absoluta, pois, na existência de indícios de autoria e materialidade da prática de crime por parte de advogado, a autoridade judiciária competente poderá decretar a quebra da inviolabilidade, em decisão motivada, expedindo mandado de busca e apreensão, específico e pormenorizado, a ser cumprido na presença de representante da OAB. É, ainda, vedado coleta de materiais que tenham informações sobre clientes do advogado, salvo se este for partícipe ou co-autor da prática do mesmo crime que deu causa à quebra da inviolabilidade (art. 7º, § 6º e §7º da Lei n. 8.906/94).

B.8.1. QUADRO COMPARATIVO

ANTIGO CED DA OAB	NOVO CED DA OAB
CAPÍTULO IV DA PUBLICIDADE Art. 28. O advogado pode anunciar os seus serviços profissionais, individual ou coletivamente, com discrição e moderação, para finalidade exclusivamente informativa, vedada a divulgação em conjunto com outra atividade. Art. 29. O anúncio deve mencionar o nome completo do advogado e o número da inscrição na OAB, podendo fazer referência a títulos ou qualificações profissionais, especialização técnico-científica e associações culturais e científicas, endereços, horário do expediente e meios de comunicação, vedadas a sua veiculação pelo rádio e televisão e a denominação de fantasia. § 1º Títulos ou qualificações profissionais são os relativos à profissão de advogado, conferidos por universidades ou instituições de ensino superior, reconhecidas. § 2º Especialidades são os ramos do Direito, assim entendidos pelos doutrinadores ou legalmente reconhecidos. § 3º Correspondências, comunicados e publicações, versando sobre constituição, colaboração, composição e qualificação de componentes de escritório e especificação de	CAPÍTULO VIII DA PUBLICIDADE PROFISSIONAL Art. 39. A publicidade profissional do advogado tem caráter meramente informativo e deve primar pela discrição e sobriedade, não podendo configurar captação de clientela ou mercantilização da profissão. Art. 40. Os meios utilizados para a publicidade profissional hão de ser compatíveis com a diretriz estabelecida no artigo anterior, sendo vedados: I - a veiculação da publicidade por meio de rádio, cinema e televisão; II - o uso de *outdoors*, painéis luminosos ou formas assemelhadas de publicidade; III - as inscrições em muros, paredes, veículos, elevadores ou em qualquer espaço público; IV - a divulgação de serviços de advocacia juntamente com a de outras atividades ou a indicação de vínculos entre uns e outras; V - o fornecimento de dados de contato, como endereço e telefone, em colunas ou artigos literários, culturais, acadêmicos ou jurídicos, publicados na imprensa, bem assim quando de eventual participação em programas de rádio ou televisão, ou em veiculação de matérias

ANTIGO CED DA OAB	NOVO CED DA OAB
especialidades profissionais, bem como boletins informativos e comentários sobre legislação, somente podem ser fornecidos a colegas, clientes, ou pessoas que os solicitem ou os autorizem previamente. § 4º O anúncio de advogado não deve mencionar, direta ou indiretamente, qualquer cargo, função pública ou relação de emprego e patrocínio que tenha exercido, passível de captar clientela. § 5º O uso das expressões "escritório de advocacia" ou "sociedade de advogados" deve estar acompanhado da indicação de número de registro na OAB ou do nome e do número de inscrição dos advogados que o integrem. § 6º O anúncio, no Brasil, deve adotar o idioma português, e, quando em idioma estrangeiro, deve estar acompanhado da respectiva tradução. Art. 30. O anúncio sob a forma de placas, na sede profissional ou na residência do advogado, deve observar discrição quanto ao conteúdo, forma e dimensões, sem qualquer aspecto mercantilista, vedada a utilização de *outdoor* ou equivalente.	pela internet, sendo permitida a referência a e-mail; VI - a utilização de mala direta, a distribuição de panfletos ou formas assemelhadas de publicidade, com o intuito de captação de clientela. **Parágrafo único**. Exclusivamente para fins de identificação dos escritórios de advocacia, é permitida a utilização de placas, painéis luminosos e inscrições em suas fachadas, desde que respeitadas as diretrizes previstas no artigo 39. **Art. 41**. As colunas que o advogado mantiver nos meios de comunicação social ou os textos que por meio deles divulgar não deverão induzir o leitor a litigar nem promover, dessa forma, captação de clientela. **Art. 42.** É vedado ao advogado: I - responder com habitualidade a consulta sobre matéria jurídica, nos meios de comunicação social; II - debater, em qualquer meio de comunicação, causa sob o patrocínio de outro advogado; III - abordar tema de modo a comprometer a dignidade da profissão e da instituição que o congrega; IV - divulgar ou deixar que sejam divulgadas listas de clientes e demandas;

ANTIGO CED DA OAB	NOVO CED DA OAB
Art. 31. O anúncio não deve conter fotografias, ilustrações, cores, figuras, desenhos, logotipos, marcas ou símbolos incompatíveis com a sobriedade da advocacia, sendo proibido o uso dos símbolos oficiais e dos que sejam utilizados pela Ordem dos Advogados do Brasil. § 1º São vedadas referências a valores dos serviços, tabelas, gratuidade ou forma de pagamento, termos ou expressões que possam iludir ou confundir o público, informações de serviços jurídicos suscetíveis de implicar, direta ou indiretamente, captação de causa ou clientes, bem como menção ao tamanho, qualidade e estrutura da sede profissional. § 2º Considera-se imoderado o anúncio profissional do advogado mediante remessa de correspondência a uma coletividade, salvo para comunicar a clientes e colegas a instalação ou mudança de endereço, a indicação expressa do seu nome e escritório em partes externas de veículo, ou a inserção de seu nome em anúncio relativo a outras atividades não advocatícias, faça delas parte ou não. Art. 32. O advogado que eventualmente participar de programa de	V - insinuar-se para reportagens e declarações públicas. **Art. 43**. O advogado que eventualmente participar de programa de televisão ou de rádio, de entrevista na imprensa, de reportagem televisionada ou veiculada por qualquer outro meio, para manifestação profissional, deve visar a objetivos exclusivamente ilustrativos, educacionais e instrutivos, sem propósito de promoção pessoal ou profissional, vedados pronunciamentos sobre métodos de trabalho usados por seus colegas de profissão. **Parágrafo único.** Quando convidado para manifestação pública, por qualquer modo e forma, visando ao esclarecimento de tema jurídico de interesse geral, deve o advogado evitar insinuações com o sentido de promoção pessoal ou profissional, bem como o debate de caráter sensacionalista. **Art. 44.** Na publicidade profissional que promover ou nos cartões e material de escritório de que se utilizar, o advogado fará constar seu nome ou o da sociedade de advogados, o número ou os números de inscrição na OAB. **§1º** Poderão ser referidos apenas os títulos acadêmicos do advogado e

ANTIGO CED DA OAB	NOVO CED DA OAB
televisão ou de rádio, de entrevista na imprensa, de reportagem televisionada ou de qualquer outro meio, para manifestação profissional, deve visar a objetivos exclusivamente ilustrativos, educacionais e instrutivos, sem propósito de promoção pessoal ou profissional, vedados pronunciamentos sobre métodos de trabalho usados por seus colegas de profissão. Parágrafo único. Quando convidado para manifestação pública, por qualquer modo e forma, visando ao esclarecimento de tema jurídico de interesse geral, deve o advogado evitar insinuações a promoção pessoal ou profissional, bem como o debate de caráter sensacionalista. Art. 33. O advogado deve abster-se de: I – responder com habitualidade consulta sobre matéria jurídica, nos meios de comunicação social, com intuito de promover-se profissionalmente; II – debater, em qualquer veículo de divulgação, causa sob seu patrocínio ou patrocínio de colega; III – abordar tema de modo a comprometer a dignidade da profissão e da instituição que o congrega;	as distinções honoríficas relacionadas à vida profissional, bem como as instituições jurídicas de que faça parte, e as especialidades a que se dedicar, o endereço, e-mail, site, página eletrônica, *QR code*, logotipo e a fotografia do escritório, o horário de atendimento e os idiomas em que o cliente poderá ser atendido. **§ 2º** É vedada a inclusão de fotografias pessoais ou de terceiros nos cartões de visitas do advogado, bem como menção a qualquer emprego, cargo ou função ocupado, atual ou pretérito, em qualquer órgão ou instituição, salvo o de professor universitário. **Art. 45.** São admissíveis como formas de publicidade o patrocínio de eventos ou publicações de caráter científico ou cultural, assim como a divulgação de boletins, por meio físico ou eletrônico, sobre matéria cultural de interesse dos advogados, desde que sua circulação fique adstrita a clientes e a interessados do meio jurídico. **Art. 46.** A publicidade veiculada pela internet ou por outros meios eletrônicos deverá observar as diretrizes estabelecidas neste capítulo.

ANTIGO CED DA OAB	NOVO CED DA OAB
IV – divulgar ou deixar que seja divulgada a lista de clientes e demandas; V – insinuar-se para reportagens e declarações públicas. Art. 34. A divulgação pública, pelo advogado, de assuntos técnicos ou jurídicos de que tenha ciência em razão do exercício profissional como advogado constituído, assessor jurídico ou parecerista, deve limitar-se a aspectos que não quebrem ou violem o segredo ou o sigilo profissional.	**Parágrafo único.** A telefonia e a internet podem ser utilizadas como veículo de publicidade, inclusive para o envio de mensagens a destinatários certos, desde que estas não impliquem o oferecimento de serviços ou representem forma de captação de clientela. **Art. 47.** As normas sobre publicidade profissional constantes deste capítulo poderão ser complementadas por outras que o Conselho Federal aprovar, observadas as diretrizes do presente Código.

A publicidade na advocacia não é proibida, mas é possível nos limites do *munus* público da profissão. Como explicado anteriormente, o advogado, ao representar interesses jurídicos de terceiros, exerce elevada função social junto à administração da Justiça, pois se conforma enquanto verdadeiro veículo para viabilizar a efetivação de direitos individuais e coletivos. Em vista desse *munus*, a legislação estabelece uma série de normas que vedam práticas mercantilizantes capazes de sobrepor os interesses financeiros àqueles da efetivação da Justiça, da defesa do Estado Democrático de Direito e do apaziguamento dos conflitos sociais.

Assim sendo, o artigo 39 do CED da OAB estabelece a "regra de ouro" da publicidade na advocacia: <u>o caráter meramente informativo, primando pela discrição e sobriedade, não podendo configurar-se como captação de clientela ou mercantilização da profissão</u>. E, de maneira não exaustiva, estabelece um conjunto de vedações cuja concretização afrontaria tal regra, tais como: a veiculação da publicidade por meio de rádio, cinema, televisão, *outdoors*, inscrições em muros, paredes, veículos, elevadores ou em qualquer espaço público, a utilização de panfletos e "malas diretas" com o intuito de captar clientes, a divulgação de serviços de advocacia juntamente com a de outras atividades, o fornecimento de dados de contato em colunas ou artigos publicados na imprensa ou em eventual participação em programas de rádio ou televisão, sendo permitida, no entanto, a referência a e-mail (art. 40 do CED da OAB).

Na era das redes sociais, o novo Código estabelece que o advogado não pode se utilizar de quaisquer canais de comunicação para induzir o leitor a litigar nem promover, dessa forma, captação de clientela (art. 41 do CED da OAB). A publicidade na internet ou por outros meios eletrônicos é possível, mas dentro das diretrizes da "regra de ouro" (art. 43 do CED da OAB).

Afronta, por exemplo, a diretriz de sobriedade o advogado que usa espaços da mídia e extrapola o caráter informativo da sua manifestação pública, insinuando promoção pessoal ou promovendo debate de caráter sensacionalista.

Dentro das diretrizes éticas que norteiam a publicidade profissional, o advogado pode confeccionar materiais que contenham informações sobre as distinções honoríficas relacionadas à vida profissional, as suas especialidades, os seus dados de contato (endereço, e-mail, site, *QR code*, logotipo), a fotografia do escritório, o horário de atendimento e os idiomas em que o cliente poderá ser atendido (art. 44, §1º, do CED da OAB). Nos cartões de visita, contudo, o advogado não pode incluir fotografias pessoais ou de terceiros, bem como mencionar emprego, cargo ou função ocupado, atual ou pretérito, em qualquer órgão ou instituição, <u>salvo o de professor universitário</u> (art. 44, §2º, do CED da OAB).

O Código admite como formas de publicidade o patrocínio de eventos ou publicações de caráter científico ou cultural, assim como a divulgação de boletins, por meio físico ou eletrônico, sobre matéria cultural de interesse dos advogados, desde que sua circulação fique adstrita a clientes e a interessados do meio jurídico (art. 45 do CED da OAB).

Por fim, destaquemos que o tema da publicidade profissional é frequentemente cobrado em questões dos Exames de Ordem. Dada a sua incidência, este é um dos capítulos do CED da OAB que merecem estudo redobrado.

B.9. CAPÍTULO IX – DOS HONORÁRIOS PROFISSIONAIS

Assim como o diploma antigo, o novo Código estabelece importantes parâmetros éticos a serem observados no tema dos honorários. No quadro comparativo, abaixo, podemos visualizar, em vermelho, as alterações na nova redação.

B.9.1. QUADRO COMPARATIVO

ANTIGO CED DA OAB	NOVO CED DA OAB
CAPÍTULO V	CAPÍTULO IX
DOS HONORÁRIOS PROFISSIONAIS	DOS HONORÁRIOS PROFISSIONAIS
Art. 35. Os honorários advocatícios e sua eventual correção, bem como sua majoração decorrente do aumento dos atos judiciais que advierem como necessários, devem ser previstos em contrato escrito, qualquer que seja o objeto e o meio da prestação do serviço profissional, contendo todas as especificações e forma de pagamento, inclusive no caso de acordo. § 1º Os honorários da sucumbência não excluem os contratados, porém devem ser levados em conta no acerto final com o cliente ou constituinte, tendo sempre presente o que foi ajustado na aceitação da causa. § 2º A compensação ou o desconto dos honorários contratados e de valores que devam ser entregues ao constituinte ou cliente só podem ocorrer se houver prévia autorização ou previsão contratual. § 3º A forma e as condições de resgate dos encargos gerais, judiciais e extrajudiciais, inclusive eventual remuneração de outro profissional,	Art. 48. A prestação de serviços profissionais por advogado, individualmente ou integrado em sociedades, será contratada, preferentemente, por escrito. § 1º O contrato de prestação de serviços de advocacia não exige forma especial, devendo estabelecer, porém, com clareza e precisão, o seu objeto, os honorários ajustados, a forma de pagamento, a extensão do patrocínio, esclarecendo se este abrangerá todos os atos do processo ou limitar-se-á a determinado grau de jurisdição, além de dispor sobre a hipótese de a causa encerrar-se mediante transação ou acordo. § 2º A compensação de créditos, pelo advogado, de importâncias devidas ao cliente, somente será admissível quando o contrato de prestação de serviços a autorizar ou quando houver autorização especial do cliente para esse fim, por este firmada. § 3º O contrato de prestação de serviços poderá dispor sobre a forma de contratação de profissionais

ANTIGO CED DA OAB	NOVO CED DA OAB
advogado ou não, para desempenho de serviço auxiliar ou complementar técnico e especializado, ou com incumbência pertinente fora da Comarca, devem integrar as condições gerais do contrato. Art. 36. Os honorários profissionais devem ser fixados com moderação, atendidos os elementos seguintes: I – a relevância, o vulto, a complexidade e a dificuldade das questões versadas; II – o trabalho e o tempo necessários; III – a possibilidade de ficar o advogado impedido de intervir em outros casos, ou de se desavir com outros clientes ou terceiros; IV – o valor da causa, a condição econômica do cliente e o proveito para ele resultante do serviço profissional; V – o caráter da intervenção, conforme se trate de serviço a cliente avulso, habitual ou permanente; VI – o lugar da prestação dos serviços, fora ou não do domicílio do advogado; VII – a competência e o renome do profissional; VIII – a praxe do foro sobre trabalhos análogos.	para serviços auxiliares, bem como sobre o pagamento de custas e emolumentos, os quais, na ausência de disposição em contrário, presumem-se devam ser atendidos pelo cliente. Caso o contrato preveja que o advogado antecipe tais despesas, ser-lhe-á lícito reter o respectivo valor atualizado, no ato de prestação de contas, mediante comprovação documental. § 4º As disposições deste capítulo aplicam-se à mediação, à conciliação, à arbitragem ou a qualquer outro método adequado de solução dos conflitos. § 5º É vedada, em qualquer hipótese, a diminuição dos honorários contratados em decorrência da solução do litígio por qualquer mecanismo adequado de solução extrajudicial. § 6º Deverá o advogado observar o valor mínimo da Tabela de Honorários instituída pelo respectivo Conselho Seccional onde for realizado o serviço, inclusive aquele referente às diligências, sob pena de caracterizar-se aviltamento de honorários. § 7º O advogado promoverá, preferentemente, de forma destacada a execução dos honorários contratuais ou sucumbenciais.

ANTIGO CED DA OAB	NOVO CED DA OAB
Art. 37. Em face da imprevisibilidade do prazo de tramitação da demanda, devem ser delimitados os serviços profissionais a se prestarem nos procedimentos preliminares, judiciais ou conciliatórios, a fim de que outras medidas, solicitadas ou necessárias, incidentais ou não, diretas ou indiretas, decorrentes da causa, possam ter novos honorários estimados, e da mesma forma receber do constituinte ou cliente a concordância hábil. Art. 38. Na hipótese da adoção de cláusula *quota litis*, os honorários devem ser necessariamente representados por pecúnia e, quando acrescidos dos de honorários da sucumbência, não podem ser superiores às vantagens advindas em favor do constituinte ou do cliente. Parágrafo único. A participação do advogado em bens particulares de cliente, comprovadamente sem condições pecuniárias, só é tolerada em caráter excepcional, e desde que contratada por escrito. Art. 39. A celebração de convênios para prestação de serviços jurídicos com redução dos valores estabelecidos na Tabela de Honorários implica captação de clientes ou causa, salvo se as condições peculiares da	**Art. 49.** Os honorários profissionais devem ser fixados com moderação, atendidos os elementos seguintes: I - a relevância, o vulto, a complexidade e a dificuldade das questões versadas; II - o trabalho e o tempo a ser empregados; III - a possibilidade de ficar o advogado impedido de intervir em outros casos, ou de se desavir com outros clientes ou terceiros; IV - o valor da causa, a condição econômica do cliente e o proveito para este resultante do serviço profissional; V - o caráter da intervenção, conforme se trate de serviço a cliente eventual, frequente ou constante; VI - o lugar da prestação dos serviços, conforme se trate do domicílio do advogado ou de outro; VII - a competência do profissional; VIII - a praxe do foro sobre trabalhos análogos. **Art. 50.** Na hipótese da adoção de cláusula *quota litis*, os honorários devem ser necessariamente representados por pecúnia e, quando

ANTIGO CED DA OAB	NOVO CED DA OAB
necessidade e dos carentes puderem ser demonstradas com a devida antecedência ao respectivo Tribunal de Ética e Disciplina, que deve analisar a sua oportunidade. Art. 40. Os honorários advocatícios devidos ou fixados em tabelas no regime da assistência judiciária não podem ser alterados no *quantum* estabelecido; mas a verba honorária decorrente da sucumbência pertence ao advogado. Art. 41. O advogado deve evitar o aviltamento de valores dos serviços profissionais, não os fixando de forma irrisória ou inferior ao mínimo fixado pela Tabela de Honorários, salvo motivo plenamente justificável. Art. 42. O crédito por honorários advocatícios, seja do advogado autônomo, seja de sociedade de advogados, não autoriza o saque de duplicatas ou qualquer outro título de crédito de natureza mercantil, exceto a emissão de fatura, desde que constitua exigência do constituinte ou assistido, decorrente de contrato escrito, vedada a tiragem de protesto. Art. 43. Havendo necessidade de arbitramento e cobrança judicial dos honorários advocatícios, deve o advogado renunciar ao patrocínio da causa, fazendo-se representar por um colega.	acrescidos dos honorários da sucumbência, não podem ser superiores às vantagens advindas a favor do cliente. § 1º A participação do advogado em bens particulares do cliente só é admitida em caráter excepcional, quando esse, comprovadamente, não tiver condições pecuniárias de satisfazer o débito de honorários e ajustar com o seu patrono, em instrumento contratual, tal forma de pagamento. § 2º Quando o objeto do serviço jurídico versar sobre prestações vencidas e vincendas, os honorários advocatícios poderão incidir sobre o valor de umas e outras, atendidos os requisitos da moderação e da razoabilidade. Art. 51. Os honorários da sucumbência e os honorários contratuais, pertencendo ao advogado que houver atuado na causa, poderão ser por ele executados, assistindo-lhe direito autônomo para promover a execução do capítulo da sentença que os estabelecer ou para postular, quando for o caso, a expedição de precatório ou requisição de pequeno valor em seu favor. § 1º No caso de substabelecimento, a verba correspondente aos honorários da sucumbência será repartida entre o substabelecente e o

ANTIGO CED DA OAB	NOVO CED DA OAB
	substabelecido, proporcionalmente à atuação de cada um no processo ou conforme haja sido entre eles ajustado. **§ 2º** Quando for o caso, a Ordem dos Advogados do Brasil ou os seus Tribunais de Ética e Disciplina poderão ser solicitados a indicar mediador que contribua no sentido de que a distribuição dos honorários da sucumbência, entre advogados, se faça segundo o critério estabelecido no § 1º. **§ 3º** Nos processos disciplinares que envolverem divergência sobre a percepção de honorários da sucumbência, entre advogados, deverá ser tentada a conciliação destes, preliminarmente, pelo relator. **Art. 52.** O crédito por honorários advocatícios, seja do advogado autônomo, seja de sociedade de advogados, não autoriza o saque de duplicatas ou qualquer outro título de crédito de natureza mercantil, podendo, apenas, ser emitida fatura, quando o cliente assim pretender, com fundamento no contrato de prestação de serviços, a qual, porém, não poderá ser levada a protesto. **Parágrafo único.** Pode, todavia, ser levado a protesto o cheque ou

ANTIGO CED DA OAB	NOVO CED DA OAB
	a nota promissória emitido pelo cliente em favor do advogado, depois de frustrada a tentativa de recebimento amigável. **Art. 53.** É lícito ao advogado ou à sociedade de advogados empregar, para o recebimento de honorários, sistema de cartão de crédito, mediante credenciamento junto a empresa operadora do ramo. **Parágrafo único.** Eventuais ajustes com a empresa operadora que impliquem pagamento antecipado não afetarão a responsabilidade do advogado perante o cliente, em caso de rescisão do contrato de prestação de serviços, devendo ser observadas as disposições deste quanto à hipótese. **Art. 54.** Havendo necessidade de promover arbitramento ou cobrança judicial de honorários, deve o advogado renunciar previamente ao mandato que recebera do cliente em débito.

Honorário é a contraprestação recebida pelo advogado em virtude da prestação dos seus serviços profissionais (art. 22 da Lei n. 8.906/94). Os honorários têm natureza alimentar, possuindo os mesmos privilégios dos créditos oriundos da legislação do trabalho (art. 85, § 14, da Lei n. 13.105/15) e, quando fixado em sentença, são títulos executivos que constituem crédito privilegiado na falência, concordata, concurso de credores, insolvência civil e liquidação extrajudicial (art. 24 da Lei n. 8.906/94).

Quanto à fonte pagadora, existem três tipos de honorários: (i) os convencionados, (ii) os arbitrados e (iii) os sucumbenciais.

Os honorários convencionados são aqueles pagos por quem contrata o advogado para realizar determinada prestação profissional. Não há forma especial para a contratação, mas a legislação recomenda que seja feita por escrito e que estabeleça, com clareza e precisão, os seus termos essenciais - objeto, valores, forma de pagamento, a extensão do patrocínio etc (art. 48, § 1º, do CED da OAB). Na ausência de disposição contrária, presume-se que o pagamento de custas e emolumentos deva ser atendido pelo cliente, entretanto, caso o contrato preveja que o advogado antecipe tais despesas, ser-lhe-á lícito reter o respectivo valor atualizado, no ato de prestação de contas, mediante comprovação documental (art. 48, § 3º, do CED da OAB). Sobrevindo conflito entre o advogado e o contratante, os honorários podem ser fixados por decisão judicial (art. 22, § 2º, da Lei n. 8.906/94). Nessa situação, o advogado deve renunciar previamente o mandato recebido pelo cliente (art. 54 do CED da OAB).

Existem, ainda, parâmetros para o estabelecimento dos honorários convencionados. A Tabela de Honorários, instituída pelo respectivo Conselho Seccional, é a referência mínima dos valores a serem cobrados, sob pena de caracterizar aviltamento (art. 48, § 6º, do CED da OAB). No plano máximo, o Código estabelece que os honorários devem ser fixados com *moderação*, levando em conta elementos como tempo de trabalho, relevância, lugar da prestação, competência profissional entre outros (art. 49 do CED da OAB). Quando for estipulada cláusula *quota litis* (isto é, quando a contraprestação é prevista como parte da vantagem a ser obtida pelo contratante), esses honorários acrescidos da sucumbência não podem ser superiores às vantagens advindas a favor do cliente (art. 50 do CED da OAB).

No que tange às formas de pagamento, são livremente pactuadas. Como sugestão, recomenda-se que um terço dos honorários seja pago no início do serviço, outro terço até a decisão de primeira instância e o restante no final (art. 22, § 3º, da Lei n. 8.906/94). O novo Código de Ética possibilita que o cheque ou a nota promissória emitida pelo cliente em favor do advogado possa ser levado a protesto, depois de frustrada a tentativa de recebimento amigável, vedado, contudo, o saque de duplicatas ou qualquer outro título de crédito de natureza mercantil (art. 52 do

CED da OAB). Ademais, tornou lícito o pagamento mediante sistema de cartão de crédito (art. 53 do CED da OAB). Destaca-se, ainda, que o prazo prescricional para a cobrança dos honorários é de cinco anos (art. 25 da Lei n. 8.906/94).

Por conseguinte, os honorários arbitrados são aqueles estabelecidos para pagar os advogados que são nomeados por autoridade judicial para a prestação de assistência jurídica. Ou seja, quando na ausência de Defensoria Pública, o magistrado pode nomear advogado para defender interesse de necessitado. Nessa situação, os honorários são pagos pelo Estado de acordo com o valor fixado pela autoridade judicial, de modo nunca inferior à Tabela de Honorários organizada pelo Conselho Seccional da OAB competente (art. 22, § 1º, da Lei n. 8.906/94).

Por último, os honorários de sucumbência são aqueles pagos pela parte perdedora (sucumbente) ao advogado da parte vencedora no conflito (art. 85 da Lei n. 13.105/15). É um direito do advogado (não do cliente deste) indisponível, sendo nula qualquer cláusula que lhe retire esse direito (art. 24, § 3º, da Lei n. 8.906/94), não sendo excludente aos honorários convencionados. Além de decorrer da vitória processual, o direito aos honorários de sucumbência varia de acordo com a natureza da ação e do tipo de justiça. Por exemplo, como regra, a derrota em ações que tramitam em primeiro grau, na Justiça Especial Cível, não gera o direito às verbas de sucumbência.

Como regra, a autoridade judicial estabelece o montante da sucumbência entre 10% e 20% sobre o valor da condenação, do proveito econômico obtido ou, não sendo possível mensurá-lo, sobre o valor atualizado da causa (art. 85, § 2º, da Lei n. 13.105/15)[6].

A legislação ética dispõe que a verba correspondente aos honorários de sucumbência será repartida entre o substabelecente e o substabelecido, proporcionalmente à atuação de cada um no processo ou conforme haja

---

6 Existem situações em que os parâmetros do valor da sucumbência são outros. Por exemplo, nas causas em que for inestimável ou irrisório o proveito econômico ou, ainda, quando o valor da causa for muito baixo, o juiz fixará o valor dos honorários pelo critério da *apreciação equitativa* (art. 85, § 8º, da Lei n. 13.105/15). Outra situação peculiar pode ser encontrada nas causas em que a Fazenda Pública for parte e em que o valor da condenação ou proveito econômico for superior a 200 salários mínimos, sendo então a sucumbência estabelecida pelos seguintes parâmetros: (i) entre 8% e 10% (se de 200 até 2 mil salários); (ii) entre 5% e 8% (se de 2 mil até 20 mil salários); (iii) entre 3% e 5% (se de 20 mil até 100 mil salários); (iv) entre 1% e 3% (se acima de 100 mil salários) (art. 85, § 3º, da Lei n. 13.105/15).

sido entre eles ajustado (art. 51, § 1º, do CED da OAB). Em caso de de divergência sobre essa proporção, a OAB ou seus Tribunais de Ética e Disciplina podem ser solicitados para tentar mediar o conflito (art. 51, § 2º, do CED da OAB). A conciliação deve ser tentada mesmo em caso de processo disciplinar (art. 51, § 3º, do CED da OAB).

O tema dos honorários profissionais é um dos mais presentes e cobrados nos Exames de Ordem. Em média, uma questão por prova. Todavia, como veremos no banco de questões anexo, a maioria das perguntas se manteve relacionada aos dispositivos da Lei n. 8.906/94, especialmente quanto ao tema da prescrição. De todo modo, esse é um capítulo do CED da OAB que merece especial atenção nos estudos.

C. TÍTULO II – DO PROCESSO DISCIPLINAR

A Ordem dos Advogados do Brasil tem poder de disciplinar as condutas dos seus membros. Trata-se de competência para apurar e julgar eventuais infrações disciplinares e éticas cometidas pelos profissionais na prática da advocacia, por meio de processo disciplinar conduzido pela OAB, sem prejuízo das responsabilizações cíveis e penais (art. 71 da Lei n. 8.906/94).

O exercício do poder de autotutela deve, decerto, seguir procedimentos que respeitem os princípios constitucionais da ampla defesa, do contraditório e do devido processo legal. Com base nisso, as normas que regulam o processo disciplinar têm como principais fontes a Lei n. 8.906/94 (arts. 70 a 77) e o Código de Ética e Disciplina da OAB (arts. 55 a 72).

As regras sobre o processo disciplinar, no novo CED, estão dispostas em dois capítulos (um relacionado aos procedimentos e outro relacionado aos órgãos disciplinares). Na parte dos procedimentos, o Código trouxe uma série de alterações na sistemática do processo, como, por exemplo, *retirou* a previsão do mecanismo conhecido por "*sursis* ético" - a suspensão temporária da aplicação das penas de advertência e censura, desde que o infrator primário, dentro do prazo de 120 dias, concluísse cursos realizados por entidade de notória idoneidade sobre ética do advogado. No outro capítulo, destacamos também a previsão de constituição das Corregedorias-Gerais – i.e., criação de órgãos de controle interno e de apuração e correção de irregularidades na OAB.

C.1. CAPÍTULO I – DOS PROCEDIMENTOS

Semelhante ao diploma antigo, o novo Código estabelece regras sobre o procedimento dos processos disciplinares, mas com uma nova sistemática. Houve ainda uma alteração topológica, pois, enquanto na redação antiga os artigos estavam no "Capítulo II", na nova redação, estão no "Capítulo I". No quadro comparativo, abaixo, podemos visualizar, em vermelho, as alterações em seus artigos.

C.1.I. QUADRO COMPARATIVO

ANTIGO CED DA OAB	NOVO CED DA OAB
CAPÍTULO II DOS PROCEDIMENTOS	CAPÍTULO I DOS PROCEDIMENTOS
Art. 51. O processo disciplinar instaura-se de ofício ou mediante representação dos interessados, que não pode ser anônima.	**Art. 55.** O processo disciplinar instaura-se de ofício ou mediante representação do interessado.
§ 1º Recebida a representação, o Presidente do Conselho Seccional ou da Subseção, quando esta dispuser de Conselho, designa relator um de seus integrantes, para presidir a instrução processual.	**§ 1º** A instauração, de ofício, do processo disciplinar dar-se-á em função do conhecimento do fato, quando obtido por meio de fonte idônea ou em virtude de comunicação da autoridade competente.
§ 2º O relator pode propor ao Presidente do Conselho Seccional ou da Subseção o arquivamento da representação, quando estiver desconstituída dos pressupostos de admissibilidade.	**§ 2º** Não se considera fonte idônea a que consistir em denúncia anônima.
§ 3º A representação contra membros do Conselho Federal e Presidentes dos Conselhos Seccionais é processada e julgada pelo Conselho Federal.	**Art. 56.** A representação será formulada ao Presidente do Conselho Seccional ou ao Presidente da Subseção, por escrito ou verbalmente, devendo, neste último caso, ser reduzida a termo.
	Parágrafo único. Nas Seccionais cujos Regimentos Internos atribuírem competência ao Tribunal de

ANTIGO CED DA OAB	NOVO CED DA OAB
Art. 52. Compete ao relator do processo disciplinar determinar a notificação dos interessados para esclarecimentos, ou do representado para a defesa prévia, em qualquer caso no prazo de 15 (quinze) dias. § 1º Se o representado não for encontrado ou for revel, o Presidente do Conselho ou da Subseção deve designar-lhe defensor dativo. § 2º Oferecida a defesa prévia, que deve estar acompanhada de todos os documentos e o rol de testemunhas, até o máximo de cinco, é proferido o despacho saneador e, ressalvada a hipótese do § 2º do art. 73 do Estatuto, designada, se reputada necessária, a audiência para oitiva do interessado, do representado e das testemunhas. O interessado e o representado deverão incumbir-se do comparecimento de suas testemunhas, a não ser que prefiram suas intimações pessoais, o que deverá ser requerido na representação e na defesa prévia. As intimações pessoais não serão renovadas em caso de não-comparecimento, facultada a substituição de testemunhas, se presente a substituta na audiência. (NR) § 3º O relator pode determinar a realização de diligências que julgar convenientes.	Ética e Disciplina para instaurar o processo ético disciplinar, a representação poderá ser dirigida ao seu Presidente ou será a este encaminhada por qualquer dos dirigentes referidos no *caput* deste artigo que a houver recebido. **Art. 57.** A representação deverá conter: I - a identificação do representante, com a sua qualificação civil e endereço; II - a narração dos fatos que a motivam, de forma que permita verificar a existência, em tese, de infração disciplinar; III - os documentos que eventualmente a instruam e a indicação de outras provas a ser produzidas, bem como, se for o caso, o rol de testemunhas, até o máximo de cinco; IV - a assinatura do representante ou a certificação de quem a tomou por termo, na impossibilidade de obtê-la. **Art. 58.** Recebida a representação, o Presidente do Conselho Seccional ou o da Subseção, quando esta dispuser de Conselho, designa relator, por sorteio, um de seus integrantes, para presidir a instrução processual.

ANTIGO CED DA OAB	NOVO CED DA OAB
§ 4º Concluída a instrução, será aberto o prazo sucessivo de 15 (quinze) dias para a apresentação de razões finais pelo interessado e pelo representado, após a juntada da última intimação. § 5º Extinto o prazo das razões finais, o relator profere parecer preliminar, a ser submetido ao Tribunal. Art. 53. O Presidente do Tribunal, após o recebimento do processo devidamente instruído, designa relator para proferir o voto. § 1º O processo é inserido automaticamente na pauta da primeira sessão de julgamento, após o prazo de 20 (vinte) dias de seu recebimento pelo Tribunal, salvo se o relator determinar diligências. § 2º O representado é intimado pela Secretaria do Tribunal para a defesa oral na sessão, com 15 (quinze) dias de antecedência. § 3º A defesa oral é produzida na sessão de julgamento perante o Tribunal, após o voto do relator, no prazo de 15 (quinze) minutos, pelo representado ou por seu advogado. Art. 54. Ocorrendo a hipótese do art. 70, § 3º, do Estatuto, na sessão especial designada pelo Presidente do Tribunal, são facultadas ao	§ 1º Os atos de instrução processual podem ser delegados ao Tribunal de Ética e Disciplina, conforme dispuser o regimento interno do Conselho Seccional, caso em que caberá ao seu Presidente, por sorteio, designar relator. § 2º Antes do encaminhamento dos autos ao relator, serão juntadas a ficha cadastral do representado e certidão negativa ou positiva sobre a existência de punições anteriores, com menção das faltas atribuídas. Será providenciada, ainda, certidão sobre a existência ou não de representações em andamento, a qual, se positiva, será acompanhada da informação sobre as faltas imputadas. § 3º O relator, atendendo aos critérios de admissibilidade, emitirá parecer propondo a instauração de processo disciplinar ou o arquivamento liminar da representação, no prazo de 30 (trinta) dias, sob pena de redistribuição do feito pelo Presidente do Conselho Seccional ou da Subseção para outro relator, observando-se o mesmo prazo. § 4º O Presidente do Conselho competente ou, conforme o caso, o do Tribunal de Ética e Disciplina, proferirá despacho declarando instaurado o processo disciplinar ou

ANTIGO CED DA OAB	NOVO CED DA OAB
representado ou ao seu defensor a apresentação de defesa, a produção de prova e a sustentação oral, restritas, entretanto, à questão do cabimento, ou não, da suspensão preventiva. Art. 55. O expediente submetido à apreciação do Tribunal é autuado pela Secretaria, registrado em livro próprio e distribuído às Seções ou Turmas julgadoras, quando houver. Art. 56. As consultas formuladas recebem autuação em apartado, e a esse processo são designados relator e revisor, pelo Presidente. § 1º O relator e o revisor têm prazo de dez (10) dias, cada um, para elaboração de seus pareceres, apresentando-os na primeira sessão seguinte, para julgamento. § 2º Qualquer dos membros pode pedir vista do processo pelo prazo de uma sessão e desde que a matéria não seja urgente, caso em que o exame deve ser procedido durante a mesma sessão. Sendo vários os pedidos, a Secretaria providencia a distribuição do prazo, proporcionalmente, entre os interessados. § 3º Durante o julgamento e para dirimir dúvidas, o relator e o revisor, nessa ordem, têm preferência na manifestação.	determinando o arquivamento da representação, nos termos do parecer do relator ou segundo os fundamentos que adotar. § 5º A representação contra membros do Conselho Federal e Presidentes de Conselhos Seccionais é processada e julgada pelo Conselho Federal, sendo competente a Segunda Câmara reunida em sessão plenária. A representação contra membros da diretoria do Conselho Federal, Membros Honorários Vitalícios e detentores da Medalha Rui Barbosa será processada e julgada pelo Conselho Federal, sendo competente o Conselho Pleno. § 6º A representação contra dirigente de Subseção é processada e julgada pelo Conselho Seccional. Art. 59. Compete ao relator do processo disciplinar determinar a notificação dos interessados para prestar esclarecimentos ou a do representado para apresentar defesa prévia, no prazo de 15 (quinze) dias, em qualquer caso. § 1º A notificação será expedida para o endereço constante do cadastro de inscritos do Conselho Seccional, observando-se, quanto ao mais, o disposto no Regulamento Geral.

ANTIGO CED DA OAB	NOVO CED DA OAB
§ 4º O relator permitirá aos interessados produzir provas, alegações e arrazoados, respeitado o rito sumário atribuído por este Código. § 5º Após o julgamento, os autos vão ao relator designado ou ao membro que tiver parecer vencedor para lavratura de acórdão, contendo ementa a ser publicada no órgão oficial do Conselho Seccional. Art. 57. Aplica-se ao funcionamento das sessões do Tribunal o procedimento adotado no Regimento Interno do Conselho Seccional. Art. 58. Comprovado que os interessados no processo nele tenham intervindo de modo temerário, com sentido de emulação ou procrastinação, tal fato caracteriza falta de ética passível de punição. Art. 59. Considerada a natureza da infração ética cometida, o Tribunal pode suspender temporariamente a aplicação das penas de advertência e censura impostas, desde que o infrator primário, dentro do prazo de 120 dias, passe a freqüentar e conclua, comprovadamente, curso, simpósio, seminário ou atividade equivalente, sobre Ética Profissional do Advogado, realizado por entidade de notória idoneidade.	§ 2º Se o representado não for encontrado ou ficar revel, o Presidente do Conselho competente ou, conforme o caso, o do Tribunal de Ética e Disciplina designar-lhe-á defensor dativo. § 3º Oferecida a defesa prévia, que deve ser acompanhada dos documentos que possam instruí-la e do rol de testemunhas, até o limite de 5 (cinco), será proferido despacho saneador e, ressalvada a hipótese do § 2º do art. 73 do EAOAB, designada, se for o caso, audiência para oitiva do representante, do representado e das testemunhas. § 4º O representante e o representado incumbir-se-ão do comparecimento de suas testemunhas, salvo se, ao apresentarem o respectivo rol, requererem, por motivo justificado, sejam elas notificadas a comparecer à audiência de instrução do processo. § 5º O relator pode determinar a realização de diligências que julgar convenientes, cumprindo-lhe dar andamento ao processo, de modo que este se desenvolva por impulso oficial. § 6º O relator somente indeferirá a produção de determinado meio de

ANTIGO CED DA OAB	NOVO CED DA OAB
Art. 60. Os recursos contra decisões do Tribunal de Ética e Disciplina, ao Conselho Seccional, regem-se pelas disposições do Estatuto, do Regulamento Geral e do Regimento Interno do Conselho Seccional. Parágrafo único. O Tribunal dará conhecimento de todas as suas decisões ao Conselho Seccional, para que determine periodicamente a publicação de seus julgados. Art. 61. Cabe revisão do processo disciplinar, na forma prescrita no art. 73, § 5º, do Estatuto.	prova quando esse for ilícito, impertinente, desnecessário ou protelatório, devendo fazê-lo fundamentadamente. § 7º Concluída a instrução, o relator profere parecer preliminar, a ser submetido ao Tribunal de Ética e Disciplina, dando enquadramento legal aos fatos imputados ao representado. § 8º Abre-se, em seguida, prazo comum de 15 (quinze) dias para apresentação de razões finais. **Art. 60.** O Presidente do Tribunal de Ética e Disciplina, após o recebimento do processo, devidamente instruído, designa, por sorteio, relator para proferir voto. § 1º Se o processo já estiver tramitando perante o Tribunal de Ética e Disciplina ou perante o Conselho competente, o relator não será o mesmo designado na fase de instrução. § 2º O processo será incluído em pauta na primeira sessão de julgamento após a distribuição ao relator, da qual serão as partes notificadas com 15 (quinze) dias de antecedência. § 3º O representante e o representado são notificados pela Secretaria do Tribunal, com 15 (quinze)

ANTIGO CED DA OAB	NOVO CED DA OAB
	dias de antecedência, para comparecerem à sessão de julgamento.
	§ 4º Na sessão de julgamento, após o voto do relator, é facultada a sustentação oral pelo tempo de 15 (quinze) minutos, primeiro pelo representante e, em seguida, pelo representado.
	Art. 61. Do julgamento do processo disciplinar lavrar-se-á acórdão, do qual constarão, quando procedente a representação, o enquadramento legal da infração, a sanção aplicada, o quórum de instalação e o de deliberação, a indicação de haver sido esta adotada com base no voto do relator ou em voto divergente, bem como as circunstâncias agravantes ou atenuantes consideradas e as razões determinantes de eventual conversão da censura aplicada em advertência sem registro nos assentamentos do inscrito.
	Art. 62. Nos acórdãos serão observadas, ainda, as seguintes regras:
	§ 1º O acórdão trará sempre a ementa, contendo a essência da decisão.
	§ 2º O autor do voto divergente que tenha prevalecido figurará como redator para o acórdão.

ANTIGO CED DA OAB	NOVO CED DA OAB
	§ 3º O voto condutor da decisão deverá ser lançado nos autos, com os seus fundamentos. **§ 4º** O voto divergente, ainda que vencido, deverá ter seus fundamentos lançados nos autos, em voto escrito ou em transcrição na ata de julgamento do voto oral proferido, com seus fundamentos. **§ 5º** Será atualizado nos autos o relatório de antecedentes do representado, sempre que o relator o determinar. **Art. 63.** Na hipótese prevista no art. 70, § 3º, do EAOAB, em sessão especial designada pelo Presidente do Tribunal, serão facultadas ao representado ou ao seu defensor a apresentação de defesa, a produção de prova e a sustentação oral. **Art. 64**. As consultas submetidas ao Tribunal de Ética e Disciplina receberão autuação própria, sendo designado relator, por sorteio, para o seu exame, podendo o Presidente, em face da complexidade da questão, designar, subsequentemente, revisor. **Parágrafo único**. O relator e o revisor têm prazo de 10 (dez) dias cada um para elaboração de seus pareceres, apresentando-os na primeira sessão seguinte, para deliberação.

ANTIGO CED DA OAB	NOVO CED DA OAB
	Art. 65. As sessões do Tribunal de Ética e Disciplina obedecerão ao disposto no respectivo Regimento Interno, aplicando-se-lhes, subsidiariamente, o do Conselho Seccional.
	Art. 66. A conduta dos interessados, no processo disciplinar, que se revele temerária ou caracterize a intenção de alterar a verdade dos fatos, assim como a interposição de recursos com intuito manifestamente protelatório, contrariam os princípios deste Código, sujeitando os responsáveis à correspondente sanção.
	Art. 67. Os recursos contra decisões do Tribunal de Ética e Disciplina, ao Conselho Seccional, regem-se pelas disposições do Estatuto da Advocacia e da Ordem dos Advogados do Brasil, do Regulamento Geral e do Regimento Interno do Conselho Seccional.
	Parágrafo único. O Tribunal dará conhecimento de todas as suas decisões ao Conselho Seccional, para que determine periodicamente a publicação de seus julgados.
	Art. 68. Cabe revisão do processo disciplinar, na forma prevista no Estatuto da Advocacia e da Ordem dos Advogados do Brasil (art. 73, § 5º).

ANTIGO CED DA OAB	NOVO CED DA OAB
	§ 1º Tem legitimidade para requerer a revisão o advogado punido com a sanção disciplinar.
	§ 2º A competência para processar e julgar o processo de revisão é do órgão de que emanou a condenação final.
	§ 3º Quando o órgão competente for o Conselho Federal, a revisão processar-se-á perante a Segunda Câmara, reunida em sessão plenária.
	§ 4º Observar-se-á, na revisão, o procedimento do processo disciplinar, no que couber.
	§ 5º O pedido de revisão terá autuação própria, devendo os autos respectivos ser apensados aos do processo disciplinar a que se refira.
	Art. 69. O advogado que tenha sofrido sanção disciplinar poderá requerer reabilitação, no prazo e nas condições previstos no Estatuto da Advocacia e da Ordem dos Advogados do Brasil (art. 41).
	§ 1º A competência para processar e julgar o pedido de reabilitação é do Conselho Seccional em que tenha sido aplicada a sanção disciplinar. Nos casos de competência originária do Conselho Federal, perante este tramitará o pedido de reabilitação.

ANTIGO CED DA OAB	NOVO CED DA OAB
	§ 2º Observar-se-á, no pedido de reabilitação, o procedimento do processo disciplinar, no que couber. **§ 3º** O pedido de reabilitação terá autuação própria, devendo os autos respectivos ser apensados aos do processo disciplinar a que se refira. **§ 4º** O pedido de reabilitação será instruído com provas de bom comportamento, no exercício da advocacia e na vida social, cumprindo à Secretaria do Conselho competente certificar, nos autos, o efetivo cumprimento da sanção disciplinar pelo requerente. **§ 5º** Quando o pedido não estiver suficientemente instruído, o relator assinará prazo ao requerente para que complemente a documentação; não cumprida a determinação, o pedido será liminarmente arquivado.

Com base na nova sistemática do novo CED da OAB, o processo disciplinar pode ser dividido em cinco fases: (1) Admissibilidade; (2) Instrução; (3) Julgamento; (4) Recurso; (5) Reabilitação (**Figura A**).

Fase 1 – Da Admissibilidade (Figura B):

Esta fase engloba os dispositivos sobre competência (**Figura B.i**), recebimento da denúncia (**Figura B.ii**), escolha da relatoria (**Figura B.iii**), emissão de parecer (**Figura B.iv**) e despacho do presidente (**Figura B.v**).

Em regra, a competência para julgar e punir compete ao Conselho Seccional *em cuja base territorial tenha ocorrido a infração*, salvo se cometida perante o Conselho Federal (art. 70 da Lei n. 8.906/94). Contudo, existem importantes exceções. Destaquemos duas: (i) se a representação for contra membros do Conselho Federal e Presidentes de Conselhos Seccionais, esta será processada e julgada pelo *Conselho Federal* (art. 58, § 5º, do CED da OAB)[7]; (ii) se a violação tiver repercussão prejudicial à dignidade da advocacia, a Seccional *onde o acusado tenha inscrição principal* poderá suspendê-lo preventivamente, avocando a competência para instaurar processo disciplinar (art. 70, § 3º, da Lei n. 8.906/94).

A denúncia pode ser feita mediante representação ou ofício, quando do conhecimento por fonte idônea de infração cometida por advogado, sendo, em qualquer hipótese, vedado o início por meio de denúncia anônima (art. 55, § 1º e § 2º, do CED da OAB). Quando feita a representação, que pode ser verbal ou escrita, esta deve conter dados e assinatura do representante, bem como a narrativa dos fatos e eventuais documentos probatórios (art. 57 do CED da OAB).

A representação deverá ser formulada ao Presidente da Seccional ou da sua Subseção, sendo, neste último caso, reduzida a termo (art. 56 do CED da OAB). Ainda, se o regimento da Seccional atribuir competência ao Tribunal de Ética para instaurar o processo ético-disciplinar, a representação poderá também ser dirigida ao seu Presidente (art. 56, parágrafo único, do CED da OAB). Importante destacar que o processo disciplinar tramita *em sigilo*, até o seu término, só tendo acesso às suas informações as partes, seus defensores e a autoridade judiciária competente (art. 72, § 2º, da Lei n. 8.906/94).

Para verificar a admissibilidade da denúncia, designa-se, *por sorteio*, relator, que receberá o material da denúncia juntamente com a ficha de antecedentes do acusado (art. 58, § 2º, do CED da OAB).

---

[7] Se a representação for contra membros da diretoria do Conselho Federal, Membros Honorários Vitalícios e detentores da Medalha Rui Barbosa, esta será processada e julgada pelo *pleno* do Conselho Federal, enquanto que, nos demais casos, será pela Segunda Câmara do Conselho Federal (art. 58, § 5º, do CED da OAB).

O relator emitirá opinião acerca da admissibilidade da denúncia, no prazo de 30 dias (sob pena de ser designado outro relator), por meio de parecer, onde sugerirá a instauração ou o arquivamento do processo (art. 58, § 3º, do CED da OAB). O parecer será, então, levado para despacho do Presidente do Conselho ou, conforme o caso, do Tribunal de Ética (art. 58, § 4º, do CED da OAB). Com a decisão, arquiva-se a denúncia ou se inicia a Fase 2 – Instrução.

Fase 2 – Da Instrução (Figura C):

A instrução engloba as regras sobre os atos da relatoria (**Figura C.i**), da defesa prévia (**Figura C.ii**), do despacho saneador (**Figura C.iii**), da audiência de instrução (**Figura C.iv**), do parecer preliminar **(Figura C.v)** e das razões finais (**Figura C.vi**).

Instaurado o processo, o relator determinará notificação dos interessados para prestar esclarecimentos ou defesa prévia, *no prazo de 15 dias* (art. 59 do CED da OAB). Todavia, esse prazo pode ser prorrogado por motivo relevante, a juízo do relator (art. 73, § 3º, da Lei n. 8.906/94). Se o representado não for encontrado ou revel, será designado defensor dativo (art. 59, § 2º, do CED da OAB).

Oferecida a defesa, o relator poderá (i) se manifestar pelo indeferimento liminar da representação, que será decidida pelo Presidente da Seccional (art. 73, § 2º, da Lei n. 8.906/94), ou, (ii) por meio de *despacho saneador*, agendar audiência para oitiva das partes e das testemunhas - até o limite de cinco já arroladas na defesa (art. 59, § 3º, do CED da OAB). Destaca-se, ainda, que o relator poderá determinar a realização de diligências que julgar necessárias para andamento do processo (art. 59, § 5º, do CED da OAB).

Concluída a instrução, o relator emite parecer preliminar, a ser submetido ao Tribunal de Ética, dando enquadramento legal aos fatos imputados ao representado (art. 59, § 7º, do CED da OAB), abrindo, em seguida, prazo comum de 15 dias para as partes apresentarem suas razões finais (art. 59, § 8º, do CED da OAB). Inicia-se, então, a Fase 3 – Julgamento.

Fase 3 – Do Julgamento (Figura D):

Esta fase contém as etapas da relatoria (**Figura D.i**) e da audiência de julgamento (**Figura D.ii**).

Recebido o processo instruído, o Presidente do Tribunal designa, por sorteio, novo relator para proferir voto (art. 60, § 1º, do CED da OAB). Após a distribuição ao relator, o processo será incluído em pauta, na primeira sessão de julgamento, da qual serão as partes notificadas com 15 dias de antecedência para comparecerem à sessão (art. 60, § 2º e § 3º, do CED da OAB), sendo ainda facultado às partes a sutentação oral por 15 minutos (art. 60, § 4º, do CED da OAB). O julgamento será, por fim, lavrado em acórdão.

Fase 4 – Dos Recursos (Figura E):

Em torno da decisão do julgamento, é possível interpor Revisão (**Figura E.i**), Embargos de Declaração (**Figura E.ii**) e Recurso (**Figura E.iii**).

Se a decisão for fundada em erro ou em falsa prova, é possível a *revisão* do processo pelo *próprio órgão julgador* (art. 73, § 5º, da Lei n. 8.906/94; art. 68 do CED da OAB). Tem legitimidade para o pedido de revisão o advogado punido com sanção disciplinar (art. 68, § 1º, do CED da OAB).

Os Embargos de Declaração, por seu turno, servem para sanear dúvidas ou contradições no acórdão. O relator do julgamento pode negar o seguimento do recurso, se manifestamente protelatórios, intempestivos ou carentes dos pressupostos legais para interposição (art. 138, § 3º, Regulamento Geral da OAB). Se aceito, o recurso será encaminhado para pauta de julgamento da primeira sessão seguinte (art. 138, § 4º, Regulamento Geral da OAB).

Das decisões proferidas, cabem ainda *recursos* ao Conselho Seccional competente, que seguirá a sistemática análoga ao do julgamento em primeiro grau (**Figura E.iii.1**).

Outrossim, se a decisão proferida pelo Conselho Seccional não tiver sido unânime ou, se tiver, contrarie estatuto profissional, cabe recurso ao Conselho Federal, que pode ser interposto pelos interessados ou pelo próprio Presidente do Conselho Seccional (art. 75, parágrafo único, da Lei n. 8.906/94).

Em regra, todos os recursos têm efeito suspensivo, exceto quando se tratarem de (i) eleições, de (ii) suspensão preventiva e de (iii) cancelamento da inscrição obtida com falsa prova - diploma falso, por exemplo (art. 77 da Lei n. 8.906/94). Fica vedada, ainda, a interposição de recursos com intuito manifestamente protelatório (art. 66 do CED da OAB).

Das decisões proferidas em sede recursal, ainda, é possível a interposição de embargos de declaração (**Figura E.iii.2**).

Fase 5 – Dos Recursos (Figura F):

Após um ano de cumprimento da sanção disciplinar, o advogado pode requerer a reabilitação (art. 41 da Lei n. 8.906/94; art. 69 do CED da OAB). O pedido, que deverá ser instruído com provas de bom comportamento, será processado pelo Conselho que *aplicou* a sanção (art. 69, § 2º e § 4º, do CED da OAB). Se a sanção disciplinar resultar da prática de crime, o pedido de reabilitação dependerá também da correspondente reabilitação criminal (art. 41, parágrafo único, da Lei n. 8.906/94).

Em regra, o pedido de reabilitação será interposto perante o Conselho Seccional que aplicou a sentença. Nos casos de competência originária do Conselho Federal, contudo, o pedido de reabilitação tramitará perante este órgão da OAB (art. 69, § 1º, novo CED da OAB).

Importante destacar que, se o pedido não estiver suficientemente instruído, o relator assinará prazo ao requerente para que complemente a documentação. Não cumprida essa determinação, o pedido será liminarmente arquivado (art. 69, § 5º, novo CED da OAB).

Por último, destaquemos que o tema do processo disciplinar já foi objeto de questões nos Exames de Ordem, contudo, a sua incidência é baixa e o nível de dificuldade é reduzido. Ao elaborar perguntas, o examinador, via de regra, tem explorado as normas gerais, não dando centralidade aos diversos prazos procedimentais – para a alegria dos estudantes.

FLUXOGRAMA

Figura A

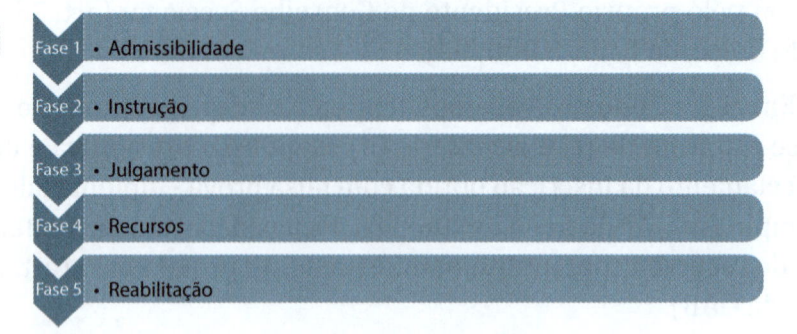

- Fase 1 • Admissibilidade
- Fase 2 • Instrução
- Fase 3 • Julgamento
- Fase 4 • Recursos
- Fase 5 • Reabilitação

FASE 1 - ADMISSIBILIDADE

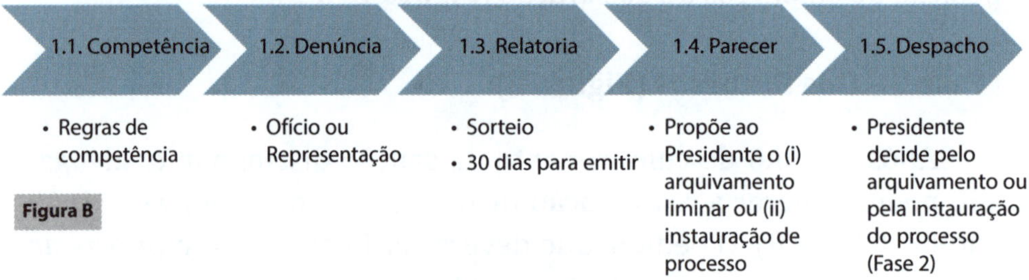

1.1. Competência
- Regras de competência

Figura B

1.2. Denúncia
- Ofício ou Representação

1.3. Relatoria
- Sorteio
- 30 dias para emitir

1.4. Parecer
- Propõe ao Presidente o (i) arquivamento liminar ou (ii) instauração de processo

1.5. Despacho
- Presidente decide pelo arquivamento ou pela instauração do processo (Fase 2)

1.1 - COMPETÊNCIA

Conselho Seccional (CS)
- Do local da infração (art. 70 da Lei n. 8.906/94)
- Do local da inscrição principal, em caso de suspensão preventiva (art. 70, § 3º, da Lei n. 8.906/94)
- Pelo respectivo CS, se a representação for contra dirigente de Subseção (art. 58, § 6º, do CED da OAB)

Conselho Federal (CF)
- Se infração cometida perante o CF
- Se acusado for Presidente de CS
- Se acusados forem membros do CF
  1. Diretores, Membros Honorários Vitalícios e detentores da Medalha Rui Barbosa → 2a Câmara do C.F.
  2. Demais → Pleno do C.F.

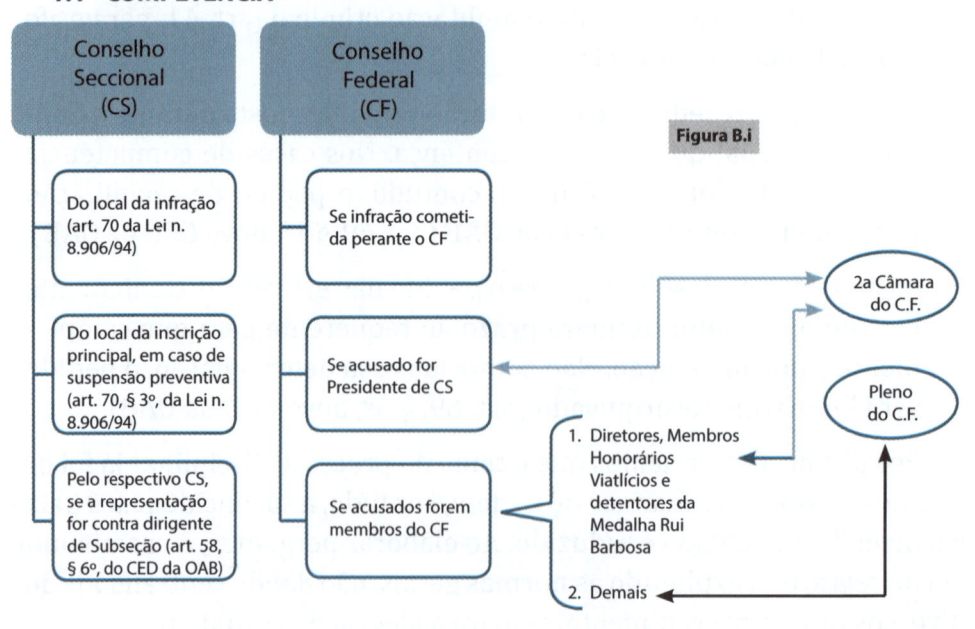

Figura B.i

1.2 - DENÚNCIA

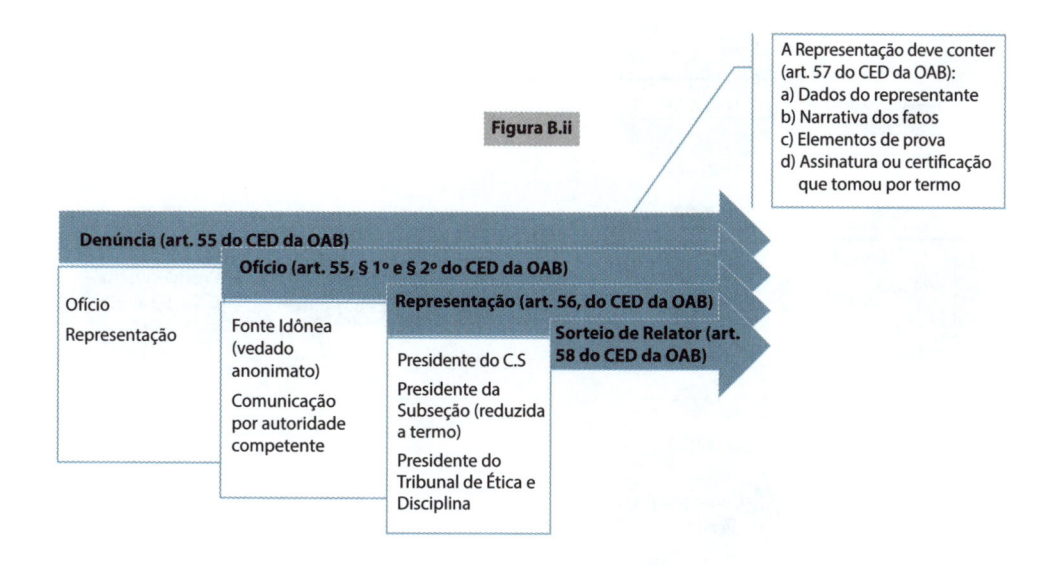

Figura B.ii

A Representação deve conter (art. 57 do CED da OAB):
a) Dados do representante
b) Narrativa dos fatos
c) Elementos de prova
d) Assinatura ou certificação que tomou por termo

Denúncia (art. 55 do CED da OAB)
- Ofício
- Representação

Ofício (art. 55, § 1º e § 2º do CED da OAB)
- Fonte Idônea (vedado anonimato)
- Comunicação por autoridade competente

Representação (art. 56, do CED da OAB)
- Presidente do C.S
- Presidente da Subseção (reduzida a termo)
- Presidente do Tribunal de Ética e Disciplina

Sorteio de Relator (art. 58 do CED da OAB)

1.3 - RELATORIA

Figura B.iii

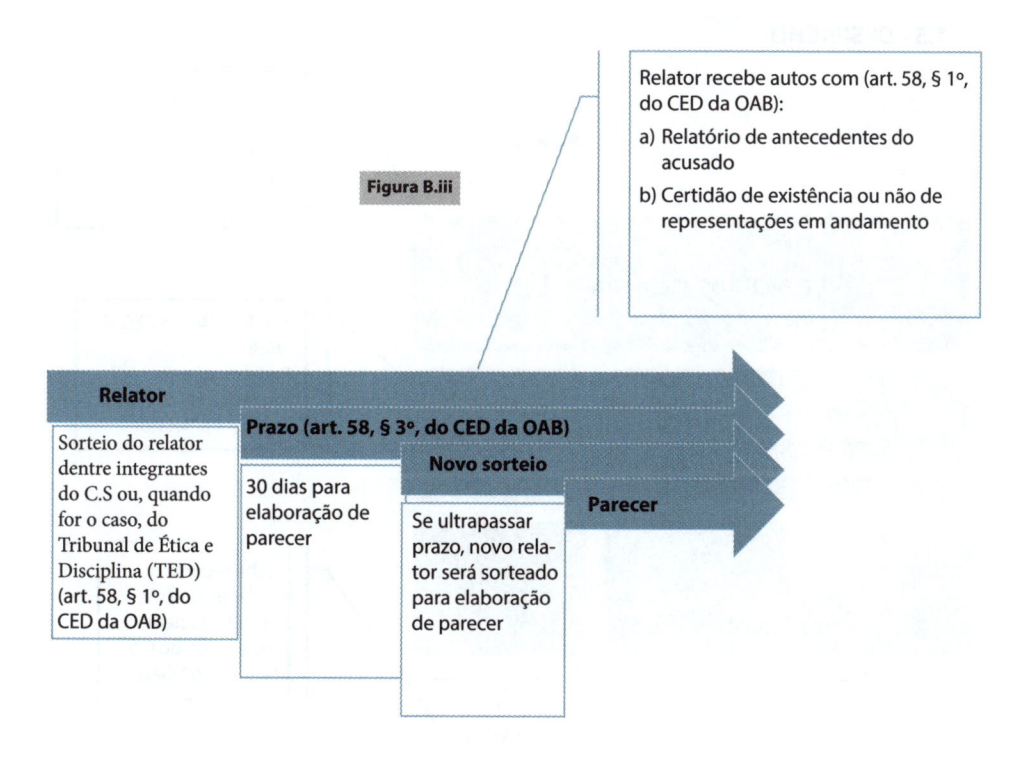

Relator recebe autos com (art. 58, § 1º, do CED da OAB):
a) Relatório de antecedentes do acusado
b) Certidão de existência ou não de representações em andamento

Relator
Sorteio do relator dentre integrantes do C.S ou, quando for o caso, do Tribunal de Ética e Disciplina (TED) (art. 58, § 1º, do CED da OAB)

Prazo (art. 58, § 3º, do CED da OAB)
30 dias para elaboração de parecer

Novo sorteio
Se ultrapassar prazo, novo relator será sorteado para elaboração de parecer

Parecer

1.4 - PARECER

Figura B.iv

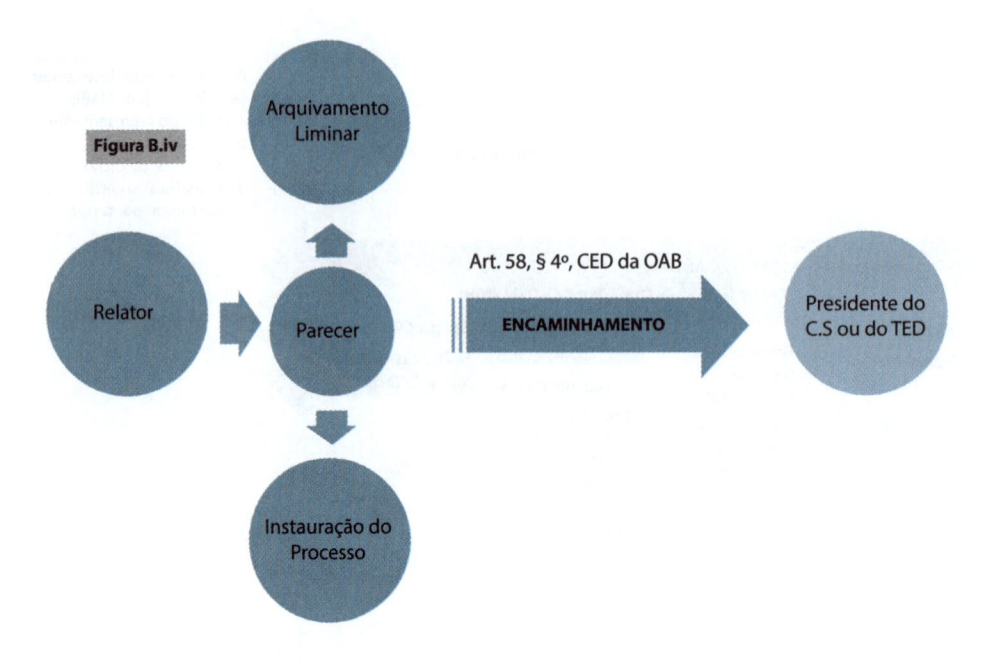

Relator → Parecer
- Arquivamento Liminar
- Instauração do Processo

Art. 58, § 4º, CED da OAB
ENCAMINHAMENTO → Presidente do C.S ou do TED

1.5 - DESPACHO

Figura B.v

DESPACHO DO PRESIDENTE
- Prosseguimento
  - Instaura processo
  - Designa Relator
  - **FASE 2**
- Arquivamento
  - Extinção
  - **FASE 4**

Art. 58, § 4º, do CED da OAB:
Presidente do C.S
ou
Presidente do TED

Art. 58, § 4º, do CED da OAB:
Pode ou não ser fundado nos termos do Parecer do Relator

Cabe recurso de todas as decisões proferidas pelo Presidente do C.S (art. 76 do EOAB)

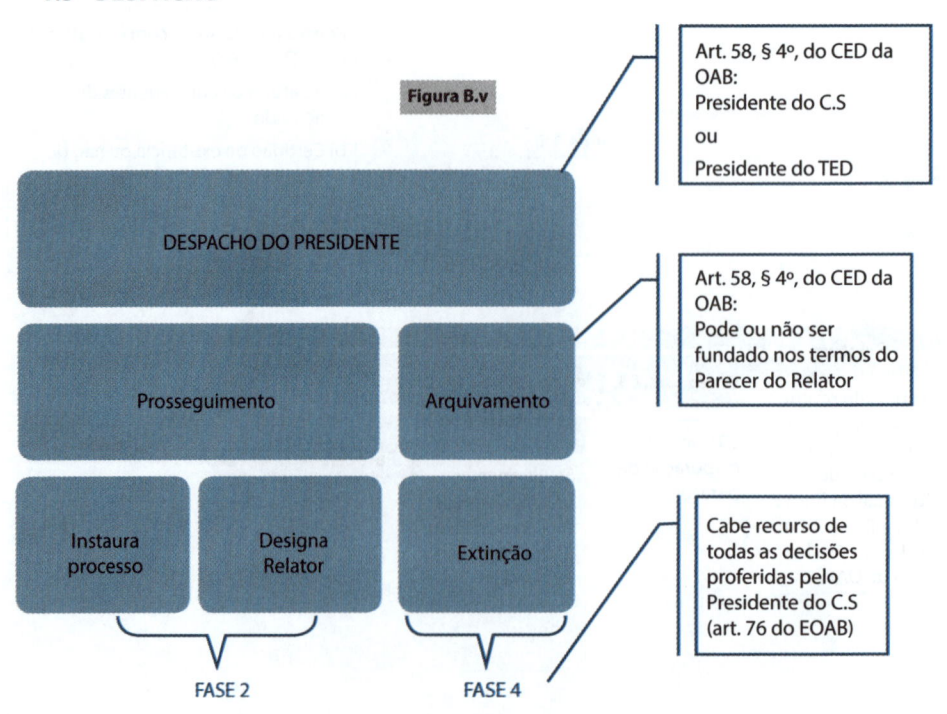

FASE 2 - INSTRUÇÃO

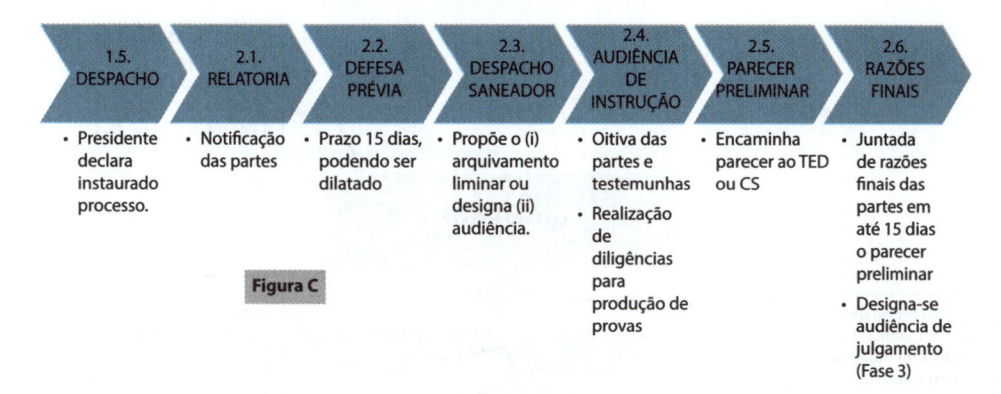

1.5. DESPACHO	2.1. RELATORIA	2.2. DEFESA PRÉVIA	2.3. DESPACHO SANEADOR	2.4. AUDIÊNCIA DE INSTRUÇÃO	2.5. PARECER PRELIMINAR	2.6. RAZÕES FINAIS
• Presidente declara instaurado processo.	• Notificação das partes	• Prazo 15 dias, podendo ser dilatado	• Propõe o (i) arquivamento liminar ou designa (ii) audiência.	• Oitiva das partes e testemunhas • Realização de diligências para produção de provas	• Encaminha parecer ao TED ou CS	• Juntada de razões finais das partes em até 15 dias o parecer preliminar • Designa-se audiência de julgamento (Fase 3)

Figura C

2.1 - RELATORIA

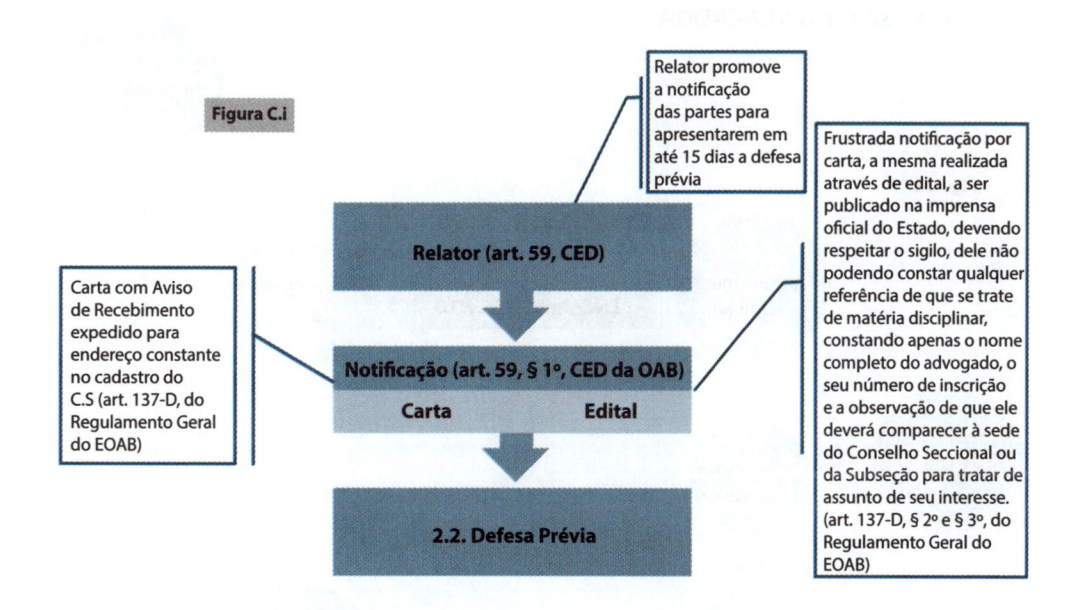

Figura C.i

Relator (art. 59, CED)

↓

Notificação (art. 59, § 1º, CED da OAB)
Carta | Edital

↓

2.2. Defesa Prévia

- Relator promove a notificação das partes para apresentarem em até 15 dias a defesa prévia

- Carta com Aviso de Recebimento expedido para endereço constante no cadastro do C.S (art. 137-D, do Regulamento Geral do EOAB)

- Frustrada notificação por carta, a mesma realizada através de edital, a ser publicado na imprensa oficial do Estado, devendo respeitar o sigilo, dele não podendo constar qualquer referência de que se trate de matéria disciplinar, constando apenas o nome completo do advogado, o seu número de inscrição e a observação de que ele deverá comparecer à sede do Conselho Seccional ou da Subseção para tratar de assunto de seu interesse. (art. 137-D, § 2º e § 3º, do Regulamento Geral do EOAB)

2.2 - DEFESA PRÉVIA

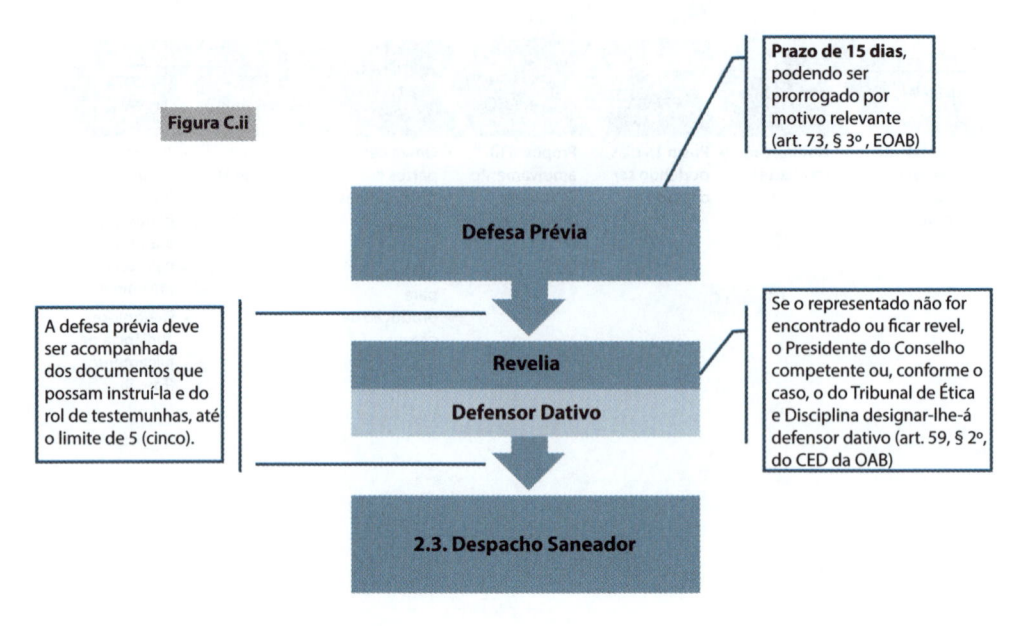

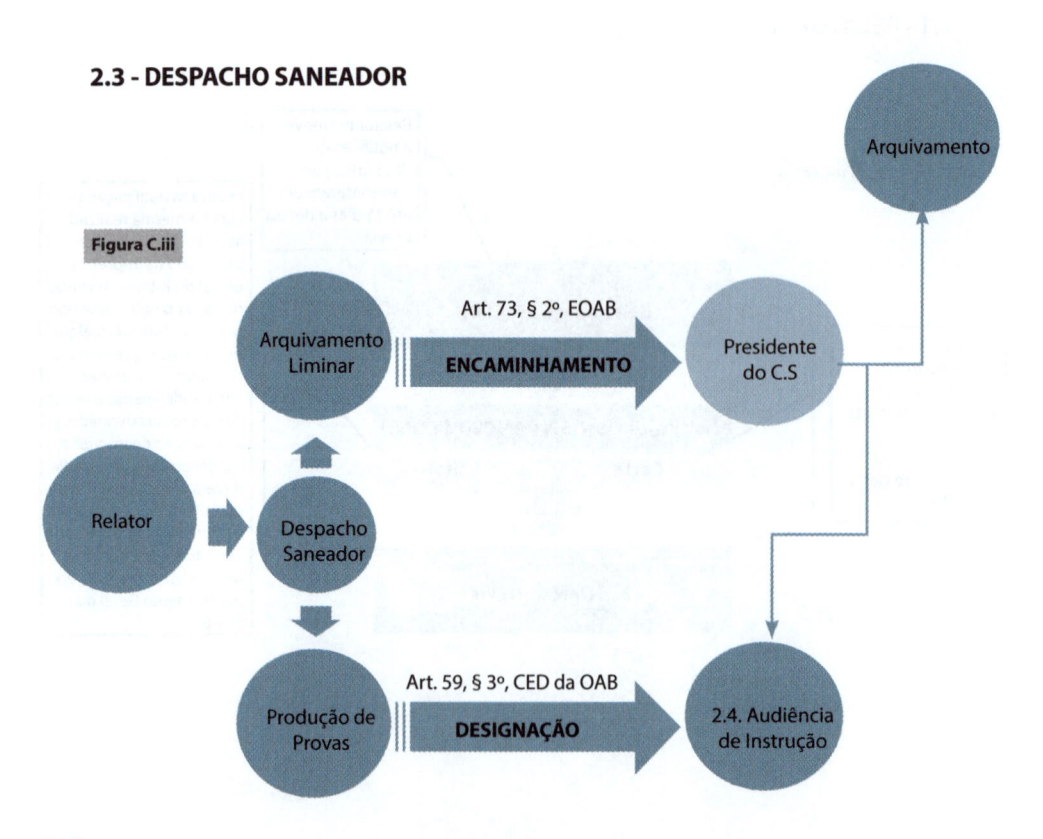

Figura C.ii

Prazo de 15 dias, podendo ser prorrogado por motivo relevante (art. 73, § 3º, EOAB)

Defesa Prévia

A defesa prévia deve ser acompanhada dos documentos que possam instruí-la e do rol de testemunhas, até o limite de 5 (cinco).

Revelia
Defensor Dativo

Se o representado não for encontrado ou ficar revel, o Presidente do Conselho competente ou, conforme o caso, o do Tribunal de Ética e Disciplina designar-lhe-á defensor dativo (art. 59, § 2º, do CED da OAB)

2.3. Despacho Saneador

2.3 - DESPACHO SANEADOR

Figura C.iii

- Relator → Despacho Saneador
- Arquivamento Liminar — Art. 73, § 2º, EOAB — ENCAMINHAMENTO → Presidente do C.S → Arquivamento
- Produção de Provas — Art. 59, § 3º, CED da OAB — DESIGNAÇÃO → 2.4. Audiência de Instrução

2.4 - AUDIÊNCIA DE INSTRUÇÃO

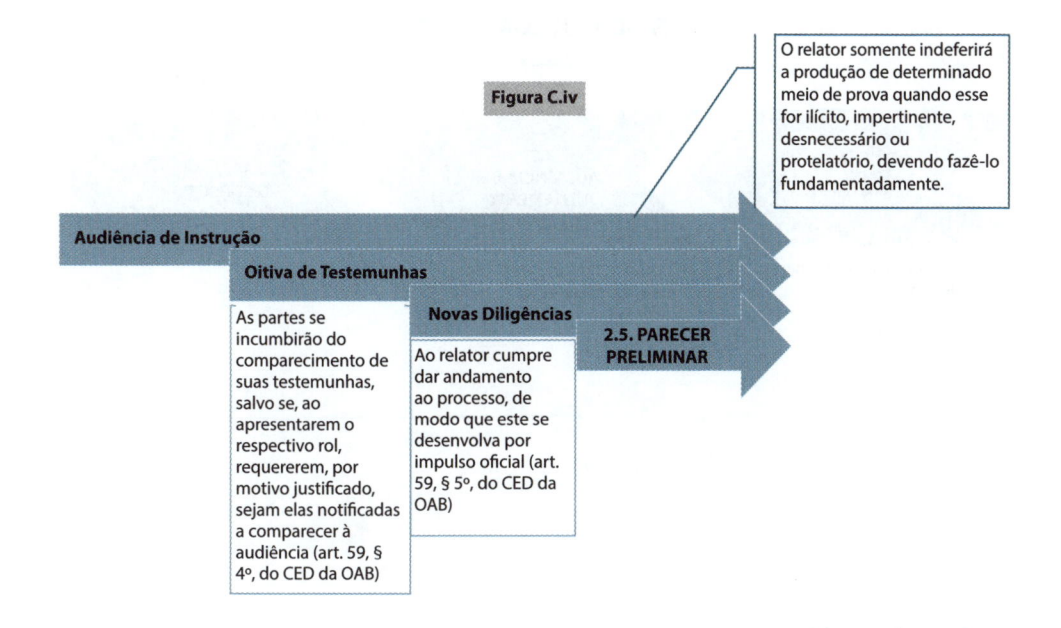

Figura C.iv

O relator somente indeferirá a produção de determinado meio de prova quando esse for ilícito, impertinente, desnecessário ou protelatório, devendo fazê-lo fundamentadamente.

Audiência de Instrução

Oitiva de Testemunhas

As partes se incumbirão do comparecimento de suas testemunhas, salvo se, ao apresentarem o respectivo rol, requererem, por motivo justificado, sejam elas notificadas a comparecer à audiência (art. 59, § 4º, do CED da OAB).

Novas Diligências

Ao relator cumpre dar andamento ao processo, de modo que este se desenvolva por impulso oficial (art. 59, § 5º, do CED da OAB)

2.5. PARECER PRELIMINAR

2.5 - PARECER PRELIMINAR

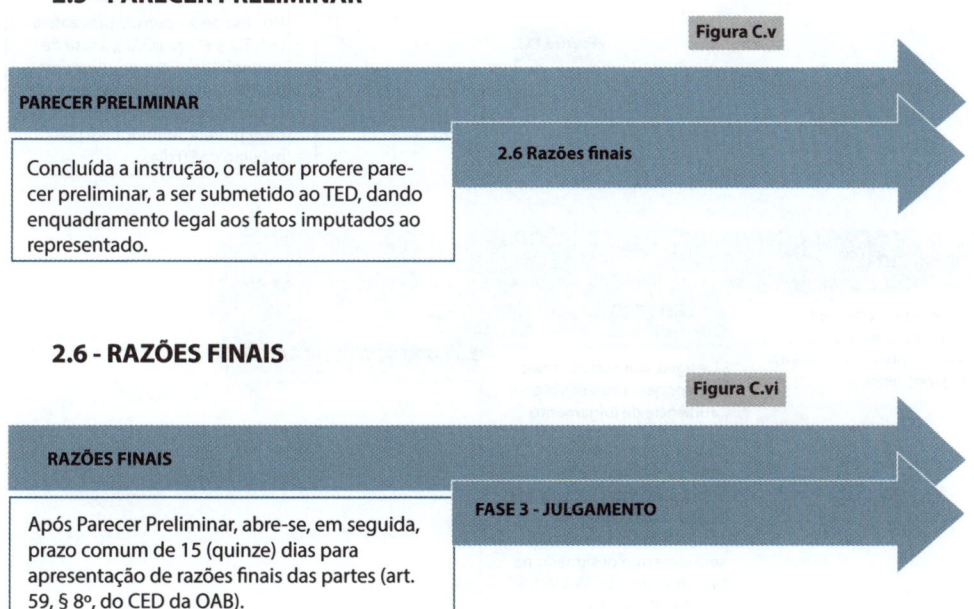

Figura C.v

PARECER PRELIMINAR

Concluída a instrução, o relator profere parecer preliminar, a ser submetido ao TED, dando enquadramento legal aos fatos imputados ao representado.

2.6 Razões finais

2.6 - RAZÕES FINAIS

Figura C.vi

RAZÕES FINAIS

Após Parecer Preliminar, abre-se, em seguida, prazo comum de 15 (quinze) dias para apresentação de razões finais das partes (art. 59, § 8º, do CED da OAB).

FASE 3 - JULGAMENTO

FASE 3 - JULGAMENTO

Figura D

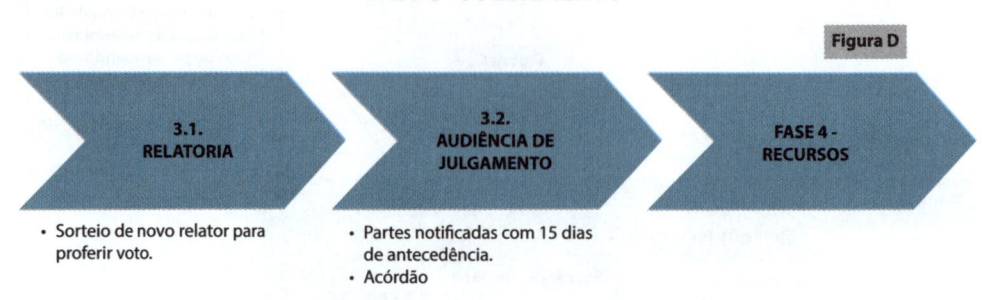

3.1. RELATORIA
- Sorteio de novo relator para proferir voto.

3.2. AUDIÊNCIA DE JULGAMENTO
- Partes notificadas com 15 dias de antecedência.
- Acórdão

FASE 4 - RECURSOS

3.1 - RELATORIA

Figura D.i

No caso de suspensão preventiva (art. 70, § 3º, do EOAB), a fase de instrução (fase 2) e de julgamento (fase 3) são condensadas em uma Sessão Especial de julgamento, que deve proferir sentença em prazo máximo de 90 dias.

PRESIDENTE
Recebe processo devidamente instruído, com parecer preliminar, provas e razões finais.

3.1 RELATORIA
Designa, por sorteio, novo relator para proferir voto na audiência de julgamento.

Se o processo já estiver tramitando perante o Tribunal de Ética e Disciplina ou perante o Conselho competente, o relator não será o mesmo designado na fase de instrução. (Art. 60, § 1º, do CED da OAB).

3.2 AUDIÊNCIA DE JULGAMENTO

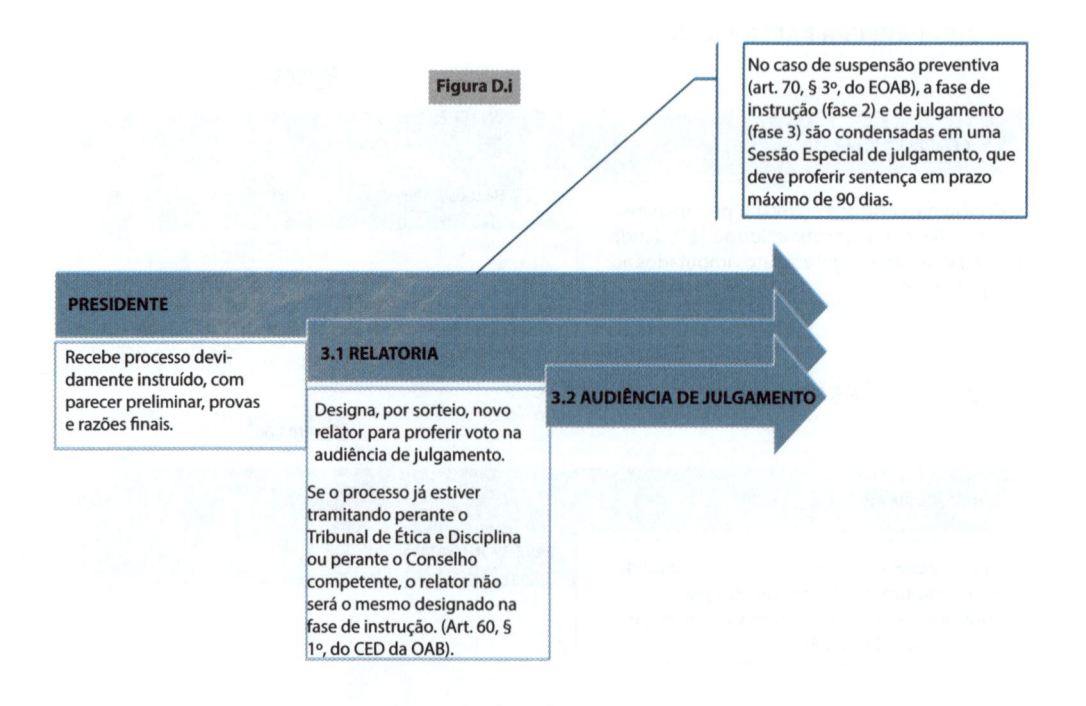

3.2 - AUDIÊNCIA DE JULGAMENTO

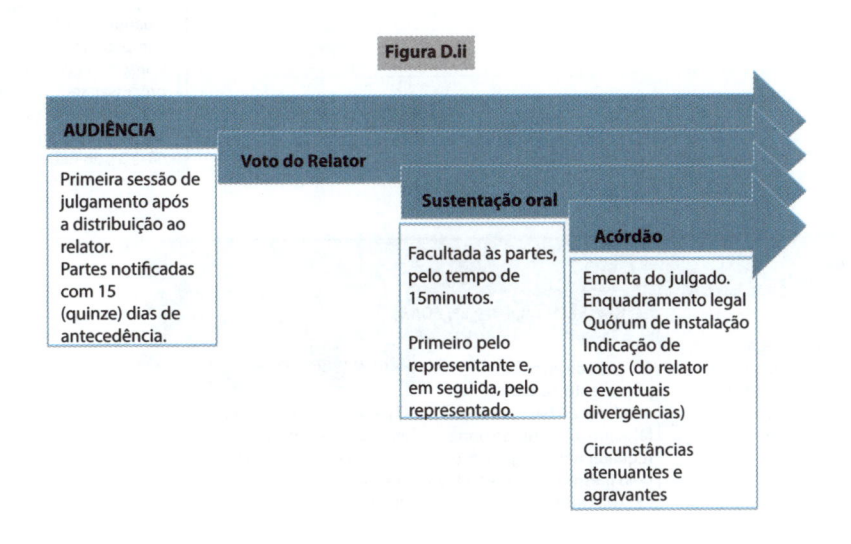

Figura D.ii

AUDIÊNCIA
Primeira sessão de julgamento após a distribuição ao relator.
Partes notificadas com 15 (quinze) dias de antecedência.

Voto do Relator

Sustentação oral
Facultada às partes, pelo tempo de 15minutos.

Primeiro pelo representante e, em seguida, pelo representado.

Acórdão
Ementa do julgado.
Enquadramento legal
Quórum de instalação
Indicação de votos (do relator e eventuais divergências)

Circunstâncias atenuantes e agravantes

FASE 4 - RECURSOS

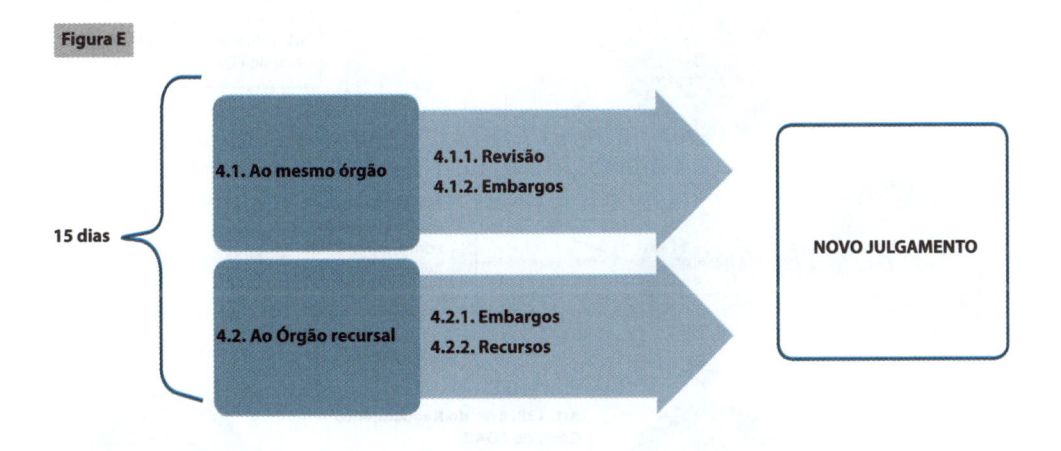

Figura E

15 dias

4.1. Ao mesmo órgão
4.1.1. Revisão
4.1.2. Embargos

4.2. Ao Órgão recursal
4.2.1. Embargos
4.2.2. Recursos

NOVO JULGAMENTO

4.1.1 - REVISÃO

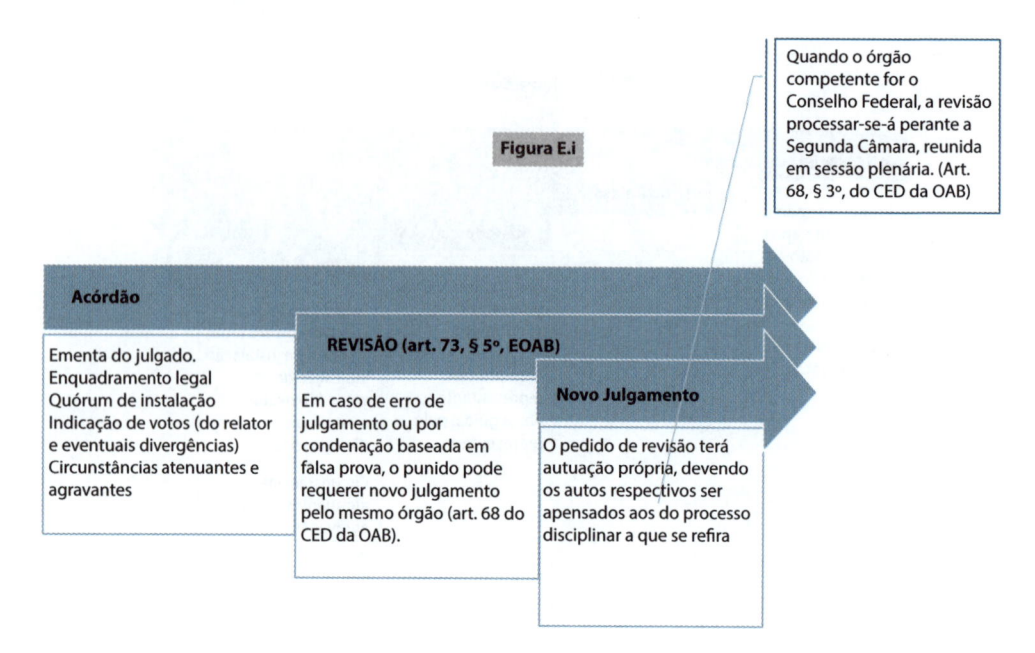

Figura E.i

Quando o órgão competente for o Conselho Federal, a revisão processar-se-á perante a Segunda Câmara, reunida em sessão plenária. (Art. 68, § 3º, do CED da OAB)

Acórdão

Ementa do julgado.
Enquadramento legal
Quórum de instalação
Indicação de votos (do relator e eventuais divergências)
Circunstâncias atenuantes e agravantes

REVISÃO (art. 73, § 5º, EOAB)

Em caso de erro de julgamento ou por condenação baseada em falsa prova, o punido pode requerer novo julgamento pelo mesmo órgão (art. 68 do CED da OAB).

Novo Julgamento

O pedido de revisão terá autuação própria, devendo os autos respectivos ser apensados aos do processo disciplinar a que se refira

4.1.2 - EMBARGOS DE DECLARAÇÃO

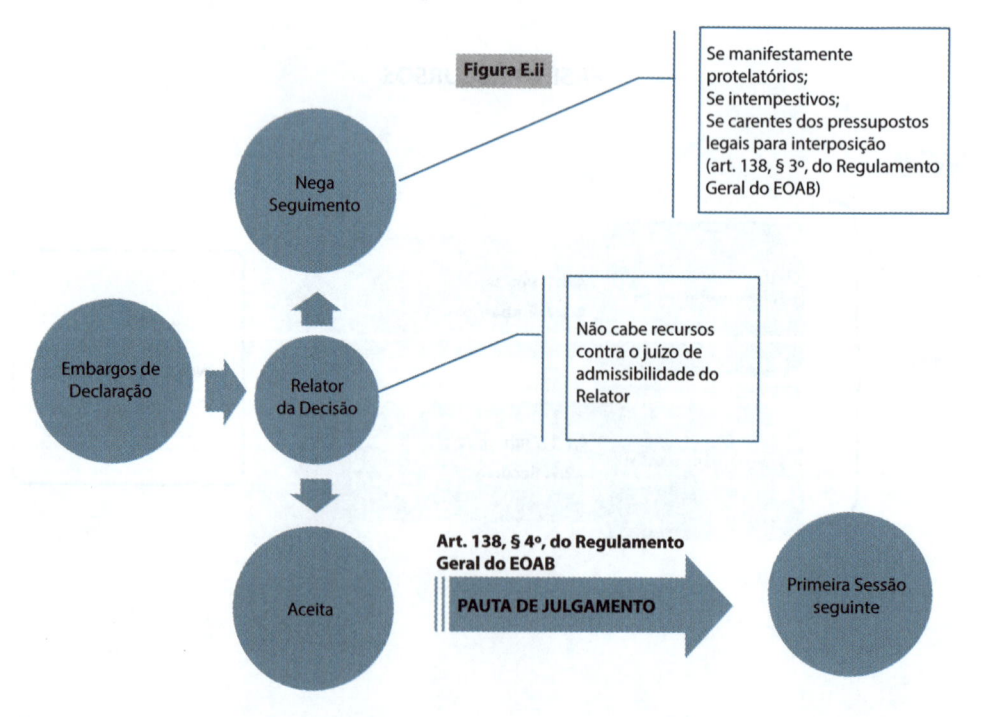

Figura E.ii

Se manifestamente protelatórios;
Se intempestivos;
Se carentes dos pressupostos legais para interposição (art. 138, § 3º, do Regulamento Geral do EOAB)

Nega Seguimento

Embargos de Declaração

Relator da Decisão

Não cabe recursos contra o juízo de admissibilidade do Relator

Aceita

Art. 138, § 4º, do Regulamento Geral do EOAB

PAUTA DE JULGAMENTO

Primeira Sessão seguinte

4.2.1 - RECURSOS

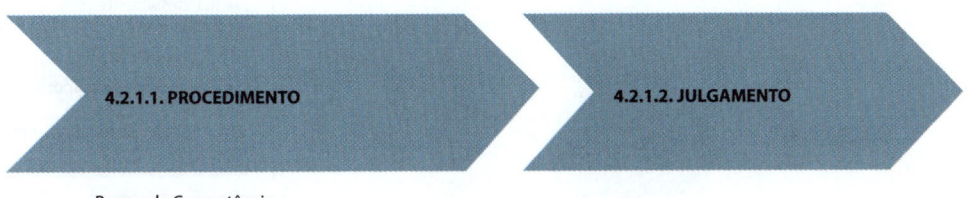

4.2.1.1. PROCEDIMENTO

- Regras de Competência
- Regras de legitimidade
- Regras de Interposição
- Regras de Efeitos

4.2.1.2. JULGAMENTO

Figura E.iii

4.2.1.1 - PROCEDIMENTO

Figura E.iii.1

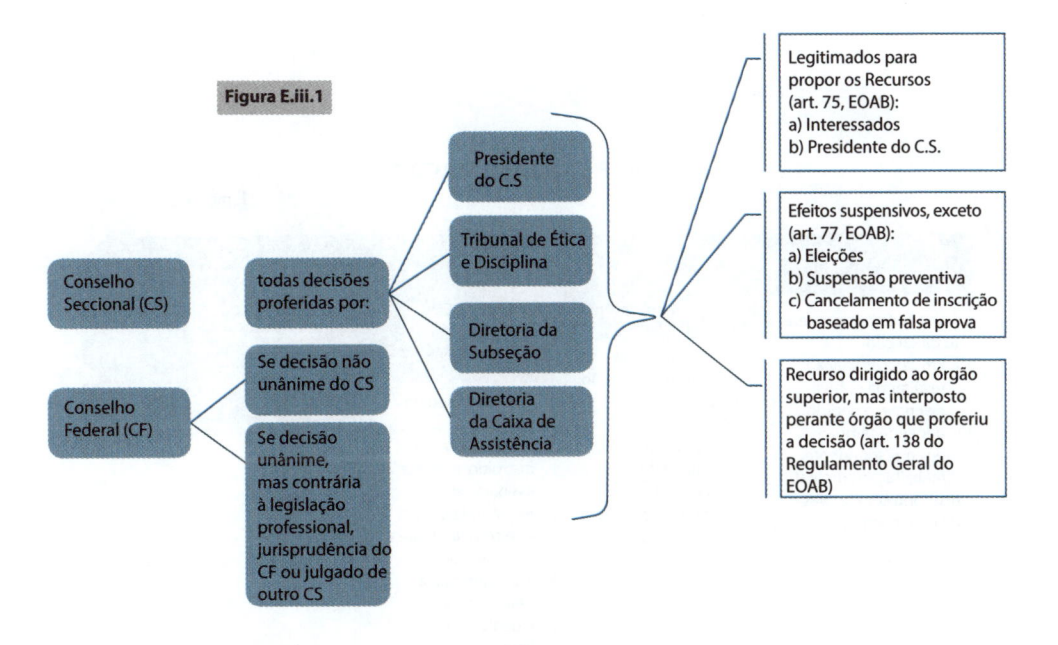

Conselho Seccional (CS) → todas decisões proferidas por:
- Presidente do C.S
- Tribunal de Ética e Disciplina
- Diretoria da Subseção
- Diretoria da Caixa de Assistência

Conselho Federal (CF):
- Se decisão não unânime do CS
- Se decisão unânime, mas contrária à legislação professional, jurisprudência do CF ou julgado de outro CS

Legitimados para propor os Recursos (art. 75, EOAB):
a) Interessados
b) Presidente do C.S.

Efeitos suspensivos, exceto (art. 77, EOAB):
a) Eleições
b) Suspensão preventiva
c) Cancelamento de inscrição baseado em falsa prova

Recurso dirigido ao órgão superior, mas interposto perante órgão que proferiu a decisão (art. 138 do Regulamento Geral do EOAB)

4.2.2 - EMBARGOS DE DECLARAÇÃO

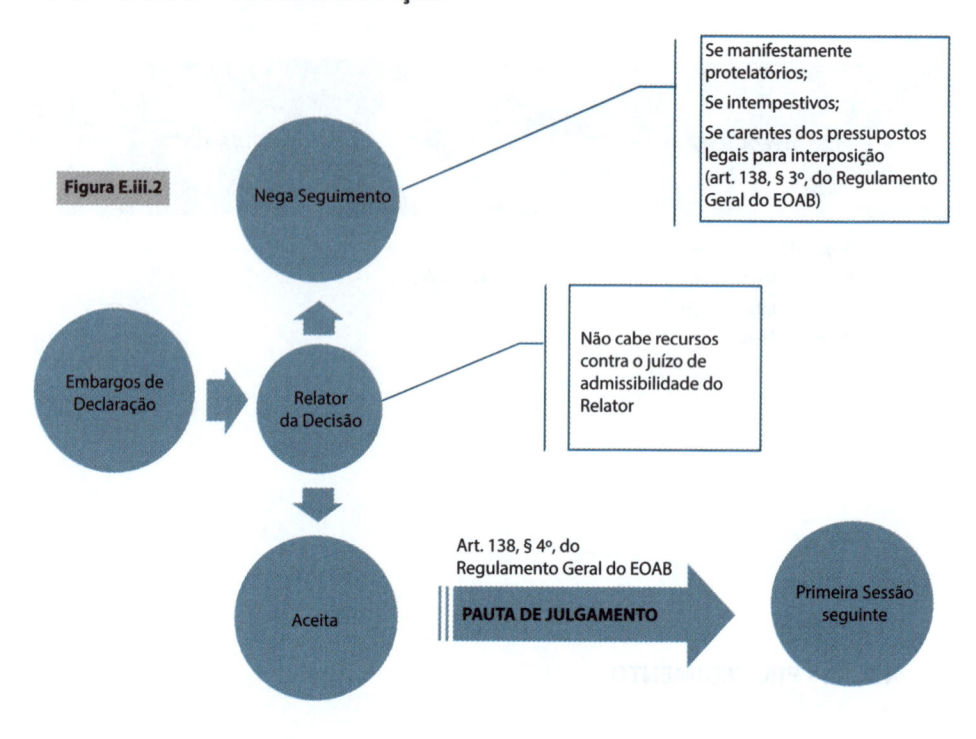

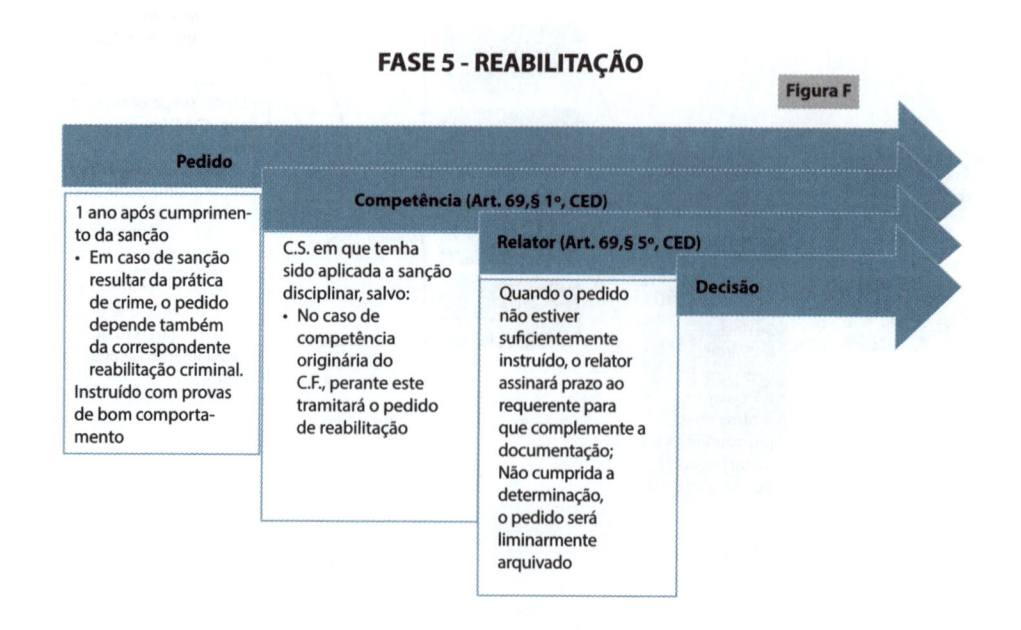

Figura E.iii.2

Embargos de Declaração → Relator da Decisão

- Nega Seguimento:
  - Se manifestamente protelatórios;
  - Se intempestivos;
  - Se carentes dos pressupostos legais para interposição (art. 138, § 3º, do Regulamento Geral do EOAB)

- Não cabe recursos contra o juízo de admissibilidade do Relator

- Aceita → Art. 138, § 4º, do Regulamento Geral do EOAB → **PAUTA DE JULGAMENTO** → Primeira Sessão seguinte

FASE 5 - REABILITAÇÃO

Figura F

Pedido
- 1 ano após cumprimento da sanção
- Em caso de sanção resultar da prática de crime, o pedido depende também da correspondente reabilitação criminal. Instruído com provas de bom comportamento

Competência (Art. 69, § 1º, CED)
- C.S. em que tenha sido aplicada a sanção disciplinar, salvo:
  - No caso de competência originária do C.F., perante este tramitará o pedido de reabilitação

Relator (Art. 69, § 5º, CED)
- Quando o pedido não estiver suficientemente instruído, o relator assinará prazo ao requerente para que complemente a documentação;
- Não cumprida a determinação, o pedido será liminarmente arquivado

Decisão

C.2. CAPÍTULO II – DOS ÓRGÃOS DISCIPLINARES

O novo Código de Ética dividiu o capítulo referente aos órgãos disciplinares da OAB em duas seções: a primeira referente aos Tribunais de Ética e Disciplina – já previstos na redação anterior - e a segunda seção referente às Corregedorias-Gerais – novidade normativa. No quadro comparativo, abaixo, podemos visualizar, em vermelho, as alterações na nova redação.

C.2.1. QUADRO COMPARATIVO

ANTIGO CED DA OAB	NOVO CED DA OAB
CAPÍTULO I DA COMPETÊNCIA DO TRIBUNAL DE ÉTICA E DISCIPLINA	CAPÍTULO II DOS ÓRGÃOS DISCIPLINARES SEÇÃO I DOS TRIBUNAIS DE ÉTICA E DISCIPLINA
Art. 49. O Tribunal de Ética e Disciplina é competente para orientar e aconselhar sobre ética profissional, respondendo às consultas em tese, e julgar os processos disciplinares.	Art. 70. O Tribunal de Ética e Disciplina poderá funcionar dividido em órgãos fracionários, de acordo com seu regimento interno.
Parágrafo único. O Tribunal reunir-se-á mensalmente ou em menor período, se necessário, e todas as sessões serão plenárias.	Art. 71. Compete aos Tribunais de Ética e Disciplina:
Art. 50. Compete também ao Tribunal de Ética e Disciplina:	I - julgar, em primeiro grau, os processos ético-disciplinares;
I – instaurar, de ofício, processo competente sobre ato ou matéria que considere passível de configurar, em tese, infração a princípio ou norma de ética profissional;	II - responder a consultas formuladas, em tese, sobre matéria ético-disciplinar;
II – organizar, promover e desenvolver cursos, palestras, seminários e discussões a respeito de	III - exercer as competências que lhe sejam conferidas pelo Regimento Interno da Seccional ou por este Código para a instauração, instrução e julgamento de processos ético-disciplinares;

ANTIGO CED DA OAB	NOVO CED DA OAB

ética profissional, inclusive junto aos Cursos Jurídicos, visando à formação da consciência dos futuros profissionais para os problemas fundamentais da ética;
 	
III – expedir provisões ou resoluções sobre o modo de proceder em casos previstos nos regulamentos e costumes do foro;
 	
IV – mediar e conciliar nas questões que envolvam:
 	
   a) dúvidas e pendências entre advogados;
 	
   b) partilha de honorários contratados em conjunto ou mediante substabelecimento, ou decorrente de sucumbência;
 	
c) controvérsias surgidas quando da dissolução de sociedade de advogados.
	IV - suspender, preventivamente, o acusado, em caso de conduta suscetível de acarretar repercussão prejudicial à advocacia, nos termos do Estatuto da Advocacia e da Ordem dos Advogados do Brasil;
	
	V - organizar, promover e ministrar cursos, palestras, seminários e outros eventos da mesma natureza acerca da ética profissional do advogado ou estabelecer parcerias com as Escolas de Advocacia, com o mesmo objetivo;
	
	VI - atuar como órgão mediador ou conciliador nas questões que envolvam:
	
	   a) dúvidas e pendências entre advogados;
	
	   b) partilha de honorários contratados em conjunto ou decorrentes de substabelecimento, bem como os que resultem de sucumbência, nas mesmas hipóteses;
	
	c) controvérsias surgidas quando da dissolução de sociedade de advogados.
	
	SEÇÃO II
	
	DAS CORREGEDORIAS-GERAIS
	
	Art. 72. As Corregedorias-Gerais integram o sistema disciplinar da Ordem dos Advogados do Brasil.

ANTIGO CED DA OAB	NOVO CED DA OAB
	§ 1º O Secretário-Geral Adjunto exerce, no âmbito do Conselho Federal, as funções de Corregedor-Geral, cuja competência é definida em Provimento. § 2º Nos Conselhos Seccionais, as Corregedorias-Gerais terão atribuições da mesma natureza, observando, no que couber, Provimento do Conselho Federal sobre a matéria. § 3º A Corregedoria-Geral do Processo Disciplinar coordenará ações do Conselho Federal e dos Conselhos Seccionais voltadas para o objetivo de reduzir a ocorrência das infrações disciplinares mais frequentes.

Os Tribunais de Ética e Disciplina *não* são órgãos da OAB, mas unidades internas vinculadas a cada Conselho. Sua dinâmica de funcionamento e demais competências são determinadas pelos regimentos internos, podendo julgar, em primeiro grau, processos ético-disciplinares, organizar atividades de formação em ética profissional, atuar como órgão de mediação de conflitos entre advogados e até suspender, preventivamente, advogado acusado em caso de conduta suscetível de acarretar repercussão prejudicial à advocacia, mesmo se a infração tiver sido cometida no território de outra Seccional (art. 71 do CED; art. 70, § 3º, da Lei n. 8.906/94).

Destaca-se que, além de conduzir processos ético-disciplinares, os Tribunais de Ética são competentes para emitir pareceres sobre consultas submetidas pelos advogados, em caso de dúvida sobre condutas éticas (art. 64 do CED da OAB).

O novo Código de Ética prevê, por conseguinte, a constituição de Corregedorias-Gerais como integrantes do sistema disciplinar da OAB (art.

72 do CED da OAB). Trata-se de instrumento de controle interno para apuração e redução de irregularidades (art. 73 do CED da OAB). No âmbito do Conselho Federal, o Secretário-Geral Adjunto exerce as funções de Corregedor-Geral, cuja competência é definida em Provimento (art. 72, § 1º, do CED da OAB). Provimento que servirá de referência para os Conselhos Seccionais (art. 72, § 2º, do CED da OAB).

Até o presente, as matérias sobre as instituições que compõem o sistema disciplinar da OAB ainda não foram objeto de questões nos Exames de Ordem. Todavia, recomendamos atenção à novidade do CED: as Corregedorias-Gerais.

BANCO DE QUESTÕES - ANÁLISE 360°

Cientes de que os futuros Exames da OAB tenderão a elaborar perguntas sobre as novidades legais, mas não só, o(a) candidato(a) tem diante de si o desafio de estudar com estratégia o novo Código. Para tanto, deve orientar o seu estudo em torno de dois focos: (i) nos assuntos que foram mais recorrentes em provas anteriores (por exemplo: relação com clientes, sigilo profissional e publicidade na advocacia) e (ii) nas mudanças e inovações normativas.

Quanto aos assuntos mais recorrentes, a ferramenta *Análise 360º* é extremamente útil, pois proporciona o direcionamento do estudo a partir de uma criteriosa pesquisa científica, focando seus esforços nos temas efetivamente cobrados nas provas, conduzindo-o à aprovação no Exame da Ordem. Trata-se de um mapeamento completo oferecido exclusivamente pela Equipe do *Brasil Jurídico – Ensino de Alta Performance*, pensado e elaborado para você.

Com dados atualizados até o XX Exame da OAB, a tabela abaixo aponta justamente o percentual de incidência dos temas cobrados nas provas:

	ÉTICA E LEGISLAÇÃO PROFISSIONAL		
Nível de incidência	TEMAS	QTD	%
1º	PRERROGATIVA DOS ADVOGADOS	46	21,70%
2º	DAS INFRAÇÕES E SANÇÕES DISCIPLINARES	24	11,32%
3º	DAS INCOMPATIBILIDADES E IMPEDIMENTOS	20	9,43%
4º	DOS HONORÁRIOS	20	9,43%
5º	DO MANDATO	14	6,60%

	ÉTICA E LEGISLAÇÃO PROFISSIONAL		
6º	DA ADVOCACIA E ATIVIDADES PRIVATIVAS DA ADVOCACIA	12	5,66%
7º	DA PUBLICIDADE NA ADVOCACIA	10	4,72%
8º	DO SIGILO PROFISSIONAL	10	4,72%
9º	DA SOCIEDADE DE ADVOGADOS	10	4,72%
10º	DA ORDEM DOS ADVOGADOS DO BRASIL E SUA ESTRUTURA	10	4,72%
11º	DOS PRINCÍPIOS FUNDAMENTAIS	9	4,25%
12º	DO PROCESSO DISCIPLINAR	8	3,77%
13º	DO ESTÁGIO PROFISSIONAL	8	3,77%
14º	DA INSCRIÇÃO NA OAB	6	2,83%
15º	DAS ELEIÇÕES E MANDATOS NA OAB	4	1,89%
16º	DO ADVOGADO EMPREGADO	1	0,52%
	TOTAL	212	100%

Importante observar que o novo CED da OAB possui dispositivos que regulam, de maneira transversal, todos os temas da tabela acima. Em especial, destacam-se os dispositivos relacionados aos temas "Dos honorários", "Do mandato", "Da publicidade na advocacia", "Do sigilo profissional", "Dos princípios fundamentais" e "Do processo disciplinar", que, somados, respondem por **cerca de 35% do total de incidência da prova nesta disciplina**.

Apesar de ser um retrato do passado, isto é, do que já foi cobrado, os dados apontam uma tendência dos temas mais cobrados em provas. A essa, por sua vez, faz-se necessário adicionar outra: a tendência do examinador cobrar conhecimento sobre as inovações normativas.

Com o objetivo de aprimorar os seus conhecimentos para o Exame de Ordem, seguem questões relacionadas aos dispositivos do novo CED da OAB, com os respectivos comentários.

QUESTÕES PERTINENTES AO TEMA DO TÍTULO I - CAPÍTULO I

Questão do VI Exame/OAB/FGV - Mévio, advogado recém-formado com dificuldades de iniciar sua atividade profissional, propõe a colegas de bairro e de escola a participação percentual nos honorários dos clientes que receber para consultas ou que pretendam ajuizar ações judiciais. Consoante com as normas aplicáveis, assinale a alternativa correta em relação à conduta de Mévio.

A) Caracteriza agenciamento de causas com participação dos honorários.
B) É possível, desde que conste em contrato escrito entre as partes.
C) O agenciamento de clientela é admitido em situações peculiares como essa.
D) Desde que os serviços advocatícios sejam prestados por Mévio, inexiste infração disciplinar.

> A resposta correta é a letra A, pois o agenciamento de causas é típica prática de mercantilização da advocacia, sendo vedada pela legislação profissional. Além da incompatibilidade ética (arts. 5º e 7º do CED da OAB), essa prática configura infração disciplinar (art. 34, II, da Lei 8.906/94).

Questão do VII Exame/OAB/FGV - Mévio é advogado, especializado em causas cíveis, exercendo a profissão por longos anos, tendo sobressaído na defesa dos seus clientes e percebendo, como remuneração, os seus honorários. Sendo figura conhecida no município, onde exerce a profissão e possui domicílio, é convidado a ministrar palestra em estabelecimentos de ensino, divulgando a atuação do advogado e sua posição na sociedade. Um dos aspectos abordados está relacionado à atividade do advogado como indispensável à administração da Justiça. Nesses limites, consoante com as normas estatutárias, é correto afirmar que:

A) o advogado exerce função pública.
B) exerce ministério privado, exercendo função social.
C) atua na defesa de interesses patrimoniais privados, com função pública.
D) no seu ministério privado, deixa de exercer função social.

> O gabarito da questão é a letra B. O advogado é indispensável à administração da Justiça, devendo exercer o seu ministério em consonância com a sua elevada função pública (art. 1º do CED da OAB). A função pública, importante frisar, não é do advogado, mas da advocacia. Ao exercer a advocacia, no seu ministério privado, por meio da representação de interesses jurídicos de terceiro, o advogado exerce função social (art. 2º, § 1º, da Lei 8.906/94).

Questão do X Exame/OAB/FGV - João, além de advogado, é próspero fazendeiro no Estado W. Após fiscalização regular, é comunicado que seus trabalhadores estão em situação irregular, análoga à de escravidão. Nos termos do Código de Ética, o advogado deve

A) ignorar a comunicação porque são separadas as atividades de advogado e fazendeiro.
B) deixar de prestar concurso a atos que atentem contra a dignidade da pessoa humana.
C) atuar como advogado na defesa da situação considerada irregular, ignorando as acusações.
D) defender sua atuação como fazendeiro que obedece a regras peculiares e costumeiras.

> Ao emprestar concurso a práticas que atentem contra a dignidade da pessoa humana, como ser responsável por uma fazenda flagrada com trabalhadores em situação análoga à de escravidão, o advogado João cometeu infração ética prevista no artigo 2º, VIII, alínea c, do CED. Esta infração ética viola a conduta ilibada e respeitável que se espera dos advogados, mesmo em atividades alheias à advocacia. Gabarito: B.

Questão do X Exame/OAB/FGV - Lara, advogada, é chefe do departamento jurídico da empresa Nós e Nós, que é especializada na produção de cordas. O departamento que ela coordena possui cerca de cem advogados. Dez deles resolvem propor ação judicial para reclamar direitos que são comuns a todos, inclusive à advogada chefe do departamento. Nos termos do Código de Ética, a advogada chefe do departamento deve

A) assumir a defesa da empresa, por força da relação de trabalho.
B) comunicar o fato à empresa e escusar-se de realizar a defesa.
C) indicar advogado da sua equipe para realizar a defesa.
D) renunciar ao cargo por impossibilidade de exercício do mesmo.

> Lara se encontra em uma situação de conflito de interesses, uma vez que representar a empresa no certame colidirá com interesse pessoal. Em situações como essa, é legítima a recusa, pelo advogado, ao patrocínio de causa, devendo comunicar fato à empresa (art. 4º, parágrafo único, do CED da OAB). Gabarito: B

Questão do X Exame/OAB/FGV - O advogado Mário, para ilustrar a tese que desenvolvia, fez inserir, em petição por ele apresentada, citação de julgado inexistente. Inseriu, ainda, citação doutrinária, cujo teor foi completamente deturpado. A respeito da hipótese, assinale a afirmativa correta.

A) Mário não cometeu infração disciplinar, pois o advogado, amparado no princípio da ampla defesa, deve ter liberdade para defender os interesses de seus clientes da forma que achar conveniente.
B) Mário cometeu infração disciplinar punível com pena de censura, nos termos do EAOAB, e violou dispositivo do Código de Ética e Disciplina da OAB.
C) Mário cometeu infração disciplinar punível com pena de exclusão, nos termos do EAOAB, e violou dispositivo do Código de Ética e Disciplina da OAB.
D) Mário não cometeu infração disciplinar prevista no EAOAB, tendo apenas violado dispositivo do Código de Ética e Disciplina da OAB.

> Conforme dispõe o Código de Ética, é vedado ao advogado expor os fatos em Juízo ou na via administrativa falseando deliberadamente a verdade e utilizando de má-fé (art. 6º do CED da OAB). Além da infração ética, Mário cometeu em infração disciplinar (art. 34, XIV, da Lei n. 8.906/94), podendo ensejar punição de censura (art. 36, I, da Lei n. 8.906/94). Gabarito: B

Questão do XI Exame/OAB/FGV - José é advogado de João em processo judicial que este promove contra Matheus. Encantado com as sucessivas campanhas de conciliação, busca obter o apoio do réu para um acordo, sem consultar previamente o patrono da parte contrária, Valter. Nos termos do Código de Ética, deve o advogado

A) buscar a conciliação a qualquer preço por ser um objetivo da moderna Jurisdição.

B) abster-se de entender-se diretamente com a parte adversa que tenha patrono constituído, sem o assentimento deste.

C) entender-se com as partes na presença de autoridade sem necessidade de comunicação ao ex adverso.

D) participar de campanhas de conciliação e, caso infrutíferas, tentar o acordo extrajudicial diretamente com a parte contrária.

> Conforme dispõe o artigo 2º, VIII, alínea "d" do CED, o advogado deve se abster de se entender diretamente com a parte adversa que já tenha patrono constituído, sem o consentimento deste. Isso porque, para garantir a observância de direitos, os advogados das partes devem ser os veículos de mediação dos interesses. **Gabarito: B**

Questão do XII Exame/OAB/FGV - Fernanda, advogada regularmente inscrita nos quadros da OAB, atua, individualmente, sem sócios, em seu escritório situado no centro da cidade "Z", onde recebe os seus clientes para atividades de assessoria e consultoria, atuando também no contencioso cível, administrativo e trabalhista. Em visita de cortesia, recebe sua prima Giselda que, estudando Economia, tem acesso a várias pessoas de prestígio social, econômico e financeiro, em razão da sua atividade como assessora da diretoria de associação empresarial. Por força desses vínculos, sua prima começa a indicar clientes para a advogada, que amplia o seu escritório e passa a realizar parcerias com outros colegas, diante do aumento das causas a defender. Não existe qualquer acordo financeiro entre a advogada e a economista. Com base na situação descrita, nos termos do Estatuto da Advocacia, assinale a afirmativa correta.

A) Constitui atividade infracional disciplinar receber clientes de pessoa com relação de parentesco e prestígio social.

B) Constitui atividade corriqueira, não infracional, o relacionamento social com parentes ou não.

C) Constitui atividade ilícita por valer-se de parentes para obtenção de clientela, mesmo gratuitamente.

D) Constitui atividade vedada, uma vez que a clientela deve ser formada espontaneamente pelo advogado.

> A resposta correta é a letra B. Conforme enunciado da questão, a advogada Fernanda não violou quaisquer disposições éticas, pois a indicação de clientes não decorreu de acordo financeiro, mas por laços familiares, o que não é vedado pelo CED.

Questão do XV Exame/OAB/FGV - Fred, jovem advogado, é contratado para prestar serviços na empresa BBO Ltda., que possui uma assessoria jurídica composta por cinco profissionais do Direito, orientados por uma gerência jurídica. Após cinco meses de intensa atividade, é concitado a formular parecer sobre determinado tema jurídico de interesse da empresa, tarefa que realiza, sendo seu entendimento subscrito pela gerência.

Após dez meses do referido evento, o tema é reapresentado por um dos diretores da empresa, que, em via para outro estado, havia consultado um outro advogado. Diante dos novos argumentos, o gerente determina que Fred, o advogado parecerista, mesmo sem ter mudado de opinião, apresente petição inicial em confronto com o entendimento anteriormente preconizado. No caso, nos termos do Código de Ética da Advocacia, o advogado

A) deve submeter-se à determinação da gerência jurídica.

B) deve apresentar seu parecer ao conjunto de advogados para decisão.

C) pode recusar-se a propor a ação diante do parecer anterior.

D) pode opor-se e postular assessoria da OAB.

> O advogado exerce a função de representar interesses jurídicos de terceiros. Contudo, a parcialidade inerente à profissão não elimina a sua liberdade de consciência e isenção técnica, mesmo se for advogado empregado (art. 18 da Lei 8.906/94). A legislação ética prevê, ainda, a legitimidade da recusa, pelo advogado, de patrocínio de causa que contrarie opinião sua já previamente manifestada (art. 4°, parágrafo único, do CED da OAB). Gabarito: C.

Questão do XVI Exame/OAB/FGV - Pedro, em determinado momento, recebeu uma proposta de Antônio, colega de colégio, que se propôs a agenciar a indicação de novos clientes, mediante pagamento de comissão, a ser retirada dos honorários cobrados aos clientes, nos moldes da prática desenvolvida entre vendedores da área comercial. Com base no caso relatado, observadas as regras do Estatuto da OAB, assinale a afirmativa correta.

A) O advogado pode aceitar a sugestão, tendo em vista a moderna visão mercantil da profissão.

B) Caso a Seccional da OAB autorize, registrando a avença escrita entre o advogado e o agenciador, é possível.

C) Sendo publicizada a relação entre o advogado e o agenciador, está preenchido o requisito legal.

D) Há vedação quanto ao agenciamento de clientela, sem exceções.

> Como dispõe o artigo 5° do CED, o exercício da advocacia é incompatível com qualquer procedimento que implique a sua mercantilização. Não existem exceções. Portanto, o gabarito da questão é a letra D.

Questão do XIX Exame/OAB/FGV - Os advogados Ivan e Dimitri foram nomeados, por determinado magistrado, para prestarem assistência jurídica a certo jurisdicionado, em razão da impossibilidade da Defensoria Pública. As questões jurídicas debatidas no processo relacionavam-se à interpretação dada a um dispositivo legal. Ivan recusou-se ao patrocínio da causa, alegando que a norma discutida também lhe é aplicável, não sendo, por isso, possível que ele sustente em juízo a interpretação legal benéfica à parte assistida e prejudicial aos seus próprios interesses. Dimitri também se recusou ao patrocínio, pois já defendeu interpretação diversa da mesma norma em outro processo. Sobre a hipótese apresentada, é correto afirmar que

A) Ivan e Dimitri cometeram infração disciplinar, pois é vedado ao advogado recusar-se a prestar assistência jurídica, sem justo motivo, quando nomeado em virtude de impossibilidade da Defensoria Pública.

B) apenas Dimitri cometeu infração disciplinar, pois não se configura legítima a recusa por ele apresentada ao patrocínio da causa, sendo vedado ao advogado, sem justo motivo, recusar-se a prestar assistência jurídica, quando nomeado em virtude de impossibilidade da Defensoria Pública.

C) apenas Ivan cometeu infração disciplinar, pois não se configura legítima a recusa por ele apresentada ao patrocínio da causa, sendo vedado ao advogado, sem justo motivo, recusar-se a prestar assistência jurídica, quando nomeado.

D) nenhum dos advogados cometeu infração disciplinar, pois se afiguram legítimas as recusas apresentadas ao patrocínio da causa.

> Como dispõe o art. 4º, parágrafo único, do CED, é legítima a recusa, pelo advogado, ao patrocínio de causa cuja pretensão concernente a direito também lhe seja aplicável (caso de Ivan) ou contrarie orientação que tenha manifestado anteriormente (caso de Dimitri). Dessa forma, nenhum dos advogados em questão cometeu infração. Gabarito: D.

QUESTÃO PERTINENTE AO TEMA DO TÍTULO I - CAPÍTULO II

Questão do XVII Exame/OAB/FGV - Patrícia foi aprovada em concurso público e tomou posse como Procuradora do Município em que reside. Como não pretendia mais exercer a advocacia privada, mas apenas atuar como Procuradora do Município, pediu o cancelamento de sua inscrição na OAB. A partir da hipótese apresentada, assinale a afirmativa correta.

A) Patrícia não agiu corretamente, pois os advogados públicos estão obrigados à inscrição na OAB para o exercício de suas atividades.

B) Patrícia não agiu corretamente, pois deveria ter requerido apenas o licenciamento do exercício da advocacia e não o cancelamento de sua inscrição.

C) Patrícia poderia ter pedido o licenciamento do exercício da advocacia, mas nada a impede de pedir o cancelamento de sua inscrição, caso não deseje mais exercer a advocacia privada.

D) Patrícia agiu corretamente, pois, uma vez que os advogados públicos não podem exercer a advocacia privada, estão obrigados a requerer o cancelamento de suas inscrições.

> Nos termos do art. 3º, § 1º, do Estatuto da Advocacia, o exercício da advocacia é privativo dos profissionais regularmente inscritos nos quadros da OAB, incluindo os integrantes das Procuradorias dos Municípios, que estão, ainda, submetidos aos dispositivos do CED da OAB (art. 8º). Por essa razão, Patrícia precisa estar regularmente inscrita na OAB, para exercer a advocacia pública, sob pena de exercício ilegal da profissão (art. 4º do Regulamento Geral da OAB). Gabarito: A

QUESTÕES PERTINENTES AO TEMA DO TÍTULO I - CAPÍTULO III

Questão do III Exame/OAB/FGV - Terência, jovem advogada, conhecida pela energia com que defende os seus clientes, obtém sucesso em ação indenizatória, com proveito econômico correspondente a R$ 3.000.000,00 (três milhões de reais). Buscando adequação dos seus honorários, marca reunião com seu cliente, e este exige detalhada prestação de contas, o que é negado pela advogada. Nesse momento, há amplo desentendimento. O valor da indenização fora levantado pela advogada e depositado em caderneta de poupança, no aguardo do desfecho da discussão sobre os valores que deveriam ser repassados. Terência não apresentou as contas ao cliente nem direta, nem judicialmente. Analisando-se a solução para o caso concreto acima, é correto afirmar que:

A) a prestação de contas é um dos deveres do advogado.

B) enquanto o cliente não apresentar postulação judicial, a prestação de contas é inexigível.

C) o advogado, exercendo mandato, não necessita prestar contas.

D) essa questão é dirimida pelo juiz da causa em que ocorreu a condenação.

> O advogado tem o dever de prestar contas sempre que se mostre pertinente ou necessário (art. 12 do CED da OAB). Além de dever ético, a recusa injustificada da prestação de contas é infração disciplinar (art. 34, XXI, da Lei n. 8.906/94), sujeitando o advogado à sanção de suspensão (art. 37, I, da Lei n. 8.906/94). Gabarito: A

Questão do III Exame/OAB/FGV - Marcelo promove ação de procedimento ordinário em face de Paus e Cupins Ltda. com o fito de compelir a ré à prestação de determinado fato, diante de contrato anteriormente estabelecido pelas partes e descumprido pela ré. Houve regular citação, com a apresentação de defesa, tendo o processo permanecido paralisado por oito anos por inércia das partes. Dez anos após a paralisação, o réu ingressa no processo requerendo a declaração de prescrição intercorrente, que é declarada, não tendo havido recurso do autor. Após consultas processuais, o autor descobre a real situação do processo e apresenta representação disciplinar à OAB contra o seu advogado. Nos termos da legislação estatutária e do Código de Ética, é correto afirmar que:

A) o advogado não pode ser sancionado pela demora do processo, mesmo que tenha sido inerte.

B) está perfeitamente caracterizado o abandono da causa.

C) os atos referidos se esgotam no processo judicial.

D) a inércia das partes não pode atingir os advogados, como no enunciado.

> Trata-se de evidente situação de abandono de causa, pois, por negligência das partes, o processo restou paralisado por mais de oito anos. Assim, o advogado cometeu infração ética (art. 15 do CED da OAB) e disciplinar (art. 34, IX, da Lei n. 8.906/94). Gabarito: B

Questão do V Exame/OAB/FGV - Crésio é procurado por cliente que já possui advogado constituído nos autos. Prontamente recusa a atuação até que seu cliente apresente a quitação dos honorários acordados e proceda à revogação dos poderes que foram conferidos para o exercício do mandato. Após cumpridas essas formalidades, comprovadas documentalmente, Crésio apresenta sua procuração nos autos e requer o prosseguimento do processo. À luz das normas aplicáveis, é correto afirmar que:

A) a revogação do mandato exime o cliente do pagamento de honorários acordados.

B) permite-se o ingresso do advogado no processo mesmo que atuando outro, sem sua ciência.

C) o advogado deve, antes de assumir mandato, procurar a ciência e autorização do antecessor.

D) a verba de sucumbência deixa de ser devida após a revogação do mandato pelo cliente.

> O art. 14 do CED da OAB determina que o advogado não deve aceitar a procuração de cliente com patrono já constituído, sem o prévio conhecimento deste. Ou seja, deve informar (ou fazer prova de que tentou informar) ao patrono já constituído acerca do pedido do cliente. Somente em situações excepcionais, como para a adoção de medidas urgentes e inadiáveis, é justificado o advogado aceitar os poderes sem o prévio conhecimento do outro patrono. Gabarito: C

Questão do IX Exame/OAB/FGV - O advogado Carlos é Presidente da empresa XYZ, com sede no Município Q. Em determinada data, a empresa é notificada para apresentar defesa em processo trabalhista ajuizado por antigo empregado da empresa. No dia da audiência designada, Carlos apresenta-se como preposto, vez que dirigente da empresa e advogado, por possuir habilitação profissional regular. Observados tais fatos, de acordo com as normas do Regulamento Geral do Estatuto da Advocacia e da OAB, assinale a afirmativa correta.

A) Por economia processual admite-se a atuação do advogado como preposto e advogado no mesmo processo.

B) Essa é uma situação excepcional que permite a atuação do advogado como preposto da empresa e seu representante judicial.

C) É vedada a atuação como preposto e como advogado da empresa ao mesmo tempo.

D) Não havendo oposição da parte adversa, pode ocorrer a atuação do advogado nas duas funções: preposto e representante judicial.

> O art. 25 do CED da OAB estabelece que é defeso (proibido) ao advogado funcionar, no mesmo processo, simultaneamente, como patrono e preposto do empregador ou cliente. Esta vedação está igualmente prevista no art. 3º do Regulamento Geral da OAB. Gabarito: C.

Questão do XI Exame/OAB/FGV - Os advogados Roberto e Alfredo, integrantes da sociedade Roberto & Alfredo Advogados Associados, há muito atuavam em causas trabalhistas em favor da sociedade empresária "X". A certa altura, o advogado Armando ingressou na sociedade de advogados. Armando, no entanto, já representava os interesses de ex-empregado da sociedade empresária "X". Em razão disso, Armando não foi constituído para atuar nas causas do escritório envolvendo a sociedade empresária "X", continuando, assim, a atuar em favor do ex-empregado. Por outro lado, Roberto e Alfredo não foram constituídos para advogar pelo ex-empregado. A partir do caso apresentado, assinale a afirmativa correta.

A) Roberto, Alfredo e Armando agiram correta e eticamente, pois dividiram os clientes, de forma que nenhum deles advogasse, ao mesmo tempo, para clientes com interesses opostos.

B) Roberto, Alfredo e Armando não agiram corretamente, pois, em causas trabalhistas, os advogados de partes com interesses opostos não podem ter qualquer tipo de relação profissional ou pessoal.

C) Roberto, Alfredo e Armando não agiram correta e eticamente, pois os advogados sócios de uma mesma sociedade profissional não podem representar, em juízo, clientes com interesses opostos.

D) Roberto, Alfredo e Armando não poderiam ter constituído a sociedade em questão, ainda que Armando deixasse de atuar na causa em favor do ex-empregado.

> O art. 19 do CED da OAB veda que advogados integrantes da mesma sociedade representem, em juízo ou fora dele, clientes com interesses opostos. Esta mesma vedação é prevista no art. 15, § 6º, da Lei 8.906/94. Por essa razão, os advogados Roberto, Alfredo e Armando infringiram normas éticas e disciplinares. Gabarito: C

Questão do XI Exame/OAB/FGV - Cláudio, advogado com vasta experiência profissional, é contratado pela sociedade LK Ltda. para gerenciar a carteira de devedores duvidosos, propondo acordos e, em último caso, as devidas ações judiciais. Após um ano de sucesso na empreitada, Cláudio postula aumento nos seus honorários, o que vem a ser recusado pelos representantes legais da sociedade. Insatisfeito com o desenrolar dos fatos, Cláudio comunica que irá renunciar aos mandatos que lhe foram conferidos, notificando pessoalmente os representantes legais da sociedade que apuseram o seu ciente no ato de comunicação. Dez dias após, a sociedade contratou novos advogados, que assumiram os processos em curso. Observado tal relato, baseado nas normas do Regulamento Geral do Estatuto da Advocacia e da OAB, assinale a afirmativa correta.

A) A comunicação da renúncia do mandato não pode ser pessoal, para evitar conflitos com o cliente.

B) A renúncia ao mandato deve ser comunicada ao cliente, preferencialmente mediante carta com aviso de recepção.

C) O advogado deve comunicar a renúncia ao mandato diretamente ao Juízo da causa, que deverá intimar a parte.

D) O advogado não tem o dever de comunicar à parte a renúncia ao mandato judicial ou extrajudicial.

> A renúncia é um direito do advogado, que independe da aceitação do cliente. Este ato, todavia, exige dupla comunicação para que possa produzir seus efeitos: deve, primeiro, notificar o cliente (preferencialmente por carta com Aviso de Recebimento) e, em seguida, comunicar ao juízo (art. 6º do Regulamento Geral da OAB). Gabarito: B

Questão do XII Exame/OAB/FGV - Saulo é advogado de Paula em determinada ação de natureza cível. Após os trâmites necessários, a postulação vem a ser julgada improcedente. Em decorrência de julgamento de recurso, a decisão foi mantida. Saulo comunicou o resultado à sua cliente que, tendo tomado ciência, manteve-se silente. Houve o trânsito em julgado da decisão. Sob a perspectiva do Código de Ética e Disciplina da Advocacia, assinale a afirmativa correta.

A) Após o trânsito em julgado, o mandato conferido ao advogado continua a ser cumprido.

B) O mandato conferido ao advogado não cessa mesmo depois de concluída a causa.

C) O resultado infrutífero da causa é considerado como quebra do mandato.

D) O final da causa presume o cumprimento do mandato conferido ao advogado.

Há presunção de extinção do mandato quando a causa que lhe deu origem tenha sido extinta ou arquivada (art. 13 do CED da OAB). Gabarito: D

Questão do XII Exame/OAB/FGV - O advogado João foi contratado por José para atuar em determinada ação indenizatória. Ao ter vista dos autos em cartório, percebeu que José já estava representado por outro advogado na causa. Mesmo assim, considerando que já havia celebrado contrato com José, mas sem contatar o advogado que se encontrava até então constituído, apresentou petição requerendo juntada da procuração pela qual José lhe outorgara poderes para atuar na causa, bem como a retirada dos autos em carga, para que pudesse examiná-los com profundidade em seu escritório. Com base no caso apresentado, assinale a afirmativa correta.

A) O advogado João não cometeu infração disciplinar, pois apenas requereu a juntada de procuração e realizou carga dos autos do processo, sem apresentar petição com conteúdo relevante para o deslinde da controvérsia.

B) O advogado João cometeu infração disciplinar, não por ter requerido a juntada de procuração nos autos, mas sim por ter realizado carga dos autos do processo em que já havia advogado constituído.

C) O advogado João não cometeu infração disciplinar, pois, ao requerer a juntada da procuração nos autos, já havia celebrado contrato com José.

D) O advogado João cometeu infração disciplinar prevista no Código de Ética e Disciplina da OAB, pois não pode aceitar procuração de quem já tenha patrono constituído, sem prévio conhecimento do mesmo.

O advogado não deve aceitar a procuração de cliente com patrono já constituído, sem o prévio conhecimento deste. Somente em situações excepcionais, como para a adoção de medidas urgentes e inadiáveis, é justificado o advogado aceitar os poderes sem o prévio conhecimento do outro patrono (art. 14 do CED da OAB). Gabarito: D

Questão do XIII Exame/OAB/FGV - Maria, após vários anos de tramitação de ação indenizatória em que figurava como autora, decidiu substituir José, advogado que até então atuava na causa, por João, amigo da família, que não cobraria honorários de nenhuma espécie de Maria. Ao final da ação, quando Maria finalmente recebeu os valores que lhe eram devidos, a título de indenização, foi procurada por José, que desejava receber honorários pelos serviços advocatícios prestados até o momento em que foi substituído. Sobre a hipótese sugerida, assinale a afirmativa correta.

A) José tem direito a receber a integralidade dos honorários contratuais e de sucumbência, como se tivesse atuado na causa até o final, uma vez que foi substituído por vontade da cliente e não sua.

B) José não tem direito a receber honorários, porque não atuou na causa até o seu fim.

C) José tem direito a receber honorários contratuais, mas não tem direito a receber honorários de sucumbência.

D) José tem direito a receber honorários contratuais, bem como honorários de sucumbência, calculados proporcionalmente, em face do serviço efetivamente prestado.

> A revogação do mandato é um direito do cliente que independe da aceitação do advogado. Todavia, como dispõe o art. 17 do CED, este ato unilateral não o desobriga ao pagamento dos honorários contratados tampouco retira o direito do advogado aos eventuais honorários de sucumbência, ainda que proporcional aos serviços prestados. Gabarito: D

Questão do XIII Exame/OAB/FGV - O advogado Carlos pretende substabelecer os poderes que lhe foram conferidos pelo seu cliente Eduardo, sem reserva de poderes, pois pretende realizar uma longa viagem, sem saber a data do retorno, não pretendendo manter compromissos profissionais. Nos termos das normas do Código de Ética, tal ato deve

A) prescindir do conhecimento do cliente por ser ato privativo.

B) ser comunicado ao cliente de modo inequívoco.

C) ser realizado por tempo determinado.

D) aplicar na devolução dos honorários pagos antecipadamente pelo cliente.

> O substabelecimento "sem reservas" de poderes significa a transferência total dos poderes outorgados pelo cliente de um advogado para outro, extinguindo, assim, a relação entre o substabelecente e o cliente. Como dispõe art. 26, § 1º, do CED, este é um ato bilateral que depende da notificação prévia e inequívoca do cliente. Gabarito: B

Questão do XIV Exame/OAB/FGV - Mara é advogada atuante, tendo especialização na área cível. Procurada por um cliente da área empresarial, ela aceita o mandato. Ocorre que seu cliente possui, em sua empresa, um departamento jurídico com numerosos advogados e um gerente. Por indicação deles, o cliente determina que Mara inclua, no mandato que lhe foi conferido, os advogados da empresa, para atuação conjunta. Com base no caso apresentado, observadas as regras do Estatuto da OAB e do Código de Ética e Disciplina da OAB, assinale a opção correta.

A) A advogada deve aceitar a imposição do cliente por ser inerente ao mandato.

B) A advogada deve aceitar a indicação de um advogado para atuar conjuntamente no processo.

C) A advogada deve acolher o comando, por ser natural na vida forense a colaboração.

D) A advogada não é obrigada a aceitar a imposição de seu cliente no caso.

> No exercício da advocacia, o profissional deve expor de maneira clara a sua opinião, a estratégia sobre a pretensão e os eventuais riscos, representando os interesses do cliente sem abrir mão da sua liberdade de consciência e independência. Por essa razão, o art. 24 do CED da OAB estabelece que o advogado não é obrigado a aceitar a imposição do cliente que pretenda ver com ele atuando outros advogados, como é o caso da questão. Gabarito: D

Questão do XIV Exame/OAB/FGV - Matheus é estagiário vinculado ao escritório Renato e Associados. No exercício da sua atividade, por ordem do advogado supervisor, o estagiário acompanha o cliente diretor da sociedade Tamoaí S/A. Por motivos alheios à vontade do estagiário, que se disse inocente de qualquer deslize, o diretor veio a se desentender com Matheus, e, por força desse evento, o escritório resolve renunciar ao mandato conferido pela pessoa jurídica. Nos termos do Estatuto da Advocacia, sobre o caso descrito, assinale a afirmativa correta.

A) O advogado pode afastar-se do processo em que atua sem comunicação ao cliente.

B) A renúncia deve ser notificada ao cliente pelos advogados mandatários.

C) A renúncia aos poderes conferidos no mandato dependerá do cliente do escritório.

D) A renúncia ao mandato, sem respeitar o prazo legal, implica abandono da causa.

> A renúncia é um direito do advogado que independe da aceitação do cliente. Esse ato unilateral, contudo, exige dupla comunicação para que possa produzir seus efeitos: deve-se, primeiro, notificar o cliente (preferencialmente por carta com Aviso de Recebimento) e, em seguida, comunicar ao juízo (art. 6º do Regulamento Geral da OAB). O art. 16 do CED da OAB veda de maneira peremptória a menção ao motivo da renúncia. Gabarito: B

Questão do XV Exame/OAB/FGV - O advogado Caio atuava representando os interesses do autor em determinada ação indenizatória há alguns anos. Antes da prolação da sentença, substabeleceu, com reserva, os poderes que lhe haviam sido outorgados pelo cliente, ao advogado Tício. Ao final, o pedido foi julgado procedente e o cliente de Caio e Tício recebeu a indenização pleiteada, mas não repassou aos advogados os honorários de êxito contratados, estipulados em 30%. Caio, para evitar desgaste, preferiu não cobrar judicialmente os valores devidos pelo cliente. Tício, não concordando com a opção de Caio, decidiu, à revelia deste último, ingressar com a ação cabível, valendo-se para tanto do contrato de honorários celebrado entre Caio e o cliente. A partir do caso apresentado, assinale a afirmativa correta.

A) Tício pode ajuizar tal ação, pois, embora não tivesse celebrado o contrato com o cliente, recebeu poderes de Caio para atuar na causa.

B) Tício pode ajuizar tal ação, pois ingressou na causa antes da prolação da sentença, sendo, assim, igualmenteresponsável pelo êxito.

C) Tício não pode ajuizar tal ação porque, como Caio e Tício não requereram o destaque dos honorários contratuais, ele não tem mais direito a recebê-los.

D) Tício não pode ajuizar tal ação porque o advogado substabelecido com reserva de poderes não pode cobrar honorários sem a intervenção daquele que lhe conferiu o substabelecimento.

> O substabelecimento "com reservas" de poderes consiste na transferência parcial dos poderes outorgados para outro advogado (art. 26 do CED da OAB). O advogado substabelecido com reserva de poderes (caso de Tício) não pode, por sua vez, cobrar honorários sem a intervenção daquele que lhe conferiu o substabelecimento (art. 26 da Lei 8.906/94), devendo ajustar antecipadamente os honorários com Caio (art. 26, § 2º, do CED da OAB). Gabarito: D

Questão do XV Exame/OAB/FGV - Fátima é advogada de Carla em processo proposto em face da empresa LL Serviços Anônimos, por contrato não cumprido. Posteriormente, Fátima patrocina os interesses de Leonídio em ação de responsabilidade civil, apresentada em face de Ovídio. Pelos descaminhos do destino, Carla e Leonídio estabelecem sociedade que, dois anos após a sua constituição, vem a ser dissolvida. Com os ânimos exaltados, Carla e Leonídio procuram sua advogada de confiança, Fátima, diante dos serviços de qualidade prestados anteriormente. Com sua rara habilidade persuasiva, a advogada consegue compor os interesses em conflito. Sobre o caso apresentado, observadas as regras do Estatuto da OAB e do Código de Ética e Disciplina da OAB, assinale a opção correta.

A) A advogada deveria optar por um dos clientes na primeira consulta.

B) O litígio envolve interesses irremediavelmente conflitantes, o que exige a opção do advogado.

C) A conciliação purga o confronto de clientes da advogada.

D) O eventual acordo entre os litigantes, no caso, deveria ser feito por outro advogado.

> Em caso de conflito de interesses entre os seus constituintes, o art. 20 do CED da OAB estabelece que, não conseguindo harmonizá-los, o advogado deverá optar por um e renunciar os demais mandatos. Como, na presente situação, a advogada Fátima conseguiu conciliar os interesses de seus clientes, o confronto foi extinto sem a necessidade de renúncia. Gabarito: C

Questão do XV Exame/OAB/FGV - Bernardo recebe comunicação do seu cliente Eduardo de que este havia desistido da causa que apresentara anteriormente, por motivo de viagem a trabalho, no exterior, em decorrência de transferência e promoção na sua empresa. Houve elaboração da petição inicial, contrato de prestação de serviços e recebimento adiantado de custas e honorários advocatícios. Nesse caso, nos termos do Código de Ética da Advocacia, deve o advogado

A) devolver os honorários antecipados sem abater os custos do escritório.

B) prestar contas ao cliente de forma pormenorizada.

C) arquivar os documentos no escritório como forma de garantia.

D) realizar contrato vinculando o cliente ao escritório.

> Com a desistência da causa, o advogado tem a obrigação de devolver ao cliente bens, valores e documentos que lhe hajam sido confiados e entregues, salvo as parcelas pelos serviços já prestados, devendo prestar contas ao cliente de forma pormenorizada (art. 12 do CED da OAB).
> Gabarito: B

Questão do XVII Exame/OAB/FGV - O advogado Márcio, sócio de determinado escritório de advocacia, contratou novos advogados para a sociedade e substabeleceu, com reserva em favor dos novos contratados, os poderes que lhe haviam sido outorgados por diversos clientes. O mandato possuía poderes para substabelecer. Um dos clientes do escritório, quando percebeu que havia novos advogados trabalhando na causa, os quais não eram por ele conhecidos, não apenas resolveu contratar outro escritório para atuar em sua demanda, como ofereceu representação disciplinar contra Márcio, afirmando que o advogado não agira com lealdade e honestidade. A esse respeito, assinale a afirmativa correta.

A) A representação oferecida não deve ser enquadrada como infração disciplinar, pois apenas o substabelecimento do mandato sem reserva de poderes deve ser comunicado previamente ao cliente.

B) A representação oferecida não deve ser enquadrada como infração disciplinar, pois o substabelecimento do mandato, com ou sem reserva de poderes, é ato pessoal do advogado da causa.

C) A representação oferecida deve ser enquadrada como infração disciplinar, pois o substabelecimento do mandato, com ou sem reserva de poderes, deve ser comunicado previamente ao cliente.

D) A representação oferecida deve ser enquadrada como infração disciplinar, pois o advogado deve avisar previamente ao cliente acerca de todas as petições que apresentará nos autos do processo, inclusive sobre as de juntada de substabelecimentos.

> O substabelecimento "com reservas" de poderes é um direito do advogado, que independe da anuência do cliente (art. 26 do CED da OAB). Somente o substabelecimento "sem reservas", que implica a transferência total de poderes, é que exige a prévia notificação e aceitação do cliente (art. 26, § 1º, do CED da OAB). Assim sendo, Marco, ao substabelecer "com reservas" de poderes, não cometeu qualquer infração ética ou disciplinar. Gabarito: A

Questão do XVIII Exame/OAB/FGV - Determinada causa em que se discutia a guarda de dois menores estava confiada ao advogado Álvaro, que trabalhava sozinho em seu escritório. Aproveitando o período de recesso forense e considerando que não teria prazos a cumprir ou atos processuais designados durante esse período, Álvaro realizou viagem para visitar a família no interior do estado. Alguns dias depois de sua partida, ainda durante o período de recesso, instalou-se situação que demandaria a tomada de medidas urgentes no âmbito da mencionada ação de guarda. O cliente de Álvaro, considerando que seu advogado se encontrava fora da cidade, procurou outro advogado, Paulo, para que a medida judicial necessária fosse tomada, recorrendo-se ao plantão judiciário. Paulo não conseguiu falar com Álvaro para avisar que atuaria na causa em que este último estava constituído, mas aceitou procuração do cliente assim mesmo e tomou a providência cabível. Poderia Paulo ter atuado na causa sem o conhecimento e a anuência de Álvaro?

A) Paulo poderia ter atuado naquela causa apenas para tomar a medida urgente cabível.

B) Paulo poderia ter atuado na causa, ainda que não houvesse providência urgente a tomar, uma vez que o advogado constituído estava viajando.

C) Paulo não poderia ter atuado na causa, pois o advogado não pode aceitar procuração de quem já tenha patrono constituído, sem prévio conhecimento deste, ainda que haja necessidade da tomada de medidas urgentes.

D) Paulo não poderia ter atuado na causa, pois os prazos estavam suspensos durante o recesso.

Como regra, o advogado não deve aceitar procuração de quem já tenha patrono constituído, sem prévio conhecimento deste. Apenas em situações excepcionais, como a vivenciada por Paulo, que precisou adotar medida judicial urgente e inadiável e não conseguiu entrar em contato com Álvaro, é justificável o procedimento. Gabarito: A

Questão do XVIII Exame/OAB/FGV - Paulo é contratado por Pedro para promover ação com pedido condenatório em face de Alexandre, por danos causados ao animal de sua propriedade. Em decorrência do processo, houve condenação do réu ao pagamento de indenização ao autor, fixados honorários de sucumbência correspondentes a dez por cento do apurado em cumprimento de sentença. O réu ofertou apelação contra a sentença proferida na fase cognitiva. Ainda pendente o julgamento do recurso, Pedro decide revogar o mandato judicial conferido a Paulo, desobrigando-se de pagar os honorários contratualmente ajustados.

Nos termos do Código de Ética da OAB, a revogação do mandato judicial, por vontade de Pedro,

A) não o desobriga do pagamento das verbas honorárias contratadas.

B) desobriga-o do pagamento das verbas honorárias contratadas.

C) desobriga-o do pagamento das verbas honorárias contratadas e da verba sucumbencial.

D) não o desobriga do pagamento das verbas honorárias sucumbenciais, mas o desobriga das verbas contratadas.

É direito de Pedro revogar os poderes conferidos ao seu advogado a qualquer tempo e independente da anuência deste. Entretanto, isso não o desobriga ao pagamento das verbas honorárias contratadas tampouco retira o direito do advogado aos eventuais honorários de sucumbência, ainda que proporcional aos serviços prestados (art. 17 do CED da OAB). Assim, a alternativa correta é a letra A.

Questão do XVIII Exame/OAB/FGV - O banco Dólar é réu em diversos processos de natureza consumerista, todos com idênticos fundamentos de Direito, pulverizados pelo território nacional. Considerando a grande quantidade de feitos e sua abrangência territorial, a instituição financeira decidiu contratar a sociedade de advogados X para sua defesa em juízo, pois esta possui filial em diversos estados da Federação. Diante da consulta formulada pelo banco, alguns advogados, sócios integrantes da filial situada no Rio Grande do Sul, realizaram mapeamento dos processos em trâmite em face da pessoa jurídica. Assim, observaram que esta mesma filial já atua em um dos processos em favor do autor da demanda. Tendo em vista tal situação, assinale a opção correta.

A) Os advogados deverão recusar, por meio de qualquer sócio do escritório ou filial, a atuação da sociedade de advogados na defesa do banco, pois os advogados sócios de uma mesma sociedade profissional não podem representar em juízo clientes de interesses opostos.

B) Os advogados deverão identificar quem são os sócios do escritório que atuam na causa, pois estes não poderão realizar a defesa técnica do banco em quaisquer dos processos em trâmite, sendo autorizada, porém, a atuação dos demais sócios da sociedade de advogados, de qualquer filial.

C) Os advogados deverão recusar a defesa do banco pela filial da sociedade de advogados no Rio Grande do Sul e indicar as outras filiais para atuação nos feitos, pois todos os sócios da filial ficam impedidos de representar em juízo a instituição financeira, em razão de já haver atuação em favor de cliente com interesses opostos.

D) Os advogados deverão informar ao banco que há atuação de advogados daquela filial em um dos processos em favor do autor da demanda, a fim de que a instituição financeira decida se deseja, efetivamente, que a sua defesa técnica seja realizada pela sociedade de advogados, garantindo, assim, o consentimento informado do cliente.

O art. 19 do CED da OAB veda que advogados integrantes da mesma sociedade representem, em juízo ou fora dele, clientes com interesses opostos. Esta mesma vedação é prevista no art. 15, § 6º, da Lei 8.906/94. Em situações de conflitos de interesse, como a exposta na questão, os advogados deverão, com prudência e discrição, optar por um dos mandatos, renunciando aos demais, resguardado sempre o sigilo profissional (art. 20 do CED da OAB). Gabarito: A

Questão do XIX Exame/OAB/FGV - Daniel contratou a advogada Beatriz para ajuizar ação em face de seu vizinho Théo, buscando o ressarcimento de danos causados em razão de uma obra indevida no condomínio. No curso do processo, Beatriz substabeleceu o mandato a Ana, com reserva de poderes. Sentenciado o feito e julgado procedente o pedido de Daniel, o juiz condenou Théo ao pagamento de honorários sucumbenciais. Com base na hipótese apresentada, assinale a afirmativa correta.

A) Ana poderá promover a execução dos honorários sucumbenciais nos mesmos autos judiciais, se assim lhe convier, independentemente da intervenção de Beatriz.

B) Ana e Beatriz poderão promover a execução dos honorários sucumbenciais, isoladamente ou em conjunto, mas devem fazê-lo em processo autônomo.

C) Ana poderá promover a execução dos honorários sucumbenciais nos mesmos autos, se assim lhe convier, mas dependerá da intervenção de Beatriz.

D) Ana não terá direito ao recebimento de honorários sucumbenciais, cabendo-lhe executar Beatriz pelos valores que lhe sejam devidos, caso não haja o adimplemento voluntário.

> A advogada substabelecida com reserva de poderes (Ana) somente pode cobrar honorários com a intervenção de Beatriz, a advogada que lhe conferiu o substabelecimento (art. 26 da Lei 8.906/94). Conforme o art. 26, § 2º, do CED, devem ainda as advogadas ajustar antecipadamente os honorários. Gabarito: C

QUESTÕES PERTINENTES AO TEMA DO TÍTULO I - CAPÍTULO IV

Questão do VII Exame/OAB/FGV - Aparecida, advogada da autora no âmbito de determinada ação indenizatória, bastante irritada com o conteúdo de sentença que julgou improcedente o pedido formulado, apresenta recurso de apelação em cujas razões afirma que o magistrado é burro e ignora as leis aplicáveis ao caso em exame. Disse ainda que tal sentença não poderia ter outra explicação, senão o fato de o magistrado ter recebido vantagem pecuniária da outra parte. A respeito da conduta de Aparecida, é correto afirmar:

A) Aparecida não praticou crime nem conduta antiética, pois fez tais afirmações no exercício da profissão, devendo atuar sem receio de desagradar ao magistrado.

B) Aparecida praticou o crime de injúria, ao afirmar que o magistrado é burro e ignora as leis aplicáveis ao caso e o de calúnia, quando afirmou que o magistrado prolatara a sentença em questão por ter recebido dinheiro da outra parte. Além disso, por todas as ofensas irrogadas, violou dispositivo do Código de Ética e Disciplina da OAB, que impõe ao advogado o dever de urbanidade.

C) Aparecida violou apenas dispositivo do Código de Ética e Disciplina da OAB, por desrespeitar o dever de urbanidade, mas não praticou crime, uma vez que tem imunidade profissional, não constituindo injúria, difamação ou calúnia puníveis qualquer manifestação de sua parte, no exercício de sua atividade, em juízo ou fora dele.

D) Aparecida violou dispositivo do Código de Ética e Disciplina da OAB, por desrespeitar o dever de urbanidade e praticou o crime de calúnia ao afirmar que o magistrado prolatara a sentença em questão por ter recebido dinheiro da outra parte. Não praticou crime quando afirmou que o magistrado é burro e ignora as leis aplicáveis ao caso, pois tem imunidade profissional, não constituindo injúria punível qualquer manifestação de sua parte, no exercício de sua atividade, em juízo ou fora dele.

> No exercício da profissão, o advogado tem imunidade profissional, não constituindo injúria, difamação puníveis qualquer manifestação de sua parte, sem prejuízo das sanções disciplinares perante a OAB, pelos excessos que cometer (art. 7º, § 2º, da Lei n. 8.906/94). No caso, a advogada aparecida não responde pelo crime de injúria praticado, mas praticou calúnia e incorreu em infração ética ao desrespeitar os deveres de agir de maneira urbana com os demais profissionais (art. 27 do CED da OAB). Gabarito: D

Questão do XIX Exame/OAB/FGV - Alexandre, advogado que exerce a profissão há muitos anos, é conhecido por suas atitudes corajosas, sendo respeitado pelos seus clientes e pelas autoridades com quem se relaciona por questões profissionais. Comentando sua atuação profissional, ele foi inquirido, por um dos seus filhos, se não deveria recusar a defesa de um indivíduo considerado impopular, bem como se não deveria ser mais obediente às autoridades, diante da possibilidade de retaliação. Sobre o caso apresentado, observadas as regras do Estatuto da OAB, assinale a opção correta indicada ao filho do advogado citado.

A) O advogado Alexandre deve recusar a defesa de cliente cuja atividade seja impopular.

B) O temor à autoridade pode levar à negativa de prestação do serviço advocatício por Alexandre.

C) As causas impopulares aceitas por Alexandre devem vir sempre acompanhadas de apoio da Seccional da OAB.

D) Nenhum receio de desagradar uma autoridade deterá o advogado Alexandre.

> Os deveres de urbanidade do advogado em relação aos demais profissionais são necessários para a dignidade da profissão, zelando pelo igual tratamento e pelos direitos e prerrogativas da função, como a independência de consciência e a liberdade de atuação profissional. Nesse sentido, o art. 31, §2º, da Lei 8.906/94 explicita que o advogado, no exercício da profissão, deve manter independência e nenhum receio de desagradar a magistrado, nem de incorrer em impopularidade. Gabarito: D

QUESTÕES PERTINENTES AO TEMA DO TÍTULO I - CAPÍTULO V

Questão do II Exame/OAB/FGV - Caio, advogado, inscrito na OAB-SP, após aprovação em concorrido Exame de Ordem, atua em diversos ramos do Direito. Um dos seus clientes possui causa em curso, perante a Comarca de Tombos/MG, tendo o profissional comparecido à sede do Juízo para praticar ato em prol do seu constituinte. Estando no local, foi surpreendido por designação do Juiz Titular da Comarca para representar Tício, pessoa de parcos recursos financeiros, diante da ausência de Defensor Público designado para prestar serviços no local, por falta de efetivo suficiente de profissionais. Não tendo argumentos para recusar o encargo, Caio participou do ato. Diante desse quadro,

A) o ato deveria ter sido adiado diante da exclusividade da atuação da Defensoria Pública.

B) o advogado deveria ter recusado o encargo, mesmo sem justificativa plausível.

C) a recusa nesses casos poderá ocorrer, com justo motivo.

D) a recusa poderia ocorrer diante da ausência de sanção disciplinar.

> Conforme dispõe o art. 34, II, da Lei n. 8.906/94, a recusa à nomeação pode acontecer com justo motivo, mesmo na ausência de Defensor Público. Em não havendo esse justo motivo, o advogado comete infração disciplinar. Gabarito: C.

Questão do XVI Exame/OAB/FGV - Ao final de audiência de instrução e julgamento realizada em determinada vara criminal, o juiz solicita que o advogado não deixe o recinto, bem como que ele atue em outras duas audiências que ali seriam realizadas em seguida. O advogado recusa-se a participar das outras duas audiências mencionadas, até mesmo por haver Defensor Público disponível. Com base no caso exposto, assinale a afirmativa correta.

A) O advogado não cometeu infração ética, porque apenas resta configurada infração disciplinar na recusa do advogado a prestar assistência jurídica quando há impossibilidade da Defensoria Pública.

B) O advogado cometeu infração ética, porque ele já estava na sala de audiências.

C) O advogado não cometeu infração ética, porque é vedado ao advogado participar de duas audiências sucessivas.

D) O advogado cometeu infração ética, porque ele tem o dever de contribuir para a boa administração da Justiça.

> O dever de atuar como defensor nomeado só ocorre quando há impossibilidade de atuação da Defensoria Pública e quando não há justo motivo para a negativa do advogado (art. 34, II, da Lei n. 8.906/94). Gabarito: A.

QUESTÕES PERTINENTES AO TEMA DO TÍTULO I - CAPÍTULO VI

Questão do XV Exame/OAB/FGV - Messias é advogado com mais de trinta anos de atuação profissional e deseja colaborar para o aperfeiçoamento da advocacia. O Presidente da Seccional onde possui inscrição principal sugere que ele participe da política associativa e lance sua candidatura a Conselheiro Federal. Observadas as regras do Estatuto da OAB, assinale a afirmativa correta.

A) A eleição de Conselheiro Federal da OAB é indireta e secreta.

B) O Conselheiro Federal da OAB integra uma das chapas concorrentes para as eleições seccionais.

C) A indicação para o Conselho Federal é realizada pelo Colégio de Presidentes da OAB.

D) O Conselheiro Federal é indicado livremente pelas Seccionais da OAB.

> A escolha dos membros dos órgãos da OAB é feita pela eleição direta de chapa, que é composta, além dos candidatos aos cargos do Conselho Seccional e da diretoria da respectiva Caixa de As-

sistência, pelos candidatos à delegação ao Conselho Federal (art. 64, § 1°, da Lei n. 8.906/94). Ainda, conforme dispõe artigo 32 do novo CED, o candidato assumirá o compromisso de respeitar os direitos e prerrogativas do advogado, não praticar nepotismo nem agir em desacordo com a moralidade administrativa e com os princípios éticos da advocacia, no exercício de seu mister.
Gabarito: B

Questão do XIX Exame/OAB/FGV - Carlos integrou a chapa de candidatos ao Conselho Seccional que obteve a maioria dos votos válidos e tomou posse em 1º de janeiro do ano seguinte ao de sua eleição. Um ano após o início do mandato, Carlos passou a ocupar um cargo de direção no Conselho de Administração de uma empresa, controlada pela Administração Pública, sediada em outro estado da Federação. Nesse caso, de acordo com o Estatuto da OAB, assinale a afirmativa correta.

A) Não se extingue o mandato de Carlos, pois a ocupação de cargo de direção em empresa controlada pela Administração Pública, em estado da Federação distinto do abrangido pelo Conselho Seccional, não configura incompatibilidade a ensejar o cancelamento de sua inscrição.

B) Extingue-se automaticamente o mandato de Carlos, pois a ocupação de cargo de direção em empresa controlada pela Administração Pública, em qualquer circunstância, configura incompatibilidade a ensejar o cancelamento de sua inscrição.

C) Extingue-se o mandato de Carlos mediante deliberação de dois terços dos membros do Conselho Seccional, pois a ocupação de cargo de direção em empresa controlada pela Administração Pública pode configurar incompatibilidade a ensejar o cancelamento de sua inscrição.

D) Não se extingue o mandato de Carlos, pois a ocupação de cargo de direção em empresa controlada pela Administração Pública, em qualquer circunstância, não configura incompatibilidade a ensejar o cancelamento de sua inscrição.

O exercício de cargo de direção em órgãos da administração pública, direta ou indireta - como é o caso de Conselho de Administração de uma empresa controlada pela Administração Pública -, configura situação de incompatibilidade com a advocacia (art. 28, III, da Lei n. 8.906/94), ensejando o cancelamento da inscrição do advogado nos quadros da OAB (art. 11, IV, da Lei n. 8.906/94). Quando ocorrer qualquer hipótese de cancelamento de inscrição ou de licenciamento do profissional, o mandato é extinto automaticamente (art. 66, I, da Lei n. 8.906/94). **Gabarito: B**

Questão do XIX Exame/OAB/FGV - Os jovens Rodrigo, 30 anos, e Bibiana, 35 anos, devidamente inscritos em certa seccional da OAB, desejam candidatar-se, pela primeira vez, a cargos de diretoria do Conselho Seccional respectivo. Rodrigo está regularmente inscrito na referida seccional da OAB há seis anos, sendo dois anos como estagiário. Bibiana, por sua vez, exerceu regularmente a profissão por três anos, após a conclusão do curso de Direito. Contudo, afastou-se por dois anos e retornou à advocacia há um ano. Ambos não exercem funções incompatíveis com a advocacia, ou cargos exoneráveis ad nutum. Tampouco integram listas para provimento de cargos em tribunais ou ostentam condenação por infração disciplinar. Bibiana e Rodrigo estão em dia com suas anuidades. Considerando a situação narrada, assinale a afirmativa correta.

A) Apenas Bibiana preenche as condições de elegibilidade para os cargos.
B) Apenas Rodrigo preenche as condições de elegibilidade para os cargos.
C) Bibiana e Rodrigo preenchem as condições de elegibilidade para os cargos.
D) Nenhum dos dois advogados preenche as condições de elegibilidade para os cargos.

> Para ser candidato, o advogado deve comprovar situação regular junto à OAB, não ocupar cargo exonerável ad nutum, não ter sido condenado por infração disciplinar, salvo reabilitação, e exercer efetivamente a profissão há mais de cinco anos, excluído o período de estagiário (art.63, § 2°, da Lei n. 8.906/94 e art. 131, § 5°, alínea f, do Regulamento Geral da OAB). Gabarito: D

QUESTÕES PERTINENTES AO TEMA DO TÍTULO I - CAPÍTULO VII

Questão do III Exame/OAB/FGV - Tertúlio, advogado, testemunha a ocorrência de um acidente de trânsito sem vítimas, envolvendo quatro veículos automotores. Seus dados e sua qualificação profissional constam nos registros do evento. Posteriormente, em ação de responsabilidade civil, o advogado Tertúlio é arrolado como testemunha por uma das partes. No dia designado para o seu depoimento, alega que estaria impossibilitado de realizar o ato porque uma das pessoas envolvidas poderia contratá-lo como profissional, embora, naquele momento, nenhuma delas tivesse manifestado qualquer intenção nesse sentido. A respeito do tema, é correto dizer que:

A) o advogado é suspeito para prestar depoimento no caso em tela.
B) a possibilidade decorre da ausência de efetiva atuação profissional.
C) o depoimento do advogado, no caso, é facultativo.
D) somente poderia prestar depoimento após a intervenção de todas as partes no processo.

> No caso, como não houve efetiva atuação profissional, o advogado não tem direito à prerrogativa de recusar prestar depoimento (art. 7°, XIX, da Lei n. 8.906/94) e não há igualmente informação protegida pelo sigilo (art. 35 do CED da OAB). Gabarito: B

Questão do IV Exame/OAB/FGV - O advogado Walter recebe correspondência eletrônica relatando fatos que o seu cliente apresentou como importantes para constar em processo judicial a ser iniciado. Expressamente, em outra mensagem também eletrônica, autorizou a utilização das informações nas peças judiciais. Proposta a ação, os fatos foram publicados, vindo o cliente a se arrepender da autorização dada. Com isso, busca reverter a situação por ele criada. Diante da informação de que, uma vez nos autos processuais, não poderia haver retirada das petições apresentadas, ameaça o profissional com futura representação disciplinar. O cliente não negou ter autorizado a utilização das informações. Diante de tal quadro, é correto afirmar que:

A) mesmo com autorização, fatos considerados confidenciais na relação cliente--advogado não podem ser divulgados judicialmente.

B) as confidências epistolares são protegidas pela imunidade absoluta quanto à sua publicidade.

C) essa divulgação depende de autorização judicial.

D) ao advogado é permitida a divulgação de confidências, com autorização do cliente.

> O sigilo profissional é condição para viabilizar a relação de confiança entre cliente e advogado. Com base nela, o advogado pode traçar a estratégia de atuação na representação dos interesses jurídicos do cliente. As informações repassadas, contudo, somente podem ser utilizadas com a autorização do cliente. Gabarito: D

Questão do V Exame/OAB/FGV - O advogado Antônio é convocado para prestar depoimento como testemunha em ação em que um dos seus clientes é parte. Inquirido pelo magistrado, passa a tecer considerações sobre fatos apresentados pelo seu cliente durante as consultas profissionais, mesmo sobre estratégias que havia sugerido para a defesa do seu cliente. Não omitiu quaisquer informações. Posteriormente à audiência, foi notificado da abertura de processo disciplinar pelo depoimento prestado. Em relação ao caso acima, com base nas normas estatutárias, é correto afirmar que:

A) no caso em tela, houve justa causa, capaz de permitir a revelação de dados sigilosos.

B) inquirido pelo magistrado, o advogado não pode se escusar de depor e prestar informações.

C) a quebra do sigilo profissional, ainda que judicialmente, como no caso, é infração disciplinar.

D) o sigilo profissional é uma faculdade do advogado.

> Somente em circunstâncias excepcionais pode ser quebrado o sigilio profissional: grave ameaça ao direito à vida e à honra ou que envolvam defesa própria (art. 37 do CED da OAB), que não estão caracterizadas na questão. Assim, ao violar, sem justa causa, o sigilo profissional, o advogado cometeu, inclusive, infração disciplinar (art. 34, VII, da Lei n. 8.906/94). Gabarito: C

Questão do VI Exame/OAB/FGV - Mévio, advogado, é procurado por Eulâmpia, que realiza consulta sobre determinado tema jurídico. Alguns meses depois, o advogado recebe uma intimação para prestar depoimento como testemunha em processo no qual Eulâmpia é ré, pelos fatos relatados por ela em consulta profissional. No concernente ao tema, à luz das normas estatutárias, é correto afirmar que:

A) o advogado deve comparecer ao ato e prestar depoimento como testemunha dos fatos.

B) é caso de recusa justificada ao depoimento por ter tido o advogado ciência dos fatos em virtude do exercício da profissão.

C) a simples consulta jurídica não é privativa de advogado, equiparada a mero aconselhamento protocolar.

D) o advogado poderá prestar o depoimento, mesmo contra sua vontade, desde que autorizado pelo cliente.

> O sigilo profissional é um poder-dever ético do advogado para viabilizar a relação de confiança com os seus clientes. Por essa razão, o advogado tem o direito de se recusar a depor como testemunha sobre fato que constitua sigilo profissional (art. 7º, XIX, da Lei n. 8.906/94 e art. 38 do CED da OAB). Gabarito: B

Questão do IX Exame/OAB/FGV - Mário advogou, por muitos anos, para a empresa "X", especializada no ramo de cosméticos. Por problemas pessoais, afastou-se da advocacia empresarial por um período de dois anos. No retorno, passou a representar os interesses da empresa "Y", também do ramo de cosméticos, e concorrente direta da empresa para quem anteriormente prestara serviços. Quando da prestação de seus serviços à empresa "X", Mário atuou em vários contratos em que constavam informações submetidas a segredo industrial, a que teve acesso exclusivamente em decorrência da sua atuação como advogado. Observado tal relato, em consonância com as normas do Código de Ética da Advocacia, assinale a afirmativa correta.

A) Os segredos advindos da prática profissional, após determinado período de recesso, podem ser livremente utilizados pelo advogado.

B) O advogado, ao atuar contra antigos clientes, não pode lançar mão de informações reservadas que lhe tenham sido confiadas.

C) O advogado não pode ser contratado por concorrentes de antigos clientes, pois o impedimento de com eles contratar não tem prazo.

D) O advogado, diante do conflito de interesses entre o antigo e o novo cliente, deve renunciar ao mandato.

> O sigilo profissional é um poder-dever do advogado. Este deve resguardar o sigilo acerca dos fatos conhecidos em seu ofício. Somente em circunstâncias excepcionais pode ser quebrado o sigilo – casos de grave ameaça ao direito à vida e à honra ou que envolvam defesa própria (art. 37 do CED da OAB). No caso em questão, não há motivo justo para a quebra do sigilo, por isso, o advogado não pode lançar mão de informações que lhe foram confiadas. Gabarito: B

Questão do XIII Exame/OAB/FGV - Valdir representa os interesses de André em ação de divórcio em que estão em discussão diversas questões relevantes, inclusive de cunho financeiro, como, por exemplo, o pensionamento e a partilha de bens. Irritado com as exigências de sua ex-esposa, André revela a Valdir que pretende contratar alguém para assassiná-la. Deve Valdir comunicar o segredo revelado por seu cliente às autoridades competentes?

A) Valdir não pode revelar o segredo que lhe foi confiado por André, pois o advogado deve sempre guardar sigilo sobre o que saiba em razão do seu ofício.

B) Valdir poderia revelar o segredo que lhe foi confiado por André, mas apenas no caso de ser intimado como testemunha em ação penal eventualmente deflagrada para a apuração do homicídio que viesse a ser efetivamente praticado.

C) Valdir pode revelar o segredo que lhe foi confiado por André, em razão de estar a vida da ex-esposa deste último em risco.

D) Valdir não pode revelar o segredo que lhe foi confiado por André, mas tem obrigação legal de impedir que o homicídio seja praticado, sob pena de se tornar partícipe do crime.

> O sigilo profissional somente pode ser quebrado em circunstâncias excepcionais, são elas: casos de grave ameaça ao direito à vida e à honra ou que envolvam defesa própria (art. 37 do CED da OAB). Como no caso envolve ameaça ao direito à vida, Valdir pode revelar o segredo que lhe foi confiado. Gabarito: C

Questão do XIV Exame/OAB/FGV - A advogada Ana integrou o departamento jurídico da empresa XYZ Ltda. e, portanto, participava de reuniões internas, com sócios e diretores, e externas, com clientes e fornecedores, tendo acesso a todos os documentos da sociedade, inclusive aos de natureza contábil, conhecendo assim, diversos fatos e informações relevantes sobre a empresa. Alguns anos após ter deixado os quadros da XYZ Ltda., Ana recebeu intimação para comparecer a determinada audiência e a prestar depoimento, como testemunha arrolada pela defesa, no âmbito de ação penal em que um dos sócios da empresa figurava como acusado do crime de sonegação fiscal. Ao comparecer à audiência, Ana afirmou que não prestaria depoimento sobre os fatos dos quais tomou conhecimento enquanto integrava o jurídico da XYZ Ltda. O magistrado que presidia o ato ressaltou que seu depoimento havia sido solicitado pelo próprio sócio da empresa, que a estaria, portanto, desobrigando do dever de guardar sigilo. Sobre a questão apresentada, observadas as regras do Estatuto da OAB e do Código de Ética e Disciplina da OAB, assinale a opção correta.

A) Ana terá o dever de depor, pois o bem jurídico administração da Justiça é mais relevante do que o bem jurídico inviolabilidade dos segredos.

B) Ana terá o dever de depor, pois foi desobrigada por seu ex-cliente do dever de guardar sigilo sobre os fatos de que tomou conhecimento quando atuou como advogada da XYZ Ltda.

C) Ana terá o dever de depor, pois não integra mais o departamento jurídico da empresa XYZ Ltda., tendo cessado, portanto, seu dever de guardar sigilo.

D) Ana não terá o dever de depor, pois o advogado tem o direito de se recusar a depor, como testemunha, sobre fato relacionado à pessoa de quem foi ou seja advogado, mesmo quando solicitado pelo cliente.

> O sigilo profissional é de ordem pública, independentemente de solicitação de reserva que lhe seja feita pelo cliente. Somente em circunstâncias excepcionais pode ser quebrado o sigilo – casos de grave ameaça ao direito à vida e à honra ou que envolvam defesa própria (art. 37 do CED da OAB). O advogado, por isso, tem o direito de se recusar a depor como testemunha sobre fato que constitua sigilo profissional (art. 7º, XIX, da Lei n. 8.906/94 e art. 38 do CED da OAB). Gabarito: D

Questão do XIV Exame/OAB/FGV - Andrea e Luciano trocam missivas intermitentes, cujo conteúdo diz respeito a processo judicial em que a primeira é autora, e o segundo, seu advogado. A parte contrária, ciente da troca de informações entre eles, requer ao Juízo que esses documentos sejam anexados aos autos do processo em que litigam. Sob a perspectiva do Código de Ética e Disciplina da Advocacia, as comunicações epistolares trocadas entre advogado e cliente

A) constituem documentos públicos a servirem como prova em Juízo.

B) são presumidas confidenciais, não podendo ser reveladas a terceiros.

C) podem ser publicizadas, de acordo com a prudência do advogado.

D) devem ser mantidas em sigilo até o perecimento do advogado.

> O novo Código de Ética estabelece, claramente, que as comunicações de qualquer natureza entre cliente e advogado são presumidas confidenciais (art. 36, § 1°, do CED da OAB) e, como tais, resguardadas pelo sigilo profissional. Gabarito: B

Questão do XVI Exame/OAB/FGV - Epitácio é defendido pelo advogado Anderson em processo relacionado à dissolução de sua sociedade conjugal. Posteriormente, Epitácio vem a se envolver em processo de natureza societária e contrata novo advogado especialista na matéria. Designada audiência para a oitiva de testemunhas, a defesa de Epitácio arrola como testemunha o advogado Anderson, diante do seu conhecimento de fatos decorrentes do litígio de família, obtidos exclusivamente diante do seu exercício profissional e relevantes para o desfecho do litígio empresarial. Consoante com o Estatuto da Advocacia, o advogado deve:

A) atuar como testemunha em qualquer situação.

B) depor, porém sem revelar fatos ligados ao sigilo profissional.

C) resguardar-se e requerer autorização escrita do cliente.

D) buscar suprimento judicial para depor em Juízo.

> O advogado tem o direito de se recusar a depor como testemunha sobre fato que constitua sigilo profissional (art. 7°, XIX, da Lei n. 8.906/94 e art. 38 do CED da OAB). No caso, o advogado deve depor, porém sem revelar fatos resguardados pelo sigilo. Gabarito: B

QUESTÕES PERTINENTES AO TEMA DO TÍTULO I - CAPÍTULO VIII

Questão do II Exame/OAB/FGV - Mauro, advogado com larga experiência profissional, resolve contratar, com emissora de televisão, um novo programa, incluído na grade normal de horários da empresa, cujo título é "o Advogado na TV", com o fito de proporcionar informações sobre a carreira, os seus percalços, suas angústias, alegrias e comprovar a possibilidade de sucesso profissional. No curso do programa, inclui referência às causas ganhas, bem como àquelas ainda em curso e que podem ter repercussão no meio jurídico, todas essas vinculadas ao seu escritório de advocacia. Consoante com as normas aplicáveis, é correto afirmar que:

A) a participação em programa televisivo está vedada aos advogados.

B) a publicidade, como narrada, é compatível com as normas do Código de Ética.

C) o advogado, no caso, deveria se limitar ao aspecto educacional e instrutivo da atividade profissional.

D) programas televisivos são franqueados aos advogados, inclusive para realizar propaganda dos seus escritórios.

> Nos termos do Código de Ética da advocacia, as manifestações públicas do advogado Mauro, como em programas de televisão, devem visar a objetivos exclusivamente ilustrativos, educacionais e instrutivos (art. 43 do CED da OAB). Gabarito: C

Questão do III Exame/OAB/FGV - O advogado Caio resolve implementar mudanças administrativas no seu escritório, ao passar a compor o grupo de profissionais escolhido para gerenciá-lo. Uma das atividades consiste na elaboração de um boletim de notícias comunicando aos clientes, parceiros e advogados a mudança na legislação e os julgamentos de maior repercussão. Para ampliar a divulgação, contrata jovens de ambos os sexos para distribuição gratuita nos cruzamentos das mais importantes capitais do País. Diante do narrado, é correto afirmar que

A) se trata de publicidade moderada.

B) o boletim de notícias é meio adequado de publicidade quando o público-alvo são clientes do escritório.

C) a distribuição indiscriminada, se for gratuita, é permitida.

D) é admissível a distribuição do boletim mediante pagamento de anuidade.

> Dentre as formas de publicidade admitidas pelo Código de Ética da advocacia, encontra-se a divulgação de boletins, sobre matéria cultural de interesse dos advogados, desde que sua circulação fique adstrita a clientes e a interessados do meio jurídico (art. 45 do CED da OAB). Gabarito: B

Questão do IV Exame/OAB/FGV - Daniel, advogado, resolve divulgar seus trabalhos contratando empresa de propaganda e marketing. Esta lhe apresenta um plano de ação, que inclui a contratação de jovens, homens e mulheres, para a distribuição de prospectos de propaganda do escritório, coloridos, indicando as especialidades de atuação e apresentando determinados temas que seriam considerados acessíveis à multidão de interessados. O projeto é realizado. Em relação a tal projeto, consoante as normas aplicáveis aos advogados, é correto afirmar que:

A) a moderna advocacia assume características empresariais e permite publicidade como a apresentada.

B) atividades moderadas como as sugeridas são admissíveis.

C) desde que autorizada pela OAB, a propaganda pode ser realizada.

D) existem restrições éticas à propaganda da advocacia, entre as quais as referidas no texto.

> É permitida a publicidade na advocacia, mas desde que possua caráter meramente informativo, prime pela discrição e sobriedade e não configure captação de clientela ou mercantilização da profissão (art. 39 do CED da OAB). Por essa razão, existem restrições éticas às formas de divulgação realizadas por Daniel. **Gabarito: D**

Questão do V Exame/OAB/FGV - Ademir, formado em Jornalismo e Direito e exercendo ambas as profissões, publica, em seu espaço jornalístico, alegações forenses por ele apresentadas em Juízo. Instado por outros profissionais do Direito a também apresentar os trabalhos dos colegas, Ademir alega que o espaço é exclusivamente dedicado à divulgação dos seus próprios trabalhos forenses. Com base no relatado, à luz das normas estatutárias, é correto afirmar que a divulgação promovida por Ademir é

- A) perfeitamente justificável, por ser pertinente a outra profissão.
- B) justificado pelo interesse jornalístico dos trabalhos forenses.
- C) punível, por caracterizar infração disciplinar.
- D) é equiparado a ato educacional permitido.

> Ao publicar alegações forenses por ele apresentadas em Juízo, Ademir extrapola o caráter meramente informativo da publicidade, induzindo à promoção profissional, ao litígio e à captação de clientela, o que é vedado pelo Código de Ética da advocacia (arts. 39, 41 e 46 do CED da OAB). Ademais, publicar na imprensa alegações forenses caracteriza infração disciplinar (art. 34, XIII, da Lei n. 8.906/94). **Gabarito: C**

Questão do VIII Exame/OAB/FGV - O advogado "Y", recém-formado, diante da dificuldade em conseguir clientes, passa a distribuir panfletos em locais próximos aos fóruns da cidade onde reside, oferecendo seus serviços profissionais. Nos panfletos distribuídos por "Y", constam informações acerca da sua especialização técnico-científica, localização e telefones do seu escritório. Por outro lado, "Y" instalou placa na porta de seu escritório, na qual fez constar os valores cobrados por seus serviços profissionais, fixados, aliás, em patamares inferiores àqueles estipulados pela tabela de honorários da OAB. Quanto à conduta de "Y", assinale a afirmativa incorreta.

- A) "Y" incorre em infração disciplinar, consistente na captação irregular de causas, ao distribuir panfletos ao público oferecendo seus serviços como advogado.
- B) "Y" viola dispositivo do Código de Ética e Disciplina da OAB, ao fixar honorários em valores inferiores aos estipulados na tabela de honorários da OAB.
- C) "Y" pode distribuir panfletos ao público, oferecendo seus serviços profissionais, desde que neles não conste sua especialização técnico-científica.
- D) "Y" viola dispositivo do Código de Ética e Disciplina da OAB, ao fazer constar de sua placa referências aos valores cobrados por seus serviços profissionais.

> A publicidade na advocacia é incompatível com práticas voltadas à captação de clientela ou à mercantilização da profissão (art. 39 do CED da OAB). Por essa razão, é vedada a distribuição de panfletos ou formas assemelhadas para angariar clientela. Como a questão quer saber qual a alternativa incorreta, a resposta é a letra C.

Questão do X Exame/OAB/FGV - O advogado João, que também é formado em Comunicação Social, atua nas duas profissões, possuindo uma coluna onde apresenta notícias jurídicas, com informações sobre atividades policiais, forenses ou vinculadas ao Ministério Público. Semanalmente inclui, nos seus comentários, alguns em forma de poesia, suas alegações forenses e os resultados dos processos sob sua responsabilidade, divulgando, com isso, seu trabalho como advogado. À luz das normas estatutárias, assinale a afirmativa correta.

A) A divulgação de notícias, como aventado no enunciado, constitui um direito do advogado em dar publicidade aos seus processos.

B) Nos termos das regras que caracterizam as infrações disciplinares está delineada a de publicação desnecessária e habitual de alegações forenses ou causas pendentes.

C) Diante das novas mídias que também atingem a advocacia, o advogado pode utilizar-se dos meios ofertados para a divulgação de seu trabalho.

D) A situação caracteriza o chamado desvio da função de advogado, com o prejuízo à imagem dos clientes pela divulgação.

> Por publicar alegações forenses por ele apresentadas em Juízo, João extrapola o caráter meramente informativo da publicidade, induzindo à promoção profissional, ao litígio e à captação de clientela, o que é vedado pelo Código de Ética da advocacia (arts. 39, 41 e 46 do CED da OAB). Ademais, publicar na imprensa alegações forenses caracteriza infração disciplinar (art. 34, XIII, da Lei n. 8.906/94). Gabarito: B

Questão do XII Exame/OAB/FGV - Isabela é advogada prestigiada, tendo organizado, com o correr dos anos, um escritório de advocacia especializado em Direito Ambiental, com vários advogados associados. Por sugestão de um deles, edita um atualizado boletim de notícias, com informações jurisprudenciais, doutrinárias, legais e internacionais sobre o tema, considerado uma publicação de altíssima qualidade, que é distribuído somente aos profissionais do escritório. Sabedor da publicação, Eusébio, jovem estudante de Direito, que busca direcionar seus estudos para a área ambiental, solicita acesso ao referido boletim. Nos termos do Código de Ética da Advocacia, o boletim de notícias

A) deve circular restritivamente entre os profissionais do escritório.

B) pode ser enviado a qualquer pessoa como forma de propaganda.

C) pode ser remetido a quem o requerer.

D) é considerado como publicidade abusiva e vedado ao advogado.

> Dentre as formas de publicidade admitidas pelo Código de Ética da advocacia, encontra-se a divulgação de boletins, sobre matéria cultural de interesse dos advogados, desde que sua circulação fique adstrita a clientes e a interessados do meio jurídico (art. 45 do CED da OAB). Gabarito: C

Questão do XIII Exame/OAB/FGV - A advogada Maria Vivian procura apresentar os seus serviços profissionais como de excelente qualidade, utilizando a estratégia aprendida em tempos em que atuava no teatro, quando finalizava a peça pedindo indicação aos amigos, se tivesse aprovado o espetáculo e, caso negativo, indicasse aos inimigos. A par disso, organiza um sistema sofisticado de divulgação de material de propaganda, informando o número de vitórias obtido em várias causas com temas próprios das causas de massa. Nos termos do Código de Ética da Advocacia, o advogado não pode

A) realizar propaganda, mesmo moderada, da sua atividade.

B) ofertar serviços profissionais que impliquem exposição de clientela.

C) apresentar o seu currículo profissional em público.

D) distribuir cartões de visita com seu endereço profissional.

> A publicidade na advocacia é possível dentro das diretrizes de sobriedade, discrição e caráter meramente informativo, sendo incompatível com práticas voltadas à captação de clientela ou à mercantilização da profissão (art. 39 do CED da OAB). Por essa razão, é vedado ao advogado divulgar listas de clientes e demandas, como fez Maria Vivian (art. 42, IV, do CED da OAB). Gabarito: B

Questão do XIV Exame/OAB/FGV - O advogado Armando alterou o endereço de seu escritório e, para comunicar tal alteração, enviou correspondência a grande número de pessoas, notadamente, seus clientes e outros advogados. Observadas as regras do Estatuto da OAB e do Código de Ética e Disciplina da OAB, Armando realizou publicidade irregular?

A) Sim. Considera-se imoderado qualquer anúncio profissional mediante remessa de correspondência a uma coletividade.

B) Sim. Ao advogado é vedado o envio de correspondência a clientes, salvo para tratar de temas que sejam de interesse desses últimos.

C) Não. Armando poderia ter enviado a correspondência em questão, pois estava apenas comunicando a alteração de seu endereço.

D) Não. A publicidade por meio de correspondência é permitida em qualquer caso e para comunicar qualquer tipo de informação.

> A publicidade na advocacia é possível desde que mantenha caráter meramente informativo (art. 39 do CED da OAB). Assim, ao informar a alteração de endereço, o advogado Armando não cometeu infração ética. Gabarito: C

Questão do XVI Exame/OAB/FGV - Pedro, em determinado momento, recebeu uma proposta de Antônio, colega de colégio, que se propôs a agenciar a indicação de novos clientes, mediante pagamento de comissão, a ser retirada dos honorários cobrados aos clientes, nos moldes da prática desenvolvida entre vendedores da área comercial. Com base no caso relatado, observadas as regras do Estatuto da OAB, assinale a afirmativa correta.

A) O advogado pode aceitar a sugestão, tendo em vista a moderna visão mercantil da profissão.

B) Caso a Seccional da OAB autorize, registrando a avença escrita entre o advogado e o agenciador, é possível.

C) Sendo publicizada a relação entre o advogado e o agenciador, está preenchido o requisito legal.

D) Há vedação quanto ao agenciamento de clientela, sem exceções.

> O exercício da advocacia é incompatível com qualquer procedimento de mercantilização, por isso, a publicidade profissional deve ter caráter meramente informativo, primando pela discrição e sobriedade, não podendo configurar captação de clientela (arts. 5º e 39 do CED da OAB). O agenciamento de clientela é, dessa maneira, prática que afronta os princípios éticos da advocacia, sendo vedada, sem exceção. Gabarito: D

Questão do XVII Exame/OAB/FGV - O advogado Nelson, após estabelecer seu escritório em local estratégico, nas proximidades dos prédios que abrigam os órgãos judiciários representantes de todas as esferas da Justiça, resolve publicar anúncio em que, além dos seus títulos acadêmicos, expõe a sua vasta experiência profissional, indicando os vários cargos governamentais ocupados, inclusive o de Ministro de prestigiada área social. Nos termos do Código de Ética da Advocacia, assinale a afirmativa correta.

A) O anúncio está adequado aos termos do Código, pois indica os títulos acadêmicos e a experiência profissional.

B) O anúncio está adequado aos termos do Código, por não conter adjetivações ou referências elogiosas ao profissional.

C) O anúncio colide com as normas do Código, pois a referência a títulos acadêmicos é vedada por indicar a possibilidade de captação de clientela.

D) O anúncio colide com as normas do Código, que proíbem a referência a cargos públicos capazes de gerar captação de clientela.

> Nos materiais de divulgação, o advogado não pode mencionar emprego, cargo ou função ocupado, atual ou pretérito, em qualquer órgão ou instituição, salvo o de professor universitário (art. 44, §2º, do CED da OAB). Assim, ao indicar cargos governamentais ocupados, Nelson violou dispositivo ético. Gabarito: D

QUESTÕES PERTINENTES AO TEMA DO TÍTULO I - CAPÍTULO IX

Questão do II Exame/OAB/FGV - Eduardo, advogado, é contratado para defender os interesses de Otávio, próspero fazendeiro, em diversas ações, de natureza civil, empresarial, criminal, bem como em processos administrativos que tramitam em numerosos órgãos públicos. Antes de realizar os atos próprios da profissão, apresenta ao cliente os termos de contrato de honorários, que divide em valores fixos, acrescidos dos decorrentes da eventual sucumbência existente nos processos judiciais. À luz das normas aplicáveis,

A) os honorários sucumbenciais e os contratados são naturalmente excludentes, devendo o profissional optar por um deles.

B) os honorários contratuais devem ser sempre em valor fixo.

C) os honorários de sucumbência podem, ao alvedrio das partes, sofrer desconto dos honorários pactuados contratualmente.

D) os honorários sucumbenciais acrescidos dos honorários contratuais podem superar o benefício econômico obtido pelo cliente.

> O honorário de sucumbência é um direito indisponível do advogado, sendo nula qualquer cláusula que lhe retire (art. 24, § 3º, da Lei n. 8.906/94). Todavia, por acordo das partes, o seu montante pode sofrer descontos (art. 24, § 4º, da Lei n. 8.906/94). Gabarito: C

Questão do III Exame/OAB/FGV - Homero, advogado especializado em Direito Público, após longos anos, obtém sentença favorável contra a Fazenda Pública Estadual. Requer a execução especial e apresenta, após o decurso normal do processo, requerimento de expedição de precatório, estabelecendo a separação do principal, direcionado ao seu cliente, dos honorários de sucumbência e postulando o desconto no principal de vinte por cento a título de honorários contratuais, cujo contrato anexa aos autos. O pedido é deferido pelo Juiz, mas há recurso do Ministério Público, que não concorda com tal desconto. De acordo com as normas estatutárias aplicáveis, é correto afirmar que

A) os honorários devidos no processo judicial se resumem aos sucumbenciais, vedado o desconto de quaisquer outros valores a esse título.

B) os honorários advocatícios, que gozam de autonomia, quer sucumbenciais, quer contratuais, devem ser cobrados em via própria diretamente ao cliente.

C) é possível o pagamento de honorários advocatícios contratuais no processo em que houve condenação, havendo precatório, desde que o contrato seja escrito.

D) seja o contrato escrito ou verbal, pode o advogado requerer o pagamento dos seus honorários contratuais mediante desconto no valor da condenação.

> A legislação prevê que, se o advogado fizer juntar aos autos o seu contrato de honorários antes de expedir-se o mandado de levantamento ou precatório, o juiz deve determinar que lhe sejam pagos diretamente, por dedução da quantia a ser recebida pelo constituinte, salvo se este provar que já os pagou (art. 22, § 4º, da Lei n. 8.906/94). Gabarito: C

Questão do IV Exame/OAB/FGV - A prescrição para a cobrança de honorários advocatícios tem como termo inicial, consoante as normas estatutárias,

A) o início do contrato de prestação de serviços.

B) a sentença que julga procedente o pedido em favor do cliente do advogado.

C) a data da revogação do mandato.

D) o dia do primeiro ato extrajudicial.

> Prescreve em cinco anos a ação de cobrança de honorários. Prazo contado: (i) do vencimento do contrato, se houver; (ii) do trânsito em julgado da decisão que os fixar; (iii) da ultimação do serviço extrajudicial; (iv) da desistência ou transação; (v) da renúncia ou revogação do mandato (art. 25 da Lei n. 8.906/94). Gabarito: C

Questão do IV Exame/OAB/FGV - Mévio, advogado recém-formado com dificuldades de iniciar sua atividade profissional, propõe a colegas de bairro e de escola a participação percentual nos honorários dos clientes que receber para consultas ou que pretendam ajuizar ações judiciais. Consoante as normas aplicáveis, assinale a alternativa correta em relação à conduta de Mévio.

A) Caracteriza agenciamento de causas com participação dos honorários.
B) É possível, desde que conste em contrato escrito entre as partes.
C) O agenciamento de clientela é admitido em situações peculiares como essa.
D) Desde que os serviços advocatícios sejam prestados por Mévio, inexiste infração disciplinar.

> Honorário é direito do advogado em virtude da prestação dos seus serviços. Dentro das características éticas da profissão, há a vedação a quaisquer práticas que impliquem na sua mercantilização (art. 5º do CED da OAB), como o agenciamento de causas. No caso em questão, além de infração ética, Mévio cometeu infração disciplinar (art. 34, III, da Lei n. 8.906/94). Gabarito: A

Questão do VI Exame/OAB/FGV - No caso de arbitramento judicial de honorários, pela ausência de estipulação ou acordo em relação a eles, é correto afirmar, à luz das regras estatutárias, que:

A) os valores serão livremente arbitrados pelo juiz, sem parâmetros, devendo o advogado percebê-los.
B) a fixação dos honorários levará em conta o valor econômico da questão.
C) a tabela organizada pela OAB não é relevante para essa forma de fixação.
D) havendo acordo escrito, poderá ocorrer o arbitramento judicial de honorários.

> Os valores dos honorários contratados, além de não serem inferiores aos estipulados na Tabela de Honorários competente, devem ser fixados com moderação, levando em conta elementos como tempo de trabalho, relevância, lugar da prestação, competência profissional entre outros (art. 49 do CED da OAB). Em caso de conflito sobre os valores, a questão pode ser levada a arbitramento judicial, que deverá estabelecer remuneração compatível com o trabalho e com o valor econômico da questão (art. 22, § 2º, da Lei n. 8.906/94). Gabarito: B

Questão do VII Exame/OAB/FGV - O advogado João apresentou petição em determinada Vara Cível, pela qual fazia juntar o contrato de honorários celebrado com seu cliente para aquela causa, bem como requeria a expedição de mandado de pagamento em seu nome, a fim de receber seus honorários diretamente, por dedução da quantia a ser recebida por seu constituinte. Sobre a hipótese e à luz do que dispõe o Estatuto da Advocacia e da OAB, assinale a alternativa correta:

A) O advogado tem direito à expedição de mandado de pagamento em seu nome, para que receba diretamente seus honorários, por dedução da quantia a ser recebida pelo constituinte, devendo, para tanto, fazer juntar aos autos o contrato de honorários.

B) O advogado tem direito à expedição de mandado de pagamento em seu nome, para que receba diretamente seus honorários, por dedução da quantia a ser recebida pelo constituinte, devendo, para tanto, fazer juntar aos autos o contrato de honorários, bem como declaração expressa de seu constituinte anuindo com a realização do pagamento diretamente ao advogado.

C) O advogado não tem direito à expedição de mandado de pagamento em seu nome, para que receba diretamente seus honorários, por dedução da quantia a ser recebida pelo constituinte, mas o magistrado pode assim determinar, caso entenda conveniente.

D) O advogado não tem direito, em hipótese alguma, à expedição de mandado de pagamento em seu nome, para que receba diretamente seus honorários, por dedução da quantia a ser recebida pelo constituinte. Mandados de pagamento, incluindo-se aqueles referentes aos honorários do advogado, são sempre expedidos em nome da parte.

> Se o advogado fizer juntar aos autos o seu contrato de honorários antes de expedir-se o mandado de levantamento ou precatório, o juiz deve determinar que lhe sejam pagos diretamente, por dedução da quantia a ser recebida pelo constituinte, salvo se este provar que já os pagou (art. 22, § 4°, da Lei n. 8.906/94). Gabarito: A

Questão do VIII Exame/OAB/FGV - João postulou, por meio de representação de advogado, ação condenatória em face da sociedade Cacos e Cacos Ltda., obtendo sentença favorável, condenando a ré ao pagamento da quantia de R$ 100.000,00 (cem mil reais), acrescida de R$15.000,00 (quinze mil reais) de honorários advocatícios. Após o trânsito em julgado da decisão judicial, João e seu advogado Pedro são cientificados de que a sociedade está falida, devendo os seus créditos sofrer procedimento de habilitação. Nesse caso, a natureza dos créditos correspondentes a honorários advocatícios, nos termos do Estatuto, é considerada como:

A) quirografária.

B) real.

C) privilegiada.

D) natural.

> Os honorários têm natureza alimentar (art. 85, § 14, da Lei n. 13.105/15) e, quando fixado em sentença, são títulos executivos que constituem crédito privilegiado em processos de falência (art. 24 da Lei n. 8.906/94). Gabarito: C

Questão do VIII Exame/OAB/FGV - João é contratado para propor ação de cobrança pela sociedade M e P Ltda., em face da sociedade C e L Ltda., sendo o valor da causa, correspondente ao débito, de R$ 200.000,00 (duzentos mil reais). Após iniciada a ação, mas antes do ato citatório, a sociedade autora vem a desistir da mesma. Houve contrato de honorários subscrito pelas partes aventando que, nesse caso, seriam devidos honorários fixos de R$ 10.000,00 (dez mil reais). A sociedade notificada regularmente não pagou os honorários contratuais. Nesse caso, o prazo para a prescrição da ação de cobrança de honorários passa a contar da data

A) do trânsito em julgado da decisão judicial.

B) da desistência judicial formulada.

C) do término do mandato judicial.

D) da ultimação do serviço judicial.

> Prescreve em cinco anos a ação de cobrança de honorários. Prazo contado: (i) do vencimento do contrato, se houver; (ii) do trânsito em julgado da decisão que os fixar; (iii) da ultimação do serviço extrajudicial; (iv) da desistência ou transação; (v) da renúncia ou revogação do mandato (art. 25 da Lei n. 8.906/94). Gabarito: B

Questão do IX Exame/OAB/FGV - Um advogado é contratado por um empresário para atuar em causas na área empresarial, formalizando contrato escrito e emitindo fatura para pagamento dos honorários ajustados. A partir de determinado momento, o empresário passou a não pagar os honorários ajustados. Consoante as regras do Código de Ética, o advogado, para buscar o recebimento dos honorários pactuados, deverá:

A) emitir duplicatas decorrentes da fatura apresentada.

B) levar o contrato de honorários a protesto.

C) emitir debêntures em decorrência do contrato firmado.

D) cobrar os valores por meio de ação judicial.

> Quanto ao direito a receber honorários, o Código de Ética veda a emissão e saque de duplicatas ou qualquer outro título de crédito de natureza mercantil, possibilitando apenas que o cheque ou a nota promissória emitida pelo cliente em favor do advogado possa ser levado a protesto, depois de frustrada a tentativa de recebimento amigável (art. 52 do CED da OAB). Assim, para promover a cobrança dos seus honorários, o advogado deve promover ação judicial. Gabarito: D

Questão do X Exame/OAB/FGV - Nos termos do Estatuto da Advocacia, existe a previsão de pagamento de honorários advocatícios. Assinale a afirmativa que indica como deve ocorrer o pagamento, quando não houver estipulação em contrário.

A) Metade no início e o restante parcelado em duas vezes.

B) Um terço no início, um terço até a decisão de primeira instância e um terço ao final.

C) Dez por cento no início, vinte por cento na sentença e o restante após o trânsito em julgado.

D) Cinquenta por cento no início, trinta por cento até decisão de primeiro grau e o restante após o recurso, se existir.

> As formas de pagamento dos honorários são livremente pactuadas. Como sugestão, recomenda-se que um terço dos honorários seja pago no início do serviço, outro terço até a decisão de primeira instância e o restante no final (art. 22, § 3º, da Lei n. 8.906/94). Gabarito: B

Questão do XI Exame/OAB/FGV - O advogado Mário celebrou contrato de honorários com seu cliente, para atuar em reclamação trabalhista. No contrato, restou estabelecido que, em caso de êxito, ele receberia, a título de honorários contratuais, o valor de 60% do que fosse recebido pelo cliente, que havia sido dispensado pelo empregador e encontra-se em situação econômica desfavorável. A respeito do caso apresentado, assinale a afirmativa correta.

A) Mário não cometeu infração disciplinar, uma vez que, tendo celebrado contrato de honorários, ele pode cobrar de seu cliente o valor que entender compatível com o trabalho desenvolvido.

B) Mário não cometeu infração disciplinar, pois causas trabalhistas são muito complexas, justificando-se, assim, a cobrança de honorários elevados.

C) Mário violou dispositivo do Código de Ética e Disciplina da OAB, segundo o qual os honorários profissionais devem ser fixados com moderação.

D) Mário violou dispositivo do Código de Ética e Disciplina da OAB, que veda a cobrança de honorários profissionais com base em percentual do valor a ser recebido pela parte.

> Existem parâmetros para o estabelecimento dos honorários convencionados. Além de não serem inferiores aos valores estabelecidos na Tabela de Honorários competente, sob pena de caracterizar aviltamento (art. 48, § 6º, do CED da OAB), o Código de Ética estabelece que os honorários devem ser fixados com moderação (art. 49 do CED da OAB). Ainda, quando for estipulada cláusula de êxito, esses honorários acrescidos da sucumbência não podem ser superiores às vantagens advindas a favor do cliente (art. 50 do CED da OAB). Gabarito: C

Questão do XI Exame/OAB/FGV - Deise, advogada renomada, com longos anos de experiência na profissão, obtém sentença condenatória favorável contra o município "X". Após o trânsito em julgado, inicia a execução, apurando vultoso valor a receber para o seu cliente, bem como honorários advocatícios de sucumbência correspondente a dez por cento do principal. Além disso, a ilustre advogada possui contrato de honorários escrito, fixando outros dez por cento em decorrência do resultado final do processo, a título de honorários de êxito. No entanto, para manter cordial a sua relação com o cliente, não apresenta o contrato em Juízo, esperando o cumprimento espontâneo do mesmo, o que não veio a ocorrer. Assim, antes do pagamento do precatório, mas tendo sido o mesmo expedido, requer a advogada o bloqueio do valor correspondente ao seu contrato de honorários. Observado tal relato, segundo as regras do Estatuto da Advocacia, assinale a afirmativa correta.

A) O destaque correspondente aos honorários advocatícios definidos em contrato escrito pode ocorrer a qualquer momento antes do pagamento do precatório.

B) O advogado, ocorrendo a existência de honorários advocatícios contratuais fixados por escrito, deve requerer o seu pagamento com a dedução do valor devido ao cliente antes da expedição do precatório.

C) O pagamento dos honorários contratuais fixados em documento escrito deve ser realizado pelo cliente ou em ação judicial sem que possa ocorrer desconto no valor do precatório expedido em favor do cliente.

D) O Juiz fazendário da condenação, em se tratando de acerto privado, não possui competência para definir se tal valor é ou não devido, sendo inviável o desconto no valor do precatório.

> Se o advogado fizer juntar aos autos o seu contrato de honorários antes de expedir-se o mandado de levantamento ou precatório, o juiz deve determinar que lhe sejam pagos diretamente, por dedução da quantia a ser recebida pelo constituinte, salvo se este provar que já os pagou (art. 22, § 4º, da Lei n. 8.906/94). Gabarito: B

Questão do XII Exame/OAB/FGV - Eugênio é advogado contratado pela empresa Ônibus e Ônibus Ltda. Na empresa, ele é responsável pelas defesas em ações que pleiteiam o reconhecimento da responsabilidade civil da sua cliente e dos seus prepostos. O contrato de honorários venceu em 2010 e não foi renovado. Em dificuldades financeiras, a empresa não pagou os honorários devidos. O termo inicial para a contagem do prazo para a prescrição da pretensão de cobrança dos honorários advocatícios, observado o disposto no Estatuto da Advocacia, ocorre a partir da

A) última tentativa de conciliação.

B) data fixada pelo Juiz.

C) última prestação de serviço.

D) data do vencimento do contrato.

> Prescreve em cinco anos a ação de cobrança de honorários. Prazo contado: (i) do vencimento do contrato, se houver; (ii) do trânsito em julgado da decisão que os fixar; (iii) da ultimação do serviço extrajudicial; (iv) da desistência ou transação; (v) da renúncia ou revogação do mandato (art. 25 da Lei n. 8.906/94). Gabarito: D

Questão do XIII Exame/OAB/FGV – Sobre o prazo para ajuizamento de ação de cobrança de honorários de advogado, assinale a opção correta.

A) Prescreve em dois anos a ação de cobrança de honorários de advogado, contando-se o prazo do vencimento do contrato, se houver.

B) Prescreve em cinco anos a ação de cobrança de honorários de advogado, contando-se o prazo do trânsito em julgado da decisão que os fixar.

C) Prescreve em dois anos a ação de cobrança de honorários de advogado, contando-se o prazo da ultimação do serviço extrajudicial.

D) Prescreve em cinco anos a ação de cobrança de honorários de advogado, contando-se o prazo da decisão que os fixar, independentemente do seu trânsito em julgado.

> Prescreve em cinco anos a ação de cobrança de honorários. Prazo contado: (i) do vencimento do contrato, se houver; (ii) do trânsito em julgado da decisão que os fixar; (iii) da ultimação do serviço

> extrajudicial; (iv) da desistência ou transação; (v) da renúncia ou revogação do mandato (art. 25 da Lei n. 8.906/94). Gabarito: B

Questão do XVII Exame/OAB/FGV – Laura formou-se em prestigiada Faculdade de Direito, mas sua prática advocatícia foi limitada, o que a impediu de ter experiência maior no trato com os clientes. Realizou seus primeiros processos para amigos e parentes, cobrando módicas quantias referentes a honorários advocatícios. Ao receber a cliente Telma, próspera empresária, e aceitar defender os seus interesses judicialmente, fica em dúvida quanto aos termos de cobrança inicial dos honorários pactuados. Em razão disso, consulta o advogado Luciano, que lhe informa, segundo os termos do Estatuto da Advocacia, que salvo estipulação em contrário,

    A) metade dos honorários é devida no início do serviço.
    B) um quinto dos honorários é devido ao início do processo judicial.
    C) a integralidade dos honorários é devida até a decisão de primeira instância.
    D) um terço dos honorários é devido no início do serviço.

> As formas de pagamento dos honorários são livremente pactuadas. Como sugestão, recomenda-se que um terço dos honorários seja pago no início do serviço, outro terço até a decisão de primeira instância e o restante no final (art. 22, § 3º, da Lei n. 8.906/94). Gabarito: D

QUESTÕES PERTINENTES AO TEMA DO TÍTULO II- CAPÍTULO I

Questão do III Exame/OAB/FGV – O advogado Rodrigo é surpreendido com notificação do Conselho de Ética da OAB para esclarecer determinados fatos que foram comunicados ao órgão mediante denúncia anônima. Apresenta sua defesa e, desde logo, postula a extinção do processo, que não poderia ser instaurado por ter sido a denúncia anônima. Em tal hipótese, à luz das normas do Código de Ética, é correto afirmar que:

    A) se admite a instauração do processo disciplinar por denúncia anônima.
    B) não pode ocorrer a instauração, de ofício, do processo disciplinar.
    C) há necessidade de identificação do representante.
    D) é instaurado exclusivamente por representação do interessado.

> O processo disciplinar pode ser instaurado mediante representação ou ofício. Em qualquer hipótese, no entanto, é vedado o seu início por meio de denúncia anônima (art. 55, § 1º e § 2º, do CED da OAB). Assim sendo, há necessidade de identificação do representante. Gabarito: C

Questão do III Exame/OAB/FGV – José foi condenado criminalmente, com sentença transitada em julgado, e, paralelamente, punido também em processo disciplinar, perante a OAB, em função dos mesmos atos que resultaram naquela condenação criminal. Nos termos das normas estatutárias, é correto afirmar que:

    A) a reabilitação administrativa independe da criminal.

B) ambas as reabilitações podem tramitar paralelamente.

C) a reabilitação administrativa é pressuposto da criminal.

D) é pressuposto da reabilitação à OAB o deferimento da criminal.

> Em regra, após um ano de cumprimento da sanção disciplinar, o advogado pode requerer a reabilitação. Todavia, se a sanção disciplinar resultar da prática de crime, o pedido de reabilitação dependerá também da correspondente reabilitação criminal (art. 41, parágrafo único, da Lei n. 8.906/94; art. 69 do CED da OAB). Por essa razão, é pressuposto da reabilitação profissional a reabilitação criminal. Gabarito: D

Questão do VI Exame/OAB/FGV – Após recebida representação disciplinar sem fundamentos, cabe ao relator designado pelo presidente do Conselho Seccional da OAB, à luz das normas aplicáveis:

A) arquivar o processo por ato contínuo.

B) propor ao presidente o arquivamento do processo.

C) designar data para a defesa oral pelo advogado.

D) julgar improcedente a representação.

> Com o recebimento da representação, o relator é sorteado, ficando responsável por opinar acerca do juízo de admissibilidade, no prazo de 30 dias (art. 58, § 3º, do CED da OAB). No caso de representação sem fundamento, o relator emitirá parecer pelo seu arquivamento. Parecer que será, então, levado para decisão do Presidente do Conselho ou, conforme o caso, do Tribunal de Ética (art. 58, § 4º, do CED da OAB). Gabarito: B

Questão do IX Exame/OAB/FGV – Caio é advogado que atua em três estados da federação, possuindo uma inscrição principal e duas suplementares, tendo em vista o número elevado de causas que possui. Em decorrência de conflitos ocorridos em função dos processos em que atua, foram instaurados três processos disciplinares, um em cada seccional onde atua. De acordo com as normas do Estatuto da Advocacia, a competência para julgamento desses processos cabe ao

A) Conselho Federal da Ordem dos Advogados do Brasil.

B) Conselho Seccional em que o advogado possui inscrição principal.

C) Conselho Seccional de cada infração disciplinar.

D) Conselho Nacional de Justiça.

> A regra geral é que a competência para julgar e punir pertence ao Conselho Seccional em cuja base territorial tenha ocorrido a infração (art. 70 da Lei n. 8.906/94). Gabarito C.

Questão do IX Exame/OAB/FGV – O advogado Caio solicitou vista de autos de processo disciplinar instaurado na OAB contra seu desafeto, o advogado Tício. Caio justificou seu pedido afirmando que juntaria às informações contidas no processo disciplinar em questão as de um determinado processo judicial no qual ambos atuaram, visando, com isso, demonstrar que Tício costumava ter comportamento aético. Com relação à hipótese sugerida, assinale a afirmativa correta.

A) Caio não poderá ter acesso aos autos do processo disciplinar instaurado contra Tício, porque demonstrou que juntaria às informações nele contidas as de um processo judicial em que ambos atuavam, prejudicando, assim, a boa administração da Justiça.

B) Caio não poderá ter acesso aos autos do processo disciplinar instaurado contra Tício, uma vez que os processos disciplinares instaurados na OAB contra advogados tramitam em sigilo, até o seu término, só tendo acesso às suas informações as partes, seus defensores e a autoridade judiciária competente.

C) Caio poderá ter acesso aos autos do processo disciplinar instaurado contra Tício, desde que assine termo pelo qual se compromete a não divulgar a terceiros as informações nele contidas.

D) Caio poderá ter acesso irrestrito aos autos do processo disciplinar instaurado contra Tício, uma vez que processos disciplinares instaurados na OAB contra advogados não tramitam em sigilo.

> Como o processo disciplinar tramita em sigilo, até o seu término, só tendo acesso às suas informações as partes, seus defensores e a autoridade judiciária competente (art. 72, § 2º, da Lei n. 8.906/94), Caio não poderá ter acesso aos autos. Gabarito: B

Questão do XV Exame/OAB/FGV – O advogado João, inscrito na Seccional do estado X, cometeu grave infração ética ao atuar em determinada causa no estado Y. Assinale a opção que indica o Conselho Seccional com poder de punir disciplinarmente o advogado infrator.

A) Apenas o Conselho Seccional do estado X terá poder para punir João disciplinarmente.

B) Apenas o Conselho Seccional do estado Y terá poder para punir João disciplinarmente.

C) Apenas o Conselho Federal terá poder para punir João disciplinarmente.

D) Os Conselhos Seccionais dos estados X e Y terão poderes concorrentes para punir João disciplinarmente.

> A regra geral é que a competência para julgar e punir pertence ao Conselho Seccional em cuja base territorial tenha ocorrido a infração (art. 70 da Lei n. 8.906/94). Por isso, se João cometeu a infração no estado Y, será a Seccional desse estado a competente para julgá-lo. Gabarito B.

Questão do XVIII Exame/OAB/FGV – O Presidente de determinada Seccional da OAB recebeu representação contra advogado que nela era inscrito por meio de missiva anônima, que narrava grave infração disciplinar. Considerando a via eleita para a apresentação da representação, foi determinado o arquivamento do expediente, sem instauração de processo disciplinar. Pouco tempo depois, foi publicada matéria jornalística sobre investigação realizada pela Polícia Federal que tinha como objeto a mesma infração disciplinar que havia sido narrada na missiva anônima e indicando o nome do investigado naquele procedimento inquisitorial. Com base na reportagem, foi determinada, pelo Presidente da Seccional, a instauração de processo disciplinar. Sobre o procedimento adotado pelo Presidente da Seccional em questão, assinale a afirmativa correta.

A) Deveria ter instaurado processo disciplinar quando recebeu a missiva anônima.

B) Não poderia ter instaurado processo disciplinar em nenhuma das oportunidades.

C) Deveria ter instaurado processo disciplinar em qualquer uma das oportunidades.

D) Poderia ter instaurado processo disciplinar a partir da publicação da matéria jornalística.

> O processo disciplinar pode ser instaurado mediante representação ou ofício. Em qualquer hipótese, é vedado o início por meio de denúncia anônima (art. 55, § 1º e § 2º, do CED da OAB). Para ser instaurada por ofício, o conhecimento da denúncia de infração cometida por advogado deve ser feito por meio de fonte idônea, como reportagem sobre investigação da Polícia Federal. Dessa maneira, o Presidente da Seccional somente poderia ter instaurado o processo quando tomou conhecimento por meio da fonte jornalística, e não da denúncia anônima. Gabarito: D

QUESTÕES PERTINENTES AO TEMA DO TÍTULO II - CAPÍTULO II

Até o presente, as matérias sobre as instituições que compõem o sistema disciplinar da OAB ainda não foram objeto de questões nos Exames de Ordem. Todavia, recomendamos atenção à novidade do CED: as Corregedorias-Gerais.

PALAVRAS FINAIS

Parabéns a você que chegou até aqui.

Você que já é um profissional da advocacia, ao estudar e aplicar o novo regramento ético da profissão, certamente contribuirá para a concretização diária da mais nobre função social da carreira.

Você que pretende ser um futuro advogado ou futura advogada, ao ler os artigos do Código de Ética e Disciplina da OAB, testar seus conhecimentos através do Banco de Questões e estudar os nossos comentários, tenha certeza que a sua tão desejada aprovação no Exame de Ordem irá se concretizar. Você já reúne todas as condições para gabaritar as questões referentes à nossa matéria. Basta tranquilidade, confiança e concentração, pois conhecimento já não é mais um obstáculo.

Sucesso a todos vocês!

LEGISLAÇÃO PERTINENTE

ESTATUTO DA OAB – LEI 8.906/94

LEI Nº 8.906, DE 4 DE JULHO DE 1994.

Dispõe sobre o Estatuto da Advocacia e a Ordem dos Advogados do Brasil (OAB).

O PRESIDENTE DA REPÚBLICA, faço saber que o Congresso Nacional decreta e eu sanciono a seguinte lei:

TÍTULO I
Da Advocacia
CAPÍTULO I

Da Atividade de Advocacia

> Vide arts. 1º a 7º do novo CED da OAB

Art. 1º São atividades privativas de advocacia:

I – a postulação a qualquer órgão do Poder Judiciário e aos juizados especiais;

> Vide ADIn 1.127-8.

II – as atividades de consultoria, assessoria e direção jurídicas.

§ 1º Não se inclui na atividade privativa de advocacia a impetração de *habeas corpus* em qualquer instância ou tribunal.

> Vide art. 654 do Código de Processo Penal.

§ 2º Os atos e contratos constitutivos de pessoas jurídicas, sob pena de nulidade, só podem ser admitidos a registro, nos órgãos competentes, quando visados por advogados.

> Vide art. 9º, § 2º da LC 123/06

§ 3º É vedada a divulgação de advocacia em conjunto com outra atividade.

Art. 2º O advogado é indispensável à administração da justiça.

§ 1º No seu ministério privado, o advogado presta serviço público e exerce função social.

§ 2º No processo judicial, o advogado contribui, na postulação de decisão favorável ao seu constituinte, ao convencimento do julgador, e seus atos constituem múnus público.

§ 3º No exercício da profissão, o advogado é inviolável por seus atos e manifestações, nos limites desta lei.

Art. 3º O exercício da atividade de advocacia no território brasileiro e a denominação de advogado são privativos dos inscritos na Ordem dos Advogados do Brasil (OAB),

§ 1º Exercem atividade de advocacia, sujeitando-se ao regime desta lei, além do regime próprio a que se subordinem, os integrantes da Advocacia-Geral da União, da Procuradoria da Fazenda Nacional, da Defensoria Pública e das Procuradorias e Consultorias Jurídicas dos Estados, do Distrito Federal, dos Municípios e das respectivas entidades de administração indireta e fundacional.

§ 2º O estagiário de advocacia, regularmente inscrito, pode praticar os atos previstos no art. 1º, na forma do regimento geral, em conjunto com advogado e sob responsabilidade deste.

Art. 4º São nulos os atos privativos de advogado praticados por pessoa não inscrita na OAB, sem prejuízo das sanções civis, penais e administrativas.

> Vide art. 8º do Regulamento Geral da OAB

Parágrafo único. São também nulos os atos praticados por advogado impedido - no âmbito do impedimento - suspenso, licenciado ou que passar a exercer atividade incompatível com a advocacia.

Art. 5º O advogado postula, em juízo ou fora dele, fazendo prova do mandato.

> Vide arts. 10 a 20 e 26 do novo CED da OAB

> Vide art. 6º do Regulamento Geral da OAB

§ 1º O advogado, afirmando urgência, pode atuar sem procuração, obrigando-se a apresentá-la no prazo de quinze dias, prorrogável por igual período.

> Vide art. 104 do Novo Código de Processo Civil.

§ 2º A procuração para o foro em geral habilita o advogado a praticar todos os atos judiciais, em qualquer juízo ou instância, salvo os que exijam poderes especiais.

§ 3º O advogado que renunciar ao mandato continuará, durante os dez dias seguintes à notificação da renúncia, a representar o mandante, salvo se for substituído antes do término desse prazo.

CAPÍTULO II

Dos Direitos do Advogado

> Vide arts. 15 a 19 do Regulamento Geral da OAB

Art. 6º Não há hierarquia nem subordinação entre advogados, magistrados e membros do Ministério Público, devendo todos tratar-se com consideração e respeito recíprocos.

Parágrafo único. As autoridades, os servidores públicos e os serventuários da justiça devem dispensar ao advogado, no exercício da profissão, tratamento compatível com a dignidade da advocacia e condições adequadas a seu desempenho.

Art. 7º São direitos do advogado:

I – exercer, com liberdade, a profissão em todo o território nacional;

II – a inviolabilidade de seu escritório ou local de trabalho, bem como de seus instrumentos de trabalho, de sua correspondência escrita, eletrônica, telefônica e telemática, desde que relativas ao exercício da advocacia; (Redação dada pela Lei nº 11.767, de 2008)

> Vide §§ 6º e 7º

III – comunicar-se com seus clientes, pessoal e reservadamente, mesmo sem procuração, quando estes se acharem presos, detidos ou recolhidos em estabelecimentos civis ou militares, ainda que considerados incomunicáveis;

IV – ter a presença de representante da OAB, quando preso em flagrante, por motivo ligado ao exercício da advocacia, para lavratura do auto respectivo, sob pena de nulidade e, nos demais casos, a comunicação expressa à seccional da OAB;

V – não ser recolhido preso, antes de sentença transitada em julgado, senão em sala de Estado Maior, com instalações e comodidades condignas, ~~assim reconhecidas pela OAB~~ e, na sua falta, em prisão domiciliar;

> Vide ADIn 1.127-8

VI – ingressar livremente:

a) nas salas de sessões dos tribunais, mesmo além dos cancelos que separam a parte reservada aos magistrados;

b) nas salas e dependências de audiências, secretarias, cartórios, ofícios de justiça, serviços notariais e de registro, e, no caso de delegacias e prisões, mesmo fora da hora de expediente e independentemente da presença de seus titulares;

c) em qualquer edifício ou recinto em que funcione repartição judicial ou outro serviço público onde o advogado deva praticar ato ou colher prova ou informação útil ao exercício da atividade profissional, dentro do expediente ou fora dele, e ser atendido, desde que se ache presente qualquer servidor ou empregado;

d) em qualquer assembleia ou reunião de que participe ou possa participar o seu cliente, ou perante a qual este deva comparecer, desde que munido de poderes especiais;

VII – permanecer sentado ou em pé e retirar-se de quaisquer locais indicados no inciso anterior, independentemente de licença;

VIII – dirigir-se diretamente aos magistrados nas salas e gabinetes de trabalho, independentemente de horário previamente marcado ou outra condição, observando-se a ordem de chegada;

IX – ~~sustentar oralmente as razões de qualquer recurso ou processo, nas sessões de julgamento, após o voto do relator, em instância judicial ou administrativa, pelo prazo de quinze minutos, salvo se prazo maior for concedido;~~

➢ Vide ADIn 1.127-8 e ADIn 1.105-7

X – usar da palavra, pela ordem, em qualquer juízo ou tribunal, mediante intervenção sumária, para esclarecer equívoco ou dúvida surgida em relação a fatos, documentos ou afirmações que influam no julgamento, bem como para replicar acusação ou censura que lhe forem feitas;

XI – reclamar, verbalmente ou por escrito, perante qualquer juízo, tribunal ou autoridade, contra a inobservância de preceito de lei, regulamento ou regimento;

XII – falar, sentado ou em pé, em juízo, tribunal ou órgão de deliberação coletiva da Administração Pública ou do Poder Legislativo;

XIII – examinar, em qualquer órgão dos Poderes Judiciário e Legislativo, ou da Administração Pública em geral, autos de processos findos ou em andamento, mesmo sem procuração, quando não estejam sujeitos a sigilo, assegurada a obtenção de cópias, podendo tomar apontamentos;

➢ Vide art. 107 e 234 do Novo Código de Processo Civil.

XIV – examinar, em qualquer instituição responsável por conduzir investigação, mesmo sem procuração, autos de flagrante e de investigações de qualquer natureza, findos ou em andamento, ainda que conclusos à autoridade, podendo copiar peças e tomar apontamentos, em meio físico ou digital; (Redação dada pela Lei nº 13.245, de 2016)

XV – ter vista dos processos judiciais ou administrativos de qualquer natureza, em cartório ou na repartição competente, ou retirá-los pelos prazos legais;

➢ Vide art. 20 do Código de Processo Penal

XVI – retirar autos de processos findos, mesmo sem procuração, pelo prazo de dez dias;

XVII – ser publicamente desagravado, quando ofendido no exercício da profissão ou em razão dela;

XVIII – usar os símbolos privativos da profissão de advogado;

XIX – recusar-se a depor como testemunha em processo no qual funcionou ou deva funcionar, ou sobre fato relacionado com pessoa de quem seja ou foi advogado, mesmo quando autorizado ou solicitado pelo constituinte, bem como sobre fato que constitua sigilo profissional;

➢ Vide art. 20, 21 e 37 do novo CED da OAB

XX – retirar-se do recinto onde se encontre aguardando pregão para ato judicial, após trinta minutos do horário designado e ao qual ainda não tenha comparecido a autoridade que deva presidir a ele, mediante comunicação protocolizada em juízo.

XXI – assistir a seus clientes investigados durante a apuração de infrações, sob pena de nulidade absoluta do respectivo interrogatório ou depoimento e, subsequentemente, de todos os elementos investigatórios e probatórios dele decorrentes ou derivados, direta ou indiretamente, podendo, inclusive, no curso da respectiva apuração: (Incluído pela Lei nº 13.245, de 2016)

a) apresentar razões e quesitos; (Incluído pela Lei nº 13.245, de 2016)

b) (VETADO). (Incluído pela Lei nº 13.245, de 2016)

§ 1º Não se aplica o disposto nos incisos XV e XVI:

1) aos processos sob regime de segredo de justiça;

2) quando existirem nos autos documentos originais de difícil restauração ou ocorrer circunstância relevante que justifique a permanência dos autos no cartório, secretaria ou repartição, reconhecida pela autoridade em despacho motivado, proferido de ofício, mediante representação ou a requerimento da parte interessada;

3) até o encerramento do processo, ao advogado que houver deixado de devolver os respectivos autos no prazo legal, e só o fizer depois de intimado.

➢ § 2º O advogado tem imunidade profissional, não constituindo injúria, difamação ou desacato puníveis qualquer manifestação de sua parte, no exercício de sua atividade, em juízo ou fora dele, sem prejuízo das sanções disciplinares perante a OAB, pelos excessos que cometer.

➢ Vide ADIn 1.127-8

§ 3º O advogado somente poderá ser preso em flagrante, por motivo de exercício da profissão, em caso de crime inafiançável, observado o disposto no inciso IV deste artigo.

§ 4º O Poder Judiciário e o Poder Executivo devem instalar, em todos os juizados, fóruns, tribunais, delegacias de polícia e presídios, salas especiais permanentes para os advogados, com uso e controle assegurados à OAB.

➢ Vide ADIn 1.127-8

§ 5º No caso de ofensa a inscrito na OAB, no exercício da profissão ou de cargo ou função de órgão da OAB, o conselho competente deve promover o desagravo público do ofendido, sem prejuízo da responsabilidade criminal em que incorrer o infrator.

§ 6º Presentes indícios de autoria e materialidade da prática de crime por parte de advogado, a autoridade judiciária competente poderá decretar a quebra da inviolabilidade de que trata o inciso II do **caput** deste artigo, em decisão motivada, expedindo mandado de busca e apreensão, específico e pormenorizado, a ser cumprido na presença de representante da OAB, sendo, em qualquer hipótese, vedada a utilização dos documentos, das mídias e dos objetos pertencentes a clientes do advogado averiguado, bem como dos demais instrumentos de trabalho que contenham informações sobre clientes. (Incluído pela Lei nº 11.767, de 2008)

§ 7º A ressalva constante do § 6º deste artigo não se estende a clientes do advogado averiguado que estejam sendo formalmente investigados como seus partícipes ou co-autores pela prática do mesmo crime que deu causa à quebra da inviolabilidade. (Incluído pela Lei nº 11.767, de 2008)

§ 8º (VETADO) (Incluído pela Lei nº 11.767, de 2008)

§ 9º (VETADO) (Incluído pela Lei nº 11.767, de 2008)

§ 10. Nos autos sujeitos a sigilo, deve o advogado apresentar procuração para o exercício dos direitos de que trata o inciso XIV. (Incluído pela Lei nº 13.245, de 2016)

§ 11. No caso previsto no inciso XIV, a autoridade competente poderá delimitar o acesso do advogado aos elementos de prova relacionados a diligências em andamento e ainda não documentados nos autos, quando houver risco de comprometimento da eficiência, da eficácia ou da finalidade das diligências. (Incluído pela Lei nº 13.245, de 2016)

§ 12. A inobservância aos direitos estabelecidos no inciso XIV, o fornecimento incompleto de autos ou o fornecimento de autos em que houve a retirada de peças já incluídas no caderno investigativo implicará responsabilização criminal e funcional por abuso de autoridade do responsável que impedir o acesso do advogado com o intuito de prejudicar o exercício da defesa, sem prejuízo do direito subjetivo do advogado de requerer acesso aos autos ao juiz competente. (Incluído pela Lei nº 13.245, de 2016)

CAPÍTULO III
Da Inscrição

➢ Vide arts. 20 a 36 do Regulamento Geral da OAB.

Art. 8º Para inscrição como advogado é necessário:

I – capacidade civil;

II – diploma ou certidão de graduação em direito, obtido em instituição de ensino oficialmente autorizada e credenciada;

III – título de eleitor e quitação do serviço militar, se brasileiro;

IV – aprovação em Exame de Ordem;

V – não exercer atividade incompatível com a advocacia;

VI – idoneidade moral;

VII – prestar compromisso perante o conselho.

§ 1º O Exame da Ordem é regulamentado em provimento do Conselho Federal da OAB.

§ 2º O estrangeiro ou brasileiro, quando não graduado em direito no Brasil, deve fazer prova do título de graduação, obtido em instituição estrangeira, devidamente revalidado, além de atender aos demais requisitos previstos neste artigo.

§ 3º A inidoneidade moral, suscitada por qualquer pessoa, deve ser declarada mediante decisão que obtenha no mínimo dois terços dos votos de todos os membros do conselho competente, em procedimento que observe os termos do processo disciplinar.

§ 4º Não atende ao requisito de idoneidade moral aquele que tiver sido condenado por crime infamante, salvo reabilitação judicial.

Art. 9º Para inscrição como estagiário é necessário:

> Vide art. 76 do novo CED da OAB
> Vide arts. 27 a 31 e 35 do Regulamento Geral da OAB

I – preencher os requisitos mencionados nos incisos I, III, V, VI e VII do art. 8º;

II – ter sido admitido em estágio profissional de advocacia.

§ 1º O estágio profissional de advocacia, com duração de dois anos, realizado nos últimos anos do curso jurídico, pode ser mantido pelas respectivas instituições de ensino superior pelos Conselhos da OAB, ou por setores, órgãos jurídicos e escritórios de advocacia credenciados pela OAB, sendo obrigatório o estudo deste Estatuto e do Código de Ética e Disciplina.

§ 2º A inscrição do estagiário é feita no Conselho Seccional em cujo território se localize seu curso jurídico.

§ 3º O aluno de curso jurídico que exerça atividade incompatível com a advocacia pode freqüentar o estágio ministrado pela respectiva instituição de ensino superior, para fins de aprendizagem, vedada a inscrição na OAB.

§ 4º O estágio profissional poderá ser cumprido por bacharel em Direito que queira se inscrever na Ordem.

Art. 10. A inscrição principal do advogado deve ser feita no Conselho Seccional em cujo território pretende estabelecer o seu domicílio profissional, na forma do regulamento geral.

§ 1º Considera-se domicílio profissional a sede principal da atividade de advocacia, prevalecendo, na dúvida, o domicílio da pessoa física do advogado.

§ 2º Além da principal, o advogado deve promover a inscrição suplementar nos Conselhos Seccionais em cujos territórios passar a exercer habitualmente a profissão considerando-se habitualidade a intervenção judicial que exceder de cinco causas por ano.

§ 3º No caso de mudança efetiva de domicílio profissional para outra unidade federativa, deve o advogado requerer a transferência de sua inscrição para o Conselho Seccional correspondente.

§ 4º O Conselho Seccional deve suspender o pedido de transferência ou de inscrição suplementar, ao verificar a existência de vício ou ilegalidade na inscrição principal, contra ela representando ao Conselho Federal.

Art. 11. Cancela-se a inscrição do profissional que:

I – assim o requerer;

II – sofrer penalidade de exclusão;

III – falecer;

IV – passar a exercer, em caráter definitivo, atividade incompatível com a advocacia;

V – perder qualquer um dos requisitos necessários para inscrição.

§ 1º Ocorrendo uma das hipóteses dos incisos II, III e IV, o cancelamento deve ser promovido, de ofício, pelo conselho competente ou em virtude de comunicação por qualquer pessoa.

§ 2º Na hipótese de novo pedido de inscrição – que não restaura o número de inscrição anterior – deve o interessado fazer prova dos requisitos dos incisos I, V, VI e VII do art. 8º.

§ 3º Na hipótese do inciso II deste artigo, o novo pedido de inscrição também deve ser acompanhado de provas de reabilitação.

Art. 12. Licencia-se o profissional que:

I – assim o requerer, por motivo justificado;

II – passar a exercer, em caráter temporário, atividade incompatível com o exercício da advocacia;

III – sofrer doença mental considerada curável.

Art. 13. O documento de identidade profissional, na forma prevista no regulamento geral, é de uso obrigatório no exercício da atividade de advogado ou de estagiário e constitui prova de identidade civil para todos os fins legais.

Art. 14. É obrigatória a indicação do nome e do número de inscrição em todos os documentos assinados pelo advogado, no exercício de sua atividade.

Parágrafo único. É vedado anunciar ou divulgar qualquer atividade relacionada com o exercício da advocacia ou o uso da expressão escritório de advocacia, sem indicação expressa do nome e do número de inscrição dos advogados que o integrem ou o número de registro da sociedade de advogados na OAB.

CAPÍTULO IV

Da Sociedade de Advogados

- Vide arts. 19 e 76 do novo CED da OAB
- Vide arts. 37 a 43 do Regulamento Geral da OAB

Art. 15. Os advogados podem reunir-se em sociedade simples de prestação de serviços de advocacia ou constituir sociedade unipessoal de advocacia, na forma disciplinada nesta Lei e no regulamento geral. (Redação dada pela Lei nº 13.247, de 2016)

§ 1º A sociedade de advogados e a sociedade unipessoal de advocacia adquirem personalidade jurídica com o registro aprovado dos seus atos constitutivos no Conselho Seccional da OAB em cuja base territorial tiver sede. (Redação dada pela Lei nº 13.247, de 2016)

§ 2º Aplica-se à sociedade de advogados e à sociedade unipessoal de advocacia o Código de Ética e Disciplina, no que couber. (Redação dada pela Lei nº 13.247, de 2016)

§ 3º As procurações devem ser outorgadas individualmente aos advogados e indicar a sociedade de que façam parte.

§ 4º Nenhum advogado pode integrar mais de uma sociedade de advogados, constituir mais de uma sociedade unipessoal de advocacia, ou integrar, simultaneamente, uma sociedade de advogados e uma sociedade unipessoal de advocacia, com sede ou filial na mesma área territorial do respectivo Conselho Seccional. (Redação dada pela Lei nº 13.247, de 2016)

§ 5º O ato de constituição de filial deve ser averbado no registro da sociedade e arquivado no Conselho Seccional onde se instalar, ficando os sócios, inclusive o titular da sociedade unipessoal de advocacia, obrigados à inscrição suplementar. (Redação dada pela Lei nº 13.247, de 2016)

§ 6º Os advogados sócios de uma mesma sociedade profissional não podem representar em juízo clientes de interesses opostos.

§ 7º A sociedade unipessoal de advocacia pode resultar da concentração por um advogado das quotas de uma sociedade de advogados, independentemente das razões que motivaram tal concentração. (Incluído pela Lei nº 13.247, de 2016)

Art. 16. Não são admitidas a registro nem podem funcionar todas as espécies de sociedades de advogados que apresentem forma ou características de sociedade empresária, que adotem denominação de fantasia, que realizem atividades estranhas à advocacia, que incluam como sócio ou titular de sociedade unipessoal de advocacia pessoa não inscrita como advogado ou totalmente proibida de advogar. (Redação dada pela Lei nº 13.247, de 2016)

§ 1º A razão social deve ter, obrigatoriamente, o nome de, pelo menos, um advogado responsável pela sociedade, podendo permanecer o de sócio falecido, desde que prevista tal possibilidade no ato constitutivo.

§ 2º O licenciamento do sócio para exercer atividade incompatível com a advocacia em caráter temporário deve ser averbado no registro da sociedade, não alterando sua constituição.

§ 3º É proibido o registro, nos cartórios de registro civil de pessoas jurídicas e nas juntas comerciais, de sociedade que inclua, entre outras finalidades, a atividade de advocacia.

§ 4º A denominação da sociedade unipessoal de advocacia deve ser obrigatoriamente formada pelo nome do seu titular, completo ou parcial, com a expressão 'Sociedade Individual de Advocacia'. (Incluído pela Lei nº 13.247, de 2016)

Art. 17. Além da sociedade, o sócio e o titular da sociedade individual de advocacia respondem subsidiária e ilimitadamente pelos danos causados aos clientes por ação ou omissão no exercício da advocacia, sem prejuízo da responsabilidade disciplinar em que possam incorrer. (Redação dada pela Lei nº 13.247, de 2016)

CAPÍTULO V
Do Advogado Empregado

- Vide art. 25 do novo CED da OAB
- Vide arts. 11 a 14 do Regulamento Geral da OAB

Art. 18. A relação de emprego, na qualidade de advogado, não retira a isenção técnica nem reduz a independência profissional inerentes à advocacia.

Parágrafo único. O advogado empregado não está obrigado à prestação de serviços profissionais de interesse pessoal dos empregadores, fora da relação de emprego.

Art. 19. O salário mínimo profissional do advogado será fixado em sentença normativa, salvo se ajustado em acordo ou convenção coletiva de trabalho.

Art. 20. A jornada de trabalho do advogado empregado, no exercício da profissão, não poderá exceder a duração diária de quatro horas contínuas e a de vinte horas semanais, salvo acordo ou convenção coletiva ou em caso de dedicação exclusiva.

§ 1º Para efeitos deste artigo, considera-se como período de trabalho o tempo em que o advogado estiver à disposição do empregador, aguardando ou executando ordens, no seu escritório ou em atividades externas, sendo-lhe reembolsadas as despesas feitas com transporte, hospedagem e alimentação.

§ 2º As horas trabalhadas que excederem a jornada normal são remuneradas por um adicional não inferior a cem por cento sobre o valor da hora normal, mesmo havendo contrato escrito.

§ 3º As horas trabalhadas no período das vinte horas de um dia até as cinco horas do dia seguinte são remuneradas como noturnas, acrescidas do adicional de vinte e cinco por cento.

Art. 21. Nas causas em que for parte o empregador, ou pessoa por este representada, os honorários de sucumbência são devidos aos advogados empregados.

Parágrafo único. Os honorários de sucumbência, percebidos por advogado empregado de sociedade de advogados são partilhados entre ele e a empregadora, na forma estabelecida em acordo.

CAPÍTULO VI
Dos Honorários Advocatícios

- Vide arts. 48 a 54 do novo CED da OAB

> Vide arts. 14, 37 e 111 do Regulamento Geral da OAB

Art. 22. A prestação de serviço profissional assegura aos inscritos na OAB o direito aos honorários convencionados, aos fixados por arbitramento judicial e aos de sucumbência.

§ 1º O advogado, quando indicado para patrocinar causa de juridicamente necessitado, no caso de impossibilidade da Defensoria Pública no local da prestação de serviço, tem direito aos honorários fixados pelo juiz, segundo tabela organizada pelo Conselho Seccional da OAB, e pagos pelo Estado.

§ 2º Na falta de estipulação ou de acordo, os honorários são fixados por arbitramento judicial, em remuneração compatível com o trabalho e o valor econômico da questão, não podendo ser inferiores aos estabelecidos na tabela organizada pelo Conselho Seccional da OAB.

§ 3º Salvo estipulação em contrário, um terço dos honorários é devido no início do serviço, outro terço até a decisão de primeira instância e o restante no final.

§ 4º Se o advogado fizer juntar aos autos o seu contrato de honorários antes de expedir-se o mandado de levantamento ou precatório, o juiz deve determinar que lhe sejam pagos diretamente, por dedução da quantia a ser recebida pelo constituinte, salvo se este provar que já os pagou.

§ 5º O disposto neste artigo não se aplica quando se tratar de mandato outorgado por advogado para defesa em processo oriundo de ato ou omissão praticada no exercício da profissão.

Art. 23. Os honorários incluídos na condenação, por arbitramento ou sucumbência, pertencem ao advogado, tendo este direito autônomo para executar a sentença nesta parte, podendo requerer que o precatório, quando necessário, seja expedido em seu favor.

Art. 24. A decisão judicial que fixar ou arbitrar honorários e o contrato escrito que os estipular são títulos executivos e constituem crédito privilegiado na falência, concordata, concurso de credores, insolvência civil e liquidação extrajudicial.

§ 1º A execução dos honorários pode ser promovida nos mesmos autos da ação em que tenha atuado o advogado, se assim lhe convier.

§ 2º Na hipótese de falecimento ou incapacidade civil do advogado, os honorários de sucumbência, proporcionais ao trabalho realizado, são recebidos por seus sucessores ou representantes legais.

§ 3º É nula qualquer disposição, cláusula, regulamento ou convenção individual ou coletiva que retire do advogado o direito ao recebimento dos honorários de sucumbência.

§ 4º O acordo feito pelo cliente do advogado e a parte contrária, salvo aquiescência do profissional, não lhe prejudica os honorários, quer os convencionados, quer os concedidos por sentença.

Art. 25. Prescreve em cinco anos a ação de cobrança de honorários de advogado, contado o prazo:

I – do vencimento do contrato, se houver;

II – do trânsito em julgado da decisão que os fixar;

III – da ultimação do serviço extrajudicial;

IV – da desistência ou transação;

V – da renúncia ou revogação do mandato.

Art. 25-A. Prescreve em cinco anos a ação de prestação de contas pelas quantias recebidas pelo advogado de seu cliente, ou de terceiros por conta dele (art. 34, XXI). (Incluído pela Lei nº 11.902, de 2009)

Art. 26. O advogado substabelecido, com reserva de poderes, não pode cobrar honorários sem a intervenção daquele que lhe conferiu o substabelecimento.

CAPÍTULO VII
Das Incompatibilidades e Impedimentos

➢ Vide art. 8º do Regulamento Geral da OAB

Art. 27. A incompatibilidade determina a proibição total, e o impedimento, a proibição parcial do exercício da advocacia.

Art. 28. A advocacia é incompatível, mesmo em causa própria, com as seguintes atividades:

I – chefe do Poder Executivo e membros da Mesa do Poder Legislativo e seus substitutos legais;

II – membros de órgãos do Poder Judiciário, do Ministério Público, dos tribunais e conselhos de contas, dos juizados especiais, da justiça de paz, juízes classistas, bem como de todos os que exerçam função de julgamento em órgãos de deliberação coletiva da administração pública direta e indireta;

➢ Vide ADIn 1.127-8

III – ocupantes de cargos ou funções de direção em Órgãos da Administração Pública direta ou indireta, em suas fundações e em suas empresas controladas ou concessionárias de serviço público;

IV – ocupantes de cargos ou funções vinculados direta ou indiretamente a qualquer órgão do Poder Judiciário e os que exercem serviços notariais e de registro;

V – ocupantes de cargos ou funções vinculados direta ou indiretamente a atividade policial de qualquer natureza;

VI – militares de qualquer natureza, na ativa;

VII – ocupantes de cargos ou funções que tenham competência de lançamento, arrecadação ou fiscalização de tributos e contribuições parafiscais;

VIII – ocupantes de funções de direção e gerência em instituições financeiras, inclusive privadas.

§ 1º A incompatibilidade permanece mesmo que o ocupante do cargo ou função deixe de exercê-lo temporariamente.

§ 2º Não se incluem nas hipóteses do inciso III os que não detenham poder de decisão relevante sobre interesses de terceiro, a juízo do conselho competente da OAB, bem como a administração acadêmica diretamente relacionada ao magistério jurídico.

Art. 29. Os Procuradores Gerais, Advogados Gerais, Defensores Gerais e dirigentes de órgãos jurídicos da Administração Pública direta, indireta e fundacional são exclusivamente legitimados para o exercício da advocacia vinculada à função que exerçam, durante o período da investidura.

Art. 30. São impedidos de exercer a advocacia:

I – os servidores da administração direta, indireta e fundacional, contra a Fazenda Pública que os remunere ou à qual seja vinculada a entidade empregadora;

II – os membros do Poder Legislativo, em seus diferentes níveis, contra ou a favor das pessoas jurídicas de direito público, empresas públicas, sociedades de economia mista, fundações públicas, entidades paraestatais ou empresas concessionárias ou permissionárias de serviço público.

Parágrafo único. Não se incluem nas hipóteses do inciso I os docentes dos cursos jurídicos.

CAPÍTULO VIII
Da Ética do Advogado

➢ Vide arts 2º a 7º, 22 a 24 e 27 a 30 do novo CED da OAB

Art. 31. O advogado deve proceder de forma que o torne merecedor de respeito e que contribua para o prestígio da classe e da advocacia.

§ 1º O advogado, no exercício da profissão, deve manter independência em qualquer circunstância.

§ 2º Nenhum receio de desagradar a magistrado ou a qualquer autoridade, nem de incorrer em impopularidade, deve deter o advogado no exercício da profissão.

Art. 32. O advogado é responsável pelos atos que, no exercício profissional, praticar com dolo ou culpa.

Parágrafo único. Em caso de lide temerária, o advogado será solidariamente responsável com seu cliente, desde que coligado com este para lesar a parte contrária, o que será apurado em ação própria.

Art. 33. O advogado obriga-se a cumprir rigorosamente os deveres consignados no Código de Ética e Disciplina.

Parágrafo único. O Código de Ética e Disciplina regula os deveres do advogado para com a comunidade, o cliente, o outro profissional e, ainda, a publicidade, a recusa do patrocínio, o dever de assistência jurídica, o dever geral de urbanidade e os respectivos procedimentos disciplinares.

CAPÍTULO IX
Das Infrações e Sanções Disciplinares

Art. 34. Constitui infração disciplinar:

I – exercer a profissão, quando impedido de fazê-lo, ou facilitar, por qualquer meio, o seu exercício aos não inscritos, proibidos ou impedidos;

II – manter sociedade profissional fora das normas e preceitos estabelecidos nesta lei;

III – valer-se de agenciador de causas, mediante participação nos honorários a receber;

➢ Vide art. 5º do novo CED da OAB

IV – angariar ou captar causas, com ou sem a intervenção de terceiros;

V – assinar qualquer escrito destinado a processo judicial ou para fim extrajudicial que não tenha feito, ou em que não tenha colaborado;

VI – advogar contra literal disposição de lei, presumindo-se a boa-fé quando fundamentado na inconstitucionalidade, na injustiça da lei ou em pronunciamento judicial anterior;

VII – violar, sem justa causa, sigilo profissional;

➢ Vide art. 37 do novo CED da OAB

VIII – estabelecer entendimento com a parte adversa sem autorização do cliente ou ciência do advogado contrário;

➢ Vide art. 2º do novo CED da OAB

IX – prejudicar, por culpa grave, interesse confiado ao seu patrocínio;

X – acarretar, conscientemente, por ato próprio, a anulação ou a nulidade do processo em que funcione;

XI – abandonar a causa sem justo motivo ou antes de decorridos dez dias da comunicação da renúncia;

➢ Vide art. 15 do novo CED da OAB

XII – recusar-se a prestar, sem justo motivo, assistência jurídica, quando nomeado em virtude de impossibilidade da Defensoria Pública;

➢ Vide arts. 2º e 30 do novo CED da OAB

XIII – fazer publicar na imprensa, desnecessária e habitualmente, alegações forenses ou relativas a causas pendentes;

> Vide art. 43 do novo CED da OAB

XIV – deturpar o teor de dispositivo de lei, de citação doutrinária ou de julgado, bem como de depoimentos, documentos e alegações da parte contrária, para confundir o adversário ou iludir o juiz da causa;

XV – fazer, em nome do constituinte, sem autorização escrita deste, imputação a terceiro de fato definido como crime;

XVI – deixar de cumprir, no prazo estabelecido, determinação emanada do órgão ou de autoridade da Ordem, em matéria da competência desta, depois de regularmente notificado;

XVII – prestar concurso a clientes ou a terceiros para realização de ato contrário à lei ou destinado a fraudá-la;

XVIII – solicitar ou receber de constituinte qualquer importância para aplicação ilícita ou desonesta;

XIX – receber valores, da parte contrária ou de terceiro, relacionados com o objeto do mandato, sem expressa autorização do constituinte;

XX – locupletar-se, por qualquer forma, à custa do cliente ou da parte adversa, por si ou interposta pessoa;

XXI – recusar-se, injustificadamente, a prestar contas ao cliente de quantias recebidas dele ou de terceiros por conta dele;

XXII – reter, abusivamente, ou extraviar autos recebidos com vista ou em confiança;

XXIII – deixar de pagar as contribuições, multas e preços de serviços devidos à OAB, depois de regularmente notificado a fazê-lo;

XXIV – incidir em erros reiterados que evidenciem inépcia profissional;

XXV – manter conduta incompatível com a advocacia;

XXVI – fazer falsa prova de qualquer dos requisitos para inscrição na OAB;

XXVII – tornar-se moralmente inidôneo para o exercício da advocacia;

XXVIII – praticar crime infamante;

XXIX – praticar, o estagiário, ato excedente de sua habilitação.

Parágrafo único. Inclui-se na conduta incompatível:

a) prática reiterada de jogo de azar, não autorizado por lei;

b) incontinência pública e escandalosa;

c) embriaguez ou toxicomania habituais.

Art. 35. As sanções disciplinares consistem em:

I – censura;

II – suspensão;

III – exclusão;

IV – multa.

Parágrafo único. As sanções devem constar dos assentamentos do inscrito, após o trânsito em julgado da decisão, não podendo ser objeto de publicidade a de censura.

Art. 36. A censura é aplicável nos casos de:

I – infrações definidas nos incisos I a XVI e XXIX do art. 34;

II – violação a preceito do Código de Ética e Disciplina;

III – violação a preceito desta lei, quando para a infração não se tenha estabelecido sanção mais grave.

Parágrafo único. A censura pode ser convertida em advertência, em ofício reservado, sem registro nos assentamentos do inscrito, quando presente circunstância atenuante.

Art. 37. A suspensão é aplicável nos casos de:

I – infrações definidas nos incisos XVII a XXV do art. 34;

II – reincidência em infração disciplinar.

§ 1º A suspensão acarreta ao infrator a interdição do exercício profissional, em todo o território nacional, pelo prazo de trinta dias a doze meses, de acordo com os critérios de individualização previstos neste capítulo.

§ 2º Nas hipóteses dos incisos XXI e XXIII do art. 34, a suspensão perdura até que satisfaça integralmente a dívida, inclusive com correção monetária.

§ 3º Na hipótese do inciso XXIV do art. 34, a suspensão perdura até que preste novas provas de habilitação.

Art. 38. A exclusão é aplicável nos casos de:

I – aplicação, por três vezes, de suspensão;

II – infrações definidas nos incisos XXVI a XXVIII do art. 34.

Parágrafo único. Para a aplicação da sanção disciplinar de exclusão, é necessária a manifestação favorável de dois terços dos membros do Conselho Seccional competente.

Art. 39. A multa, variável entre o mínimo correspondente ao valor de uma anuidade e o máximo de seu décuplo, é aplicável cumulativamente com a censura ou suspensão, em havendo circunstâncias agravantes.

Art. 40. Na aplicação das sanções disciplinares, são consideradas, para fins de atenuação, as seguintes circunstâncias, entre outras:

I – falta cometida na defesa de prerrogativa profissional;

II – ausência de punição disciplinar anterior;

III – exercício assíduo e proficiente de mandato ou cargo em qualquer órgão da OAB;

IV – prestação de relevantes serviços à advocacia ou à causa pública.

Parágrafo único. Os antecedentes profissionais do inscrito, as atenuantes, o grau de culpa por ele revelada, as circunstâncias e as conseqüências da infração são considerados para o fim de decidir:

a) sobre a conveniência da aplicação cumulativa da multa e de outra sanção disciplinar;

b) sobre o tempo de suspensão e o valor da multa aplicáveis.

Art. 41. É permitido ao que tenha sofrido qualquer sanção disciplinar requerer, um ano após seu cumprimento, a reabilitação, em face de provas efetivas de bom comportamento.

Parágrafo único. Quando a sanção disciplinar resultar da prática de crime, o pedido de reabilitação depende também da correspondente reabilitação criminal.

Art. 42. Fica impedido de exercer o mandato o profissional a quem forem aplicadas as sanções disciplinares de suspensão ou exclusão.

Art. 43. A pretensão à punibilidade das infrações disciplinares prescreve em cinco anos, contados da data da constatação oficial do fato.

§ 1º Aplica-se a prescrição a todo processo disciplinar paralisado por mais de três anos, pendente de despacho ou julgamento, devendo ser arquivado de ofício, ou a requerimento da parte interessada, sem prejuízo de serem apuradas as responsabilidades pela paralisação.

§ 2º A prescrição interrompe-se:

I – pela instauração de processo disciplinar ou pela notificação válida feita diretamente ao representado;

II – pela decisão condenatória recorrível de qualquer órgão julgador da OAB.

TÍTULO II
Da Ordem dos Advogados do Brasil
CAPÍTULO I
Dos Fins e da Organização

> Vide arts. 44 a 150 do Regulamento Geral da OAB

Art. 44. A Ordem dos Advogados do Brasil (OAB), serviço público, dotada de personalidade jurídica e forma federativa, tem por finalidade:

I – defender a Constituição, a ordem jurídica do Estado democrático de direito, os direitos humanos, a justiça social, e pugnar pela boa aplicação das leis, pela rápida administração da justiça e pelo aperfeiçoamento da cultura e das instituições jurídicas;

II – promover, com exclusividade, a representação, a defesa, a seleção e a disciplina dos advogados em toda a República Federativa do Brasil.

§ 1º A OAB não mantém com órgãos da Administração Pública qualquer vínculo funcional ou hierárquico.

§ 2º O uso da sigla OAB é privativo da Ordem dos Advogados do Brasil.

Art. 45. São órgãos da OAB:

I – o Conselho Federal;

II – os Conselhos Seccionais;

III – as Subseções;

IV – as Caixas de Assistência dos Advogados.

§ 1º O Conselho Federal, dotado de personalidade jurídica própria, com sede na capital da República, é o órgão supremo da OAB.

§ 2º Os Conselhos Seccionais, dotados de personalidade jurídica própria, têm jurisdição sobre os respectivos territórios dos Estados-membros, do Distrito Federal e dos Territórios.

§ 3º As Subseções são partes autônomas do Conselho Seccional, na forma desta lei e de seu ato constitutivo.

§ 4º As Caixas de Assistência dos Advogados, dotadas de personalidade jurídica própria, são criadas pelos Conselhos Seccionais, quando estes contarem com mais de mil e quinhentos inscritos.

§ 5º A OAB, por constituir serviço público, goza de imunidade tributária total em relação a seus bens, rendas e serviços.

§ 6º Os atos conclusivos dos órgãos da OAB, salvo quando reservados ou de administração interna, devem ser publicados na imprensa oficial ou afixados no fórum, na íntegra ou em resumo.

Art. 46. Compete à OAB fixar e cobrar, de seus inscritos, contribuições, preços de serviços e multas.

Parágrafo único. Constitui título executivo extrajudicial a certidão passada pela diretoria do Conselho competente, relativa a crédito previsto neste artigo.

Art. 47. O pagamento da contribuição anual à OAB isenta os inscritos nos seus quadros do pagamento obrigatório da contribuição sindical.

Art. 48. O cargo de conselheiro ou de membro de diretoria de órgão da OAB é de exercício gratuito e obrigatório, considerado serviço público relevante, inclusive para fins de disponibilidade e aposentadoria.

Art. 49. Os Presidentes dos Conselhos e das Subseções da OAB têm legitimidade para agir, judicial e extrajudicialmente, contra qualquer pessoa que infringir as disposições ou os fins desta lei.

Parágrafo único. As autoridades mencionadas no caput deste artigo têm, ainda, legitimidade para intervir, inclusive como assistentes, nos inquéritos e processos em que sejam indiciados, acusados ou ofendidos os inscritos na OAB.

Art. 50. Para os fins desta lei, os Presidentes dos Conselhos da OAB e das Subseções podem requisitar cópias de peças de autos e documentos a qualquer tribunal, magistrado, cartório e órgão da Administração Pública direta, indireta e fundacional.

> Vide ADIn 1.127-8

CAPÍTULO II
Do Conselho Federal

> Vide arts. 62 a 104 do Regulamento Geral da OAB

Art. 51. O Conselho Federal compõe-se:

I – dos conselheiros federais, integrantes das delegações de cada unidade federativa;

II – dos seus ex-presidentes, na qualidade de membros honorários vitalícios.

§ 1º Cada delegação é formada por três conselheiros federais.

§ 2º Os ex-presidentes têm direito apenas a voz nas sessões.

Art. 52. Os presidentes dos Conselhos Seccionais, nas sessões do Conselho Federal, têm lugar reservado junto à delegação respectiva e direito somente a voz.

Art. 53. O Conselho Federal tem sua estrutura e funcionamento definidos no Regulamento Geral da OAB.

§ 1º O Presidente, nas deliberações do Conselho, tem apenas o voto de qualidade.

§ 2º O voto é tomado por delegação, e não pode ser exercido nas matérias de interesse da unidade que represente.

§ 3º Na eleição para a escolha da Diretoria do Conselho Federal, cada membro da delegação terá direito a 1 (um) voto, vedado aos membros honorários vitalícios. (Incluído pela Lei nº 11.179, de 2005)

Art. 54. Compete ao Conselho Federal:

I – dar cumprimento efetivo às finalidades da OAB;

II – representar, em juízo ou fora dele, os interesses coletivos ou individuais dos advogados;

III – velar pela dignidade, independência, prerrogativas e valorização da advocacia;

IV – representar, com exclusividade, os advogados brasileiros nos órgãos e eventos internacionais da advocacia;

V – editar e alterar o Regulamento Geral, o Código de Ética e Disciplina, e os Provimentos que julgar necessários;

VI – adotar medidas para assegurar o regular funcionamento dos Conselhos Seccionais;

VII – intervir nos Conselhos Seccionais, onde e quando constatar grave violação desta lei ou do regulamento geral;

VIII – cassar ou modificar, de ofício ou mediante representação, qualquer ato, de órgão ou autoridade da OAB, contrário a esta lei, ao regulamento geral, ao Código de Ética e Disciplina, e aos Provimentos, ouvida a autoridade ou o órgão em causa;

IX – julgar, em grau de recurso, as questões decididas pelos Conselhos Seccionais, nos casos previstos neste estatuto e no regulamento geral;

X – dispor sobre a identificação dos inscritos na OAB e sobre os respectivos símbolos privativos;

XI – apreciar o relatório anual e deliberar sobre o balanço e as contas de sua diretoria;

XII – homologar ou mandar suprir relatório anual, o balanço e as contas dos Conselhos Seccionais;

XIII – elaborar as listas constitucionalmente previstas, para o preenchimento dos cargos nos tribunais judiciários de âmbito nacional ou interestadual, com advogados que estejam em pleno exercício da profissão, vedada a inclusão de nome de membro do próprio Conselho ou de outro órgão da OAB;

XIV – ajuizar ação direta de inconstitucionalidade de normas legais e atos normativos, ação civil pública, mandado de segurança coletivo, mandado de injunção e demais ações cuja legitimação lhe seja outorgada por lei;

XV – colaborar com o aperfeiçoamento dos cursos jurídicos, e opinar, previamente, nos pedidos apresentados aos órgãos competentes para criação, reconhecimento ou credenciamento desses cursos;

XVI – autorizar, pela maioria absoluta das delegações, a oneração ou alienação de seus bens imóveis;

XVII – participar de concursos públicos, nos casos previstos na Constituição e na lei, em todas as suas fases, quando tiverem abrangência nacional ou interestadual;

XVIII – resolver os casos omissos neste estatuto.

Parágrafo único. A intervenção referida no inciso VII deste artigo depende de prévia aprovação por dois terços das delegações, garantido o amplo direito de defesa do Conselho Seccional respectivo, nomeando-se diretoria provisória para o prazo que se fixar.

Art. 55. A diretoria do Conselho Federal é composta de um Presidente, de um Vice-Presidente, de um Secretário-Geral, de um Secretário-Geral Adjunto e de um Tesoureiro.

§ 1º O Presidente exerce a representação nacional e internacional da OAB, competindo-lhe convocar o Conselho Federal, presidi-lo, representá-lo ativa e passivamente, em juízo ou fora dele, promover-lhe a administração patrimonial e dar execução às suas decisões.

§ 2º O regulamento geral define as atribuições dos membros da diretoria e a ordem de substituição em caso de vacância, licença, falta ou impedimento.

§ 3º Nas deliberações do Conselho Federal, os membros da diretoria votam como membros de suas delegações, cabendo ao Presidente, apenas, o voto de qualidade e o direito de embargar a decisão, se esta não for unânime.

CAPÍTULO III

Do Conselho Seccional

➢ Vide arts. 105 a 114 do Regulamento Geral da OAB

Art. 56. O Conselho Seccional compõe-se de conselheiros em número proporcional ao de seus inscritos, segundo critérios estabelecidos no regulamento geral.

§ 1º São membros honorários vitalícios os seus ex-presidentes, somente com direito a voz em suas sessões.

§ 2º O Presidente do Instituto dos Advogados local é membro honorário, somente com direito a voz nas sessões do Conselho.

§ 3º Quando presentes às sessões do Conselho Seccional, o Presidente do Conselho Federal, os Conselheiros Federais integrantes da respectiva delegação, o Presidente da Caixa de Assistência dos Advogados e os Presidentes das Subseções, têm direito a voz.

Art. 57. O Conselho Seccional exerce e observa, no respectivo território, as competências, vedações e funções atribuídas ao Conselho Federal, no que couber e no âmbito de sua competência material e territorial, e as normas gerais estabelecidas nesta lei, no regulamento geral, no Código de Ética e Disciplina, e nos Provimentos.

Art. 58. Compete privativamente ao Conselho Seccional:

I – editar seu regimento interno e resoluções;

II – criar as Subseções e a Caixa de Assistência dos Advogados;

III – julgar, em grau de recurso, as questões decididas por seu Presidente, por sua diretoria, pelo Tribunal de Ética e Disciplina, pelas diretorias das Subseções e da Caixa de Assistência dos Advogados;

IV – fiscalizar a aplicação da receita, apreciar o relatório anual e deliberar sobre o balanço e as contas de sua diretoria, das diretorias das Subseções e da Caixa de Assistência dos Advogados;

V – fixar a tabela de honorários, válida para todo o território estadual;

VI – realizar o Exame de Ordem;

VII – decidir os pedidos de inscrição nos quadros de advogados e estagiários;

VIII – manter cadastro de seus inscritos;

IX – fixar, alterar e receber contribuições obrigatórias, preços de serviços e multas;

X – participar da elaboração dos concursos públicos, em todas as suas fases, nos casos previstos na Constituição e nas leis, no âmbito do seu território;

XI – determinar, com exclusividade, critérios para o traje dos advogados, no exercício profissional;

XII – aprovar e modificar seu orçamento anual;

XIII – definir a composição e o funcionamento do Tribunal de Ética e Disciplina, e escolher seus membros;

XIV – eleger as listas, constitucionalmente previstas, para preenchimento dos cargos nos tribunais judiciários, no âmbito de sua competência e na forma do Provimento do Conselho Federal, vedada a inclusão de membros do próprio Conselho e de qualquer órgão da OAB;

XV – intervir nas Subseções e na Caixa de Assistência dos Advogados;

➢ Vide art. 78 do Regulamento Geral da OAB

XVI – desempenhar outras atribuições previstas no regulamento geral.

Art. 59. A diretoria do Conselho Seccional tem composição idêntica e atribuições equivalentes às do Conselho Federal, na forma do regimento interno daquele.

CAPÍTULO IV

Da Subseção

➢ Vide arts. 115 a 120 do Regulamento Geral da OAB

Art. 60. A Subseção pode ser criada pelo Conselho Seccional, que fixa sua área territorial e seus limites de competência e autonomia.

§ 1º A área territorial da Subseção pode abranger um ou mais municípios, ou parte de município, inclusive da capital do Estado, contando com um mínimo de quinze advogados, nela profissionalmente domiciliados.

§ 2º A Subseção é administrada por uma diretoria, com atribuições e composição equivalentes às da diretoria do Conselho Seccional.

§ 3º Havendo mais de cem advogados, a Subseção pode ser integrada, também, por um conselho em número de membros fixado pelo Conselho Seccional.

§ 4º Os quantitativos referidos nos §§ 1º e 3º deste artigo podem ser ampliados, na forma do regimento interno do Conselho Seccional.

§ 5º Cabe ao Conselho Seccional fixar, em seu orçamento, dotações específicas destinadas à manutenção das Subseções.

§ 6º O Conselho Seccional, mediante o voto de dois terços de seus membros, pode intervir nas Subseções, onde constatar grave violação desta lei ou do regimento interno daquele.

Art. 61. Compete à Subseção, no âmbito de seu território:

I – dar cumprimento efetivo às finalidades da OAB;

II – velar pela dignidade, independência e valorização da advocacia, e fazer valer as prerrogativas do advogado;

III – representar a OAB perante os poderes constituídos;

IV – desempenhar as atribuições previstas no regulamento geral ou por delegação de competência do Conselho Seccional.

Parágrafo único. Ao Conselho da Subseção, quando houver, compete exercer as funções e atribuições do Conselho Seccional, na forma do regimento interno deste, e ainda:

a) editar seu regimento interno, a ser referendado pelo Conselho Seccional;

b) editar resoluções, no âmbito de sua competência;

c) instaurar e instruir processos disciplinares, para julgamento pelo Tribunal de Ética e Disciplina;

d) receber pedido de inscrição nos quadros de advogado e estagiário, instruindo e emitindo parecer prévio, para decisão do Conselho Seccional.

CAPÍTULO V
Da Caixa de Assistência dos Advogados

➢ Vide arts. 121 a 127 do Regulamento Geral da OAB

Art. 62. A Caixa de Assistência dos Advogados, com personalidade jurídica própria, destina-se a prestar assistência aos inscritos no Conselho Seccional a que se vincule.

§ 1º A Caixa é criada e adquire personalidade jurídica com a aprovação e registro de seu estatuto pelo respectivo Conselho Seccional da OAB, na forma do regulamento geral.

§ 2º A Caixa pode, em benefício dos advogados, promover a seguridade complementar.

§ 3º Compete ao Conselho Seccional fixar contribuição obrigatória devida por seus inscritos, destinada à manutenção do disposto no parágrafo anterior, incidente sobre atos decorrentes do efetivo exercício da advocacia.

§ 4º A diretoria da Caixa é composta de cinco membros, com atribuições definidas no seu regimento interno.

§ 5º Cabe à Caixa a metade da receita das anuidades recebidas pelo Conselho Seccional, considerado o valor resultante após as deduções regulamentares obrigatórias.

§ 6º Em caso de extinção ou desativação da Caixa, seu patrimônio se incorpora ao do Conselho Seccional respectivo.

§ 7º O Conselho Seccional, mediante voto de dois terços de seus membros, pode intervir na Caixa de Assistência dos Advogados, no caso de descumprimento de suas finalidades, designando diretoria provisória, enquanto durar a intervenção.

CAPÍTULO VI

Das Eleições e dos Mandatos

> Vide arts. 128 a 137-C do Regulamento Geral da OAB

Art. 63. A eleição dos membros de todos os órgãos da OAB será realizada na segunda quinzena do mês de novembro, do último ano do mandato, mediante cédula única e votação direta dos advogados regularmente inscritos.

§ 1º A eleição, na forma e segundo os critérios e procedimentos estabelecidos no regulamento geral, é de comparecimento obrigatório para todos os advogados inscritos na OAB.

§ 2º O candidato deve comprovar situação regular junto à OAB, não ocupar cargo exonerável *ad nutum*, não ter sido condenado por infração disciplinar, salvo reabilitação, e exercer efetivamente a profissão há mais de cinco anos.

Art. 64. Consideram-se eleitos os candidatos integrantes da chapa que obtiver a maioria dos votos válidos.

§ 1º A chapa para o Conselho Seccional deve ser composta dos candidatos ao conselho e à sua diretoria e, ainda, à delegação ao Conselho Federal e à Diretoria da Caixa de Assistência dos Advogados para eleição conjunta.

§ 2º A chapa para a Subseção deve ser composta com os candidatos à diretoria, e de seu conselho quando houver.

Art. 65. O mandato em qualquer órgão da OAB é de três anos, iniciando-se em primeiro de janeiro do ano seguinte ao da eleição, salvo o Conselho Federal.

Parágrafo único. Os conselheiros federais eleitos iniciam seus mandatos em primeiro de fevereiro do ano seguinte ao da eleição.

Art. 66. Extingue-se o mandato automaticamente, antes do seu término, quando:

I - ocorrer qualquer hipótese de cancelamento de inscrição ou de licenciamento do profissional;

II - o titular sofrer condenação disciplinar;

III - o titular faltar, sem motivo justificado, a três reuniões ordinárias consecutivas de cada órgão deliberativo do conselho ou da diretoria da Subseção ou da Caixa de Assistência dos Advogados, não podendo ser reconduzido no mesmo período de mandato.

Parágrafo único. Extinto qualquer mandato, nas hipóteses deste artigo, cabe ao Conselho Seccional escolher o substituto, caso não haja suplente.

Art. 67. A eleição da Diretoria do Conselho Federal, que tomará posse no dia 1º de fevereiro, obedecerá às seguintes regras:

I - será admitido registro, junto ao Conselho Federal, de candidatura à presidência, desde seis meses até um mês antes da eleição;

II - o requerimento de registro deverá vir acompanhado do apoiamento de, no mínimo, seis Conselhos Seccionais;

III - até um mês antes das eleições, deverá ser requerido o registro da chapa completa, sob pena de cancelamento da candidatura respectiva;

IV - no dia 31 de janeiro do ano seguinte ao da eleição, o Conselho Federal elegerá, em reunião presidida pelo conselheiro mais antigo, por voto secreto e para mandato de 3 (três) anos, sua diretoria, que tomará posse no dia seguinte; (Redação dada pela Lei nº 11.179, de 2005)

V – será considerada eleita a chapa que obtiver maioria simples dos votos dos Conselheiros Federais, presente a metade mais 1 (um) de seus membros. (Redação dada pela Lei nº 11.179, de 2005)

Parágrafo único. Com exceção do candidato a Presidente, os demais integrantes da chapa deverão ser conselheiros federais eleitos.

TÍTULO III

Do Processo na OAB

- Vide arts. 55 a 72 do novo CED da OAB
- Vide arts. 120 e 137-D a 144 do Regulamento Geral da OAB

CAPÍTULO I

Disposições Gerais

Art. 68. Salvo disposição em contrário, aplicam-se subsidiariamente ao processo disciplinar as regras da legislação processual penal comum e, aos demais processos, as regras gerais do procedimento administrativo comum e da legislação processual civil, nessa ordem.

Art. 69. Todos os prazos necessários à manifestação de advogados, estagiários e terceiros, nos processos em geral da OAB, são de quinze dias, inclusive para interposição de recursos.

§ 1º Nos casos de comunicação por ofício reservado, ou de notificação pessoal, o prazo se conta a partir do dia útil imediato ao da notificação do recebimento.

§ 2º Nos casos de publicação na imprensa oficial do ato ou da decisão, o prazo inicia-se no primeiro dia útil seguinte.

CAPÍTULO II

Do Processo Disciplinar

Art. 70. O poder de punir disciplinarmente os inscritos na OAB compete exclusivamente ao Conselho Seccional em cuja base territorial tenha ocorrido a infração, salvo se a falta for cometida perante o Conselho Federal.

§ 1º Cabe ao Tribunal de Ética e Disciplina, do Conselho Seccional competente, julgar os processos disciplinares, instruídos pelas Subseções ou por relatores do próprio conselho.

§ 2º A decisão condenatória irrecorrível deve ser imediatamente comunicada ao Conselho Seccional onde o representado tenha inscrição principal, para constar dos respectivos assentamentos.

§ 3º O Tribunal de Ética e Disciplina do Conselho onde o acusado tenha inscrição principal pode suspendê-lo preventivamente, em caso de repercussão prejudicial à dignidade da advocacia, depois de ouvi-lo em sessão especial para a qual deve ser notificado a comparecer, salvo se não atender à notificação. Neste caso, o processo disciplinar deve ser concluído no prazo máximo de noventa dias.

Art. 71. A jurisdição disciplinar não exclui a comum e, quando o fato constituir crime ou contravenção, deve ser comunicado às autoridades competentes.

Art. 72. O processo disciplinar instaura-se de ofício ou mediante representação de qualquer autoridade ou pessoa interessada.

§ 1º O Código de Ética e Disciplina estabelece os critérios de admissibilidade da representação e os procedimentos disciplinares.

§ 2º O processo disciplinar tramita em sigilo, até o seu término, só tendo acesso às suas informações as partes, seus defensores e a autoridade judiciária competente.

Art. 73. Recebida a representação, o Presidente deve designar relator, a quem compete a instrução do processo e o oferecimento de parecer preliminar a ser submetido ao Tribunal de Ética e Disciplina.

§ 1º Ao representado deve ser assegurado amplo direito de defesa, podendo acompanhar o processo em todos os termos, pessoalmente ou por intermédio de procurador, oferecendo defesa prévia após ser notificado, razões finais após a instrução e defesa oral perante o Tribunal de Ética e Disciplina, por ocasião do julgamento.

§ 2º Se, após a defesa prévia, o relator se manifestar pelo indeferimento liminar da representação, este deve ser decidido pelo Presidente do Conselho Seccional, para determinar seu arquivamento.

§ 3º O prazo para defesa prévia pode ser prorrogado por motivo relevante, a juízo do relator.

§ 4º Se o representado não for encontrado, ou for revel, o Presidente do Conselho ou da Subseção deve designar-lhe defensor dativo;

§ 5º É também permitida a revisão do processo disciplinar, por erro de julgamento ou por condenação baseada em falsa prova.

Art. 74. O Conselho Seccional pode adotar as medidas administrativas e judiciais pertinentes, objetivando a que o profissional suspenso ou excluído devolva os documentos de identificação.

CAPÍTULO III

Dos Recursos

Art. 75. Cabe recurso ao Conselho Federal de todas as decisões definitivas proferidas pelo Conselho Seccional, quando não tenham sido unânimes ou, sendo unânimes, contrariem esta lei, decisão do Conselho Federal ou de outro Conselho Seccional e, ainda, o regulamento geral, o Código de Ética e Disciplina e os Provimentos.

Parágrafo único. Além dos interessados, o Presidente do Conselho Seccional é legitimado a interpor o recurso referido neste artigo.

Art. 76. Cabe recurso ao Conselho Seccional de todas as decisões proferidas por seu Presidente, pelo Tribunal de Ética e Disciplina, ou pela diretoria da Subseção ou da Caixa de Assistência dos Advogados.

Art. 77. Todos os recursos têm efeito suspensivo, exceto quando tratarem de eleições (arts. 63 e seguintes), de suspensão preventiva decidida pelo Tribunal de Ética e Disciplina, e de cancelamento da inscrição obtida com falsa prova.

Parágrafo único. O regulamento geral disciplina o cabimento de recursos específicos, no âmbito de cada órgão julgador.

TÍTULO IV

Das Disposições Gerais e Transitórias

Art. 78. Cabe ao Conselho Federal da OAB, por deliberação de dois terços, pelo menos, das delegações, editar o regulamento geral deste estatuto, no prazo de seis meses, contados da publicação desta lei.

Art. 79. Aos servidores da OAB, aplica-se o regime trabalhista.

➢ Vide ADIn 3.026-4

§ 1º Aos servidores da OAB, sujeitos ao regime da Lei nº 8.112, de 11 de dezembro de 1990, é concedido o direito de opção pelo regime trabalhista, no prazo de noventa dias a partir da vigência desta lei, sendo assegurado aos optantes o pagamento de indenização, quando da aposentadoria, correspondente a cinco vezes o valor da última remuneração.

§ 2º Os servidores que não optarem pelo regime trabalhista serão posicionados no quadro em extinção, assegurado o direito adquirido ao regime legal anterior.

Art. 80. Os Conselhos Federal e Seccionais devem promover trienalmente as respectivas Conferências, em data não coincidente com o ano eleitoral, e, periodicamente, reunião do colégio de presidentes a eles vinculados, com finalidade consultiva.

Art. 81. Não se aplicam aos que tenham assumido originariamente o cargo de Presidente do Conselho Federal ou dos Conselhos Seccionais, até a data da publicação desta lei, as normas contidas no Título II, acerca da composição desses Conselhos, ficando assegurado o pleno direito de voz e voto em suas sessões.

Art. 82. Aplicam-se as alterações previstas nesta lei, quanto a mandatos, eleições, composição e atribuições dos órgãos da OAB, a partir do término do mandato dos atuais membros, devendo os Conselhos Federal e Seccionais disciplinarem os respectivos procedimentos de adaptação.

Parágrafo único. Os mandatos dos membros dos órgãos da OAB, eleitos na primeira eleição sob a vigência desta lei, e na forma do Capítulo VI do Título II, terão início no dia seguinte ao término dos atuais mandatos, encerrando-se em 31 de dezembro do terceiro ano do mandato e em 31 de janeiro do terceiro ano do mandato, neste caso com relação ao Conselho Federal.

Art. 83. Não se aplica o disposto no art. 28, inciso II, desta lei, aos membros do Ministério Público que, na data de promulgação da Constituição, se incluam na previsão do art. 29, § 3º, do seu Ato das Disposições Constitucionais Transitórias.

Art. 84. O estagiário, inscrito no respectivo quadro, fica dispensado do Exame de Ordem, desde que comprove, em até dois anos da promulgação desta lei, o exercício e resultado do estágio profissional ou a conclusão, com aproveitamento, do estágio de Prática Forense e Organização Judiciária, realizado junto à respectiva faculdade, na forma da legislação em vigor.

Art. 85. O Instituto dos Advogados Brasileiros e as instituições a ele filiadas têm qualidade para promover perante a OAB o que julgarem do interesse dos advogados em geral ou de qualquer dos seus membros.

Art. 86. Esta lei entra em vigor na data de sua publicação.

Art. 87. Revogam-se as disposições em contrário, especialmente a Lei nº 4.215, de 27 de abril de 1963, a Lei nº 5.390, de 23 de fevereiro de 1968, o Decreto-Lei nº 505, de 18 de março de 1969, a Lei nº 5.681, de 20 de julho de 1971, a Lei nº 5.842, de 6 de dezembro de 1972, a Lei nº 5.960, de 10 de dezembro de 1973, a Lei nº 6.743, de 5 de dezembro de 1979, a Lei nº 6.884, de 9 de dezembro de 1980, a Lei nº 6.994, de 26 de maio de 1982, mantidos os efeitos da Lei nº 7.346, de 22 de julho de 1985.

Brasília, 4 de julho de 1994; 173º da Independência e 106º da República.

Itamar Franco

(Publicação no *D.O.U.* de 5.7.1994)

REGULAMENTO GERAL DO ESTATUTO DA ADVOCACIA E DA OAB

REGULAMENTO GERAL DO ESTATUTO DA ADVOCACIA E DA OAB

Dispõe sobre o Regulamento Geral previsto na Lei nº 8.906, de 04 de julho de 1994.

O CONSELHO FEDERAL DA ORDEM DOS ADVOGADOS DO BRASIL, no uso das atribuições conferidas pelos artigos 54, V, e 78 da Lei nº 8.906, de 04 de julho de 1994, RESOLVE:

TÍTULO I
DA ADVOCACIA
CAPÍTULO I
DA ATIVIDADE DE ADVOCACIA

- Vide arts. 1º a 7º do novo CED da OAB
- Vide arts. 1º a 4º da Lei 8.906/94

SEÇÃO I
DA ATIVIDADE DE ADVOCACIA EM GERAL

Art. 1º A atividade de advocacia é exercida com observância da Lei nº 8.906/94 (Estatuto), deste Regulamento Geral, do Código de Ética e Disciplina e dos Provimentos.

Art. 2º O visto do advogado em atos constitutivos de pessoas jurídicas, indispensável ao registro e arquivamento nos órgãos competentes, deve resultar da efetiva constatação, pelo profissional que os examinar, de que os respectivos instrumentos preenchem as exigências legais pertinentes.

- Redação alterada (DJ, 12.12.2000)

Parágrafo único. Estão impedidos de exercer o ato de advocacia referido neste artigo os advogados que prestem serviços a órgãos ou entidades da Administração Pública direta ou indireta, da unidade federativa a que se vincule a Junta Comercial, ou a quaisquer repartições administrativas competentes para o mencionado registro.

Art. 3º É defeso ao advogado funcionar no mesmo processo, simultaneamente, como patrono e preposto do empregador ou cliente.

- Vide arts. 25 do novo CED da OAB

Art. 4º A prática de atos privativos de advocacia, por profissionais e sociedades não inscritos na OAB, constitui exercício ilegal da profissão.

Parágrafo único. É defeso ao advogado prestar serviços de assessoria e consultoria jurídicas para terceiros, em sociedades que não possam ser registradas na OAB.

Art. 5º Considera-se efetivo exercício da atividade de advocacia a participação anual mínima em cinco atos privativos previstos no artigo 1º do Estatuto, em causas ou questões distintas.

Parágrafo único. A comprovação do efetivo exercício faz-se mediante:

a) certidão expedida por cartórios ou secretarias judiciais;
b) cópia autenticada de atos privativos;
c) certidão expedida pelo órgão público no qual o advogado exerça função privativa do seu ofício, indicando os atos praticados.

Art. 6º O advogado deve notificar o cliente da renúncia ao mandato (art. 5º, § 3º, do Estatuto), preferencialmente mediante carta com aviso de recepção, comunicando, após, o Juízo.

> Vide art.10 a 20 e 26 do novo CED da OAB
> Vide art. 5º da Lei 8.906/94

Art. 7º A função de diretoria e gerência jurídicas em qualquer empresa pública, privada ou paraestatal, inclusive em instituições financeiras, é privativa de advogado, não podendo ser exercida por quem não se encontre inscrito regularmente na OAB.

Art. 8º A incompatibilidade prevista no art. 28, II do Estatuto, não se aplica aos advogados que participam dos órgãos nele referidos, na qualidade de titulares ou suplentes, como representantes dos advogados.

> Redação alterada (DJ, 12.12.2000)
> Vide arts. 4º a 7º da Lei 8.906/94

§1º Ficam, entretanto, impedidos de exercer a advocacia perante os órgãos em que atuam, enquanto durar a investidura.

§2º A indicação dos representantes dos advogados nos juizados especiais deverá ser promovida pela Subseção ou, na sua ausência, pelo Conselho Seccional.

SEÇÃO II

DA ADVOCACIA PÚBLICA

Art. 9º Exercem a advocacia pública os integrantes da Advocacia-Geral da União, da Defensoria Pública e das Procuradorias e Consultorias Jurídicas dos Estados, do Distrito Federal, dos Municípios, das autarquias e das fundações públicas, estando obrigados à inscrição na OAB, para o exercício de suas atividades.

Parágrafo único. Os integrantes da advocacia pública são elegíveis e podem integrar qualquer órgão da OAB.

Art. 10. Os integrantes da advocacia pública, no exercício de atividade privativa prevista no Art. 1º do Estatuto, sujeitam-se ao regime do Estatuto, deste Regulamento Geral e do Código de Ética e Disciplina, inclusive quanto às infrações e sanções disciplinares.

SEÇÃO III

DO ADVOGADO EMPREGADO

> Vide art.25 do novo CED da OAB
> Vide arts.18 a 21 da Lei 8.906/94

Art. 11. Compete a sindicato de advogados e, na sua falta, a federação ou confederação de advogados, a representação destes nas convenções coletivas celebradas com as entidades sindicais representativas dos empregadores, nos acordos coletivos celebrados com a empresa empregadora e nos dissídios coletivos perante a Justiça do Trabalho, aplicáveis às relações de trabalho.

Art. 12. Para os fins do art. 20 da Lei nº 8.906/94, considera-se de dedicação exclusiva o regime de trabalho que for expressamente previsto em contrato individual de trabalho.

> Redação alterada (DJ, 12.12.2000)

Parágrafo único. Em caso de dedicação exclusiva, serão remuneradas como extraordinárias as horas trabalhadas que excederem a jornada normal de oito horas diárias.

Art. 13. (REVOGADO)

> Revogado (DJ, 12.12.2000)

Art. 14. Os honorários de sucumbência, por decorrerem precipuamente do exercício da advocacia e só acidentalmente da relação de emprego, não integram o salário ou a remuneração, não podendo, assim, ser considerados para efeitos trabalhistas ou previdenciários.

> Vide art.48 a 54 do novo CED da OAB
> Vide arts.22 a 26 da Lei 8.906/94

Parágrafo único. Os honorários de sucumbência dos advogados empregados constituem fundo comum, cuja destinação é decidida pelos profissionais integrantes do serviço jurídico da empresa ou por seus representantes.

> Vide ADIn 1.994

CAPÍTULO II
DOS DIREITOS E DAS PRERROGATIVAS

> Vide arts.6º e 7º da Lei 8.906/94

SEÇÃO I
DA DEFESA JUDICIAL DOS DIREITOS E DAS PRERROGATIVAS

Art. 15. Compete ao Presidente do Conselho Federal, do Conselho Seccional ou da Subseção, ao tomar conhecimento de fato que possa causar, ou que já causou, violação de direitos ou prerrogativas da profissão, adotar as providências judiciais e extrajudiciais cabíveis para prevenir ou restaurar o império do Estatuto, em sua plenitude, inclusive mediante representação administrativa.

Parágrafo único. O Presidente pode designar advogado, investido de poderes bastantes, para as finalidades deste artigo.

Art. 16. Sem prejuízo da atuação de seu defensor, contará o advogado com a assistência de representante da OAB nos inquéritos policiais ou nas ações penais em que figurar como indiciado, acusado ou ofendido, sempre que o fato a ele imputado decorrer do exercício da profissão ou a este vincular-se.

Art. 17. Compete ao Presidente do Conselho ou da Subseção representar contra o responsável por abuso de autoridade, quando configurada hipótese de atentado à garantia legal de exercício profissional, prevista na Lei nº 4.898, de 09 de dezembro de 1965.

SEÇÃO II
DO DESAGRAVO PÚBLICO

Art. 18. O inscrito na OAB, quando ofendido comprovadamente em razão do exercício profissional ou de cargo ou função da OAB, tem direito ao desagravo público promovido pelo Conselho competente, de ofício, a seu pedido ou de qualquer pessoa.

> Redação alterada (DJ, 24.11.1997)

§ 1º Compete ao relator, convencendo-se da existência de prova ou indício de ofensa relacionada ao exercício da profissão ou de cargo da OAB, propor ao Presidente que solicite informações da pessoa ou autoridade ofensora, no prazo de quinze dias, salvo em caso de urgência e notoriedade do fato.

§ 2º O relator pode propor o arquivamento do pedido se a ofensa for pessoal, se não estiver relacionada com o exercício profissional ou com as prerrogativas gerais do advogado ou se configurar crítica de caráter doutrinário, político ou religioso.

§ 3º Recebidas ou não as informações e convencendo-se da procedência da ofensa, o relator emite parecer que é submetido ao Conselho.

§ 4º Em caso de acolhimento do parecer, é designada a sessão de desagravo, amplamente divulgada.

§ 5º Na sessão de desagravo o Presidente lê a nota a ser publicada na imprensa, encaminhada ao ofensor e às autoridades e registrada nos assentamentos do inscrito.

§ 6º Ocorrendo a ofensa no território da Subseção a que se vincule o inscrito, a sessão de desagravo pode ser promovida pela diretoria ou conselho da Subseção, com representação do Conselho Seccional.

§ 7º O desagravo público, como instrumento de defesa dos direitos e prerrogativas da advocacia, não depende de concordância do ofendido, que não pode dispensá-lo, devendo ser promovido a critério do Conselho.

> Redação alterada (DJ, 24.11.1997)

Art. 19. Compete ao Conselho Federal promover o desagravo público de Conselheiro Federal ou de Presidente de Conselho Seccional, quando ofendidos no exercício das atribuições de seus cargos e ainda quando a ofensa a advogado se revestir de relevância e grave violação às prerrogativas profissionais, com repercussão nacional.

Parágrafo único. O Conselho Federal, observado o procedimento previsto no art. 18 deste Regulamento, indica seus representantes para a sessão pública de desagravo, na sede do Conselho Seccional, salvo no caso de ofensa a Conselheiro Federal.

CAPÍTULO III
DA INSCRIÇÃO NA OAB

> Vide arts.8º a 14 da Lei 8.906/94

Art. 20. O requerente à inscrição principal no quadro de advogados presta o seguinte compromisso perante o Conselho Seccional, a Diretoria ou o Conselho da Subseção: "Prometo exercer a advocacia com dignidade e independência, observar a ética, os deveres e prerrogativas profissionais e defender a Constituição, a ordem jurídica do Estado Democrático, os direitos humanos, a justiça social, a boa aplicação das leis, a rápida administração da justiça e o aperfeiçoamento da cultura e das instituições jurídicas."

§ 1º É indelegável, por sua natureza solene e personalíssima, o compromisso referido neste artigo.

§ 2º A conduta incompatível com a advocacia, comprovadamente imputável ao requerente, impede a inscrição no quadro de advogados.

> Renumerado (DJ, 24.11.1997)

Art. 21. O advogado pode requerer o registro, nos seus assentamentos, de fatos comprovados de sua atividade profissional ou cultural, ou a ela relacionados, e de serviços prestados à classe, à OAB e ao País.

Art. 22. O advogado, regularmente notificado, deve quitar seu débito relativo às anuidades, no prazo de 15 dias da notificação, sob pena de suspensão, aplicada em processo disciplinar.

Parágrafo único. Cancela-se a inscrição quando ocorrer a terceira suspensão, relativa ao não pagamento de anuidades distintas.

> Vide art. 34 da Lei 8.906/94
> Redação alterada (DJ, 13.11.1998)

Art. 23. O requerente à inscrição no quadro de advogados, na falta de diploma regularmente registrado, apresenta certidão de graduação em direito, acompanhada de cópia autenticada do respectivo histórico escolar.

Parágrafo único. (REVOGADO)

> Revogado (DJ, 12.12.2000)

Art. 24. Aos Conselhos Seccionais da OAB incumbe alimentar, automaticamente e em tempo real, por via eletrônica, o Cadastro Nacional dos Advogados – CNA, mantendo as informações correspondentes constantemente atualizadas.

> Vide art. 137-D
> Vide Resolução do Conselho Federal da OAB de 05.07.2016

§ 1º O CNA deve conter o nome completo de cada advogado, o número da inscrição, o Conselho Seccional e a Subseção a que está vinculado, o número de inscrição no CPF, a filiação, o sexo, a data de inscrição na OAB e sua modalidade, a existência de penalidades eventualmente aplicadas, estas em campo reservado, a fotografia, o endereço completo e o número de telefone profissional, o endereço do correio eletrônico e o nome da sociedade de advogados de que eventualmente faça parte, ou esteja associado, e, opcionalmente, o nome profissional, a existência de deficiência de que seja portador, opção para doação de órgãos, Registro Geral, data e órgão emissor, número do título de eleitor, zona, seção, UF eleitoral, certificado militar e passaporte.

> Vide Resolução do Conselho Federal da OAB 5 de 05.07.2016

§ 2º No cadastro são incluídas, igualmente, informações sobre o cancelamento das inscrições. (

§ 3º (REVOGADO)

> Revogado (Resolução do Conselho Federal da OAB 1/2012)

Art. 24-A. Aos Conselhos Seccionais da OAB incumbe alimentar, automaticamente e em tempo real, por via eletrônica, o Cadastro Nacional das Sociedades de Advogados – CNSA, mantendo as informações correspondentes constantemente atualizadas.

> Incluído (Resolução do Conselho Federal da OAB 1/2012)

§ 1º O CNSA deve conter a razão social, o número de registro perante a seccional, a data do pedido de registro e a do efetivo registro, o prazo de duração, o endereço completo, inclusive telefone e correio eletrônico, nome e qualificação de todos os sócios e as modificações ocorridas em seu quadro social.

> Vide Resolução do Conselho Federal da OAB 5 de 05.07.2016

§ 2º Mantendo a sociedade filiais, os dados destas, bem como os números de inscrição suplementar de seus sócios (Provimento nº 112/2006, art. 7º, § 1º), após averbados no Conselho Seccional no qual se localiza o escritório sede, serão averbados no CNSA.

§ 3º São igualmente averbados no CNSA os ajustes de associação ou de colaboração.

§ 4º São proibidas razões sociais iguais ou semelhantes, prevalecendo a razão social da sociedade com inscrição mais antiga.

§ 5º Constatando-se semelhança ou identidade de razões sociais, o Conselho Federal da OAB solicitará, de ofício, a alteração da razão social mais recente, caso a sociedade com registro mais recente não requeira a alteração da sua razão social, acrescentando ou excluindo dados que a distinga da sociedade precedentemente registrada.

§ 6º Verificado conflito de interesses envolvendo sociedades em razão de identidade ou semelhança de razões sociais, em Estados diversos, a questão será apreciada pelo Conselho Federal da OAB, garantindo-se o devido processo legal.

Art. 24-B. Aplicam-se ao Cadastro Nacional das Sociedades de Advogados – CNSA as normas estabelecidas no Provimento nº 95/2000 para os advogados, assim como as restrições quanto à divulgação das informações nele inseridas.

> Incluído pela Resolução do Conselho Federal da OAB 1/2012

Art. 25. Os pedidos de transferência de inscrição de advogados são regulados em Provimento do Conselho Federal.

➤ Redação alterada (DJ, 24.11.1997)

Art. 26. O advogado fica dispensado de comunicar o exercício eventual da profissão, até o total de cinco causas por ano, acima do qual obriga-se à inscrição suplementar.

CAPÍTULO IV
DO ESTÁGIO PROFISSIONAL

➤ Vide art. 76 do novo CED da OAB
➤ Vide art. 9º da Lei 8.906/94

Art. 27. O estágio profissional de advocacia, inclusive para graduados, é requisito necessário à inscrição no quadro de estagiários da OAB e meio adequado de aprendizagem prática.

§ 1º O estágio profissional de advocacia pode ser oferecido pela instituição de ensino superior autorizada e credenciada, em convênio com a OAB, complementando-se a carga horária do estágio curricular supervisionado com atividades práticas típicas de advogado e de estudo do Estatuto e do Código de Ética e Disciplina, observado o tempo conjunto mínimo de 300 (trezentas) horas, distribuído em dois ou mais anos.

§ 2º A complementação da carga horária, no total estabelecido no convênio, pode ser efetivada na forma de atividades jurídicas no núcleo de prática jurídica da instituição de ensino, na Defensoria Pública, em escritórios de advocacia ou em setores jurídicos públicos ou privados, credenciados e fiscalizados pela OAB.

§ 3º As atividades de estágio ministrado por instituição de ensino, para fins de convênio com a OAB, são exclusivamente práticas, incluindo a redação de atos processuais e profissionais, as rotinas processuais, a assistência e a atuação em audiências e sessões, as visitas a órgãos judiciários, a prestação de serviços jurídicos e as técnicas de negociação coletiva, de arbitragem e de conciliação.

Art. 28. O estágio realizado na Defensoria Pública da União, do Distrito Federal ou dos Estados, na forma do artigo 145 da Lei Complementar n. 80, de 12 de janeiro de 1994, é considerado válido para fins de inscrição no quadro de estagiários da OAB.

Art. 29. Os atos de advocacia, previstos no Art. 1º do Estatuto, podem ser subscritos por estagiário inscrito na OAB, em conjunto com o advogado ou o defensor público.

§ 1º O estagiário inscrito na OAB pode praticar isoladamente os seguintes atos, sob a responsabilidade do advogado:

I – retirar e devolver autos em cartório, assinando a respectiva carga;

II – obter junto aos escrivães e chefes de secretarias certidões de peças ou autos de processos em curso ou findos;

III – assinar petições de juntada de documentos a processos judiciais ou administrativos.

§ 2º Para o exercício de atos extrajudiciais, o estagiário pode comparecer isoladamente, quando receber autorização ou substabelecimento do advogado.

Art. 30. O estágio profissional de advocacia, realizado integralmente fora da instituição de ensino, compreende as atividades fixadas em convênio entre o escritório de advocacia ou entidade que receba o estagiário e a OAB.

Art. 31. Cada Conselho Seccional mantém uma Comissão de Estágio e Exame de Ordem, a quem incumbe coordenar, fiscalizar e executar as atividades decorrentes do estágio profissional da advocacia.

➤ Redação alterada (Resolução do Conselho Federal da OAB 1/2011)

§ 1º Os convênios de estágio profissional e suas alterações, firmados pelo Presidente do Conselho ou da Subseção, quando esta receber delegação de competência, são previamente elaborados pela Comissão, que tem poderes para negociá-los com as instituições interessadas.

> Redação alterada (Resolução do Conselho Federal da OAB 1/2011)

§ 2º A Comissão pode instituir subcomissões nas Subseções.

§ 3º (REVOGADO)

> Revogado (Resolução do Conselho Federal da OAB 1/2011)

§ 4º Compete ao Presidente do Conselho Seccional designar a Comissão, que pode ser composta por advogados não integrantes do Conselho.

CAPÍTULO V
DA IDENTIDADE PROFISSIONAL

Art. 32. São documentos de identidade profissional a carteira e o cartão emitidos pela OAB, de uso obrigatório pelos advogados e estagiários inscritos, para o exercício de suas atividades. Parágrafo único. O uso do cartão dispensa o da carteira.

Art. 33. A carteira de identidade do advogado, relativa à inscrição originária, tem as dimensões de 7,00 (sete) x 11,00 (onze) centímetros e observa os seguintes critérios:

I – a capa, em fundo vermelho, contém as armas da República e as expressões "Ordem dos Advogados do Brasil" e "Carteira de Identidade de Advogado";

II – a primeira página repete o conteúdo da capa, acrescentado da expressão "Conselho Seccional de (...)" e do inteiro teor do art. 13 do Estatuto;

III – a segunda página destina-se aos dados de identificação do advogado, na seguinte ordem: número da inscrição, nome, filiação, naturalidade, data do nascimento, nacionalidade, data da colação de grau, data do compromisso e data da expedição, e à assinatura do Presidente do Conselho Seccional;

> Vide Resolução do Conselho Federal da OAB 5 de 05.07.2016

IV – a terceira página é dividida para os espaços de uma foto 3 (três) x 4 (quatro) centímetros, da impressão digital e da assinatura do portador;

V – as demais páginas, em branco e numeradas, destinam-se ao reconhecimento de firma dos signatários e às anotações da OAB, firmadas pelo Secretário-Geral ou Adjunto, incluindo as incompatibilidades e os impedimentos, o exercício de mandatos, as designações para comissões, as funções na OAB, os serviços relevantes à profissão e os dados da inscrição suplementar, pelo Conselho que a deferir;

VI – a última página destina-se à transcrição do Art. 7º do Estatuto.

Parágrafo único. O Conselho Seccional pode delegar a competência do Secretário-Geral ao Presidente da Subseção.

> Vide Resolução do Conselho Federal da OAB 5 de 05.07.2016

Art. 34. O cartão de identidade tem o mesmo modelo e conteúdo do cartão de identificação pessoal (registro geral), com as seguintes adaptações, segundo o modelo aprovado pela Diretoria do Conselho Federal:

I – o fundo é de cor branca e a impressão dos caracteres e armas da República, de cor vermelha;

II – O anverso contém os seguintes dados, nesta sequência: Ordem dos Advogados do Brasil, Conselho Seccional de (...), Identidade de Advogado (em destaque), nº da inscrição, nome, filiação, naturalidade, data do nascimento e data da expedição, e a assinatura do Presidente, podendo ser acrescentados os dados de identificação de registro geral, de CPF, eleitoral e outros;

➢ Vide Resolução do Conselho Federal da OAB 5 de 05.07.2016

III – o verso destina-se à fotografia, observações e assinatura do portador.

➢ Redação alterada (Resolução do Conselho Federal da OAB 4/2006)

§ 1º No caso de inscrição suplementar o cartão é específico, indicando-se: "Nº da Inscrição Suplementar:" (em negrito ou sublinhado).

§ 2º Os Conselhos Federal e Seccionais podem emitir cartão de identidade para os seus membros e para os membros das Subseções, acrescentando, abaixo do termo "Identidade de Advogado", sua qualificação de conselheiro ou dirigente da OAB e, no verso, o prazo de validade, coincidente com o mandato.

Art. 35. O cartão de identidade do estagiário tem o mesmo modelo e conteúdo do cartão de identidade do advogado, com a indicação de "Identidade de Estagiário", em destaque, e do prazo de validade, que não pode ultrapassar três anos nem ser prorrogado.

Parágrafo único. O cartão de identidade do estagiário perde sua validade imediatamente após a prestação do compromisso como advogado.

➢ Redação alterada (DJ, 24.11.1997)

Art. 36. O suporte material do cartão de identidade é resistente, devendo conter dispositivo para armazenamento de certificado digital. (NR)

CAPÍTULO VI
DAS SOCIEDADES DE ADVOGADOS

➢ Vide art. 19 do novo CED da OAB
➢ Vide arts. 15 a 17 da Lei 8.906/94
➢ Vide Resolução do Conselho Federal da OAB 1/2012

Art. 37. Os advogados podem constituir sociedade simples, unipessoal ou pluripessoal, de prestação de serviços de advocacia, a qual deve ser regularmente registrada no Conselho Seccional da OAB em cuja base territorial tiver sede.

➢ Redação alterada (Resolução do Conselho Federal da OAB 2/2016)

§ 1º As atividades profissionais privativas dos advogados são exercidas individualmente, ainda que revertam à sociedade os honorários respectivos.

➢ Redação alterada (Resolução do Conselho Federal da OAB 2/2016)

§ 2º As sociedades unipessoais e as pluripessoais de advocacia são reguladas em Provimento do Conselho Federal.

➢ Incluído pela Resolução do Conselho Federal da OAB 2/2016

Art. 38. O nome completo ou abreviado de, no mínimo, um advogado responsável pela sociedade consta obrigatoriamente da razão social, podendo permanecer o nome de sócio falecido se, no ato constitutivo ou na alteração contratual em vigor, essa possibilidade tiver sido prevista.

➢ Vide Resolução do Conselho Federal da OAB 5 de 05.07.2016

Art. 39. A sociedade de advogados pode associar-se com advogados, sem vínculo de emprego, para participação nos resultados.

Parágrafo único. Os contratos referidos neste artigo são averbados no registro da sociedade de advogados.

Art. 40. Os advogados sócios e os associados respondem subsidiária e ilimitadamente pelos danos causados diretamente ao cliente, nas hipóteses de dolo ou culpa e por ação ou omissão, no exercício dos atos privativos da advocacia, sem prejuízo da responsabilidade disciplinar em que possam incorrer.

Art. 41. As sociedades de advogados podem adotar qualquer forma de administração social, permitida a existência de sócios gerentes, com indicação dos poderes atribuídos.

Art. 42. Podem ser praticados pela sociedade de advogados, com uso da razão social, os atos indispensáveis às suas finalidades, que não sejam privativos de advogado.

Art. 43. O registro da sociedade de advogados observa os requisitos e procedimentos previstos em Provimento do Conselho Federal.

> ➢ Redação alterada (DJ, 24.11.1997)

TÍTULO II

DA ORDEM DOS ADVOGADOS DO BRASIL (OAB)

CAPÍTULO I

DOS FINS E DA ORGANIZAÇÃO

> ➢ Vide arts. 44 a 62 da Lei 8.906/94)

Art. 44. As finalidades da OAB, previstas no art. 44 do Estatuto, são cumpridas pelos Conselhos Federal e Seccionais e pelas Subseções, de modo integrado, observadas suas competências específicas.

Art. 45. A exclusividade da representação dos advogados pela OAB, prevista no art. 44, II, do Estatuto, não afasta a competência própria dos sindicatos e associações sindicais de advogados, quanto à defesa dos direitos peculiares da relação de trabalho do profissional empregado.

Art. 46. Os novos Conselhos Seccionais serão criados mediante Resolução do Conselho Federal.

Art. 47. O patrimônio do Conselho Federal, do Conselho Seccional, da Caixa de Assistência dos Advogados e da Subseção é constituído de bens móveis e imóveis e outros bens e valores que tenham adquirido ou venham a adquirir.

Art. 48. A alienação ou oneração de bens imóveis depende de aprovação do Conselho Federal ou do Conselho Seccional, competindo à Diretoria do órgão decidir pela aquisição de qualquer bem e dispor sobre os bens móveis.

Parágrafo único. A alienação ou oneração de bens imóveis depende de autorização da maioria das delegações, no Conselho Federal, e da maioria dos membros efetivos, no Conselho Seccional.

Art. 49. Os cargos da Diretoria do Conselho Seccional têm as mesmas denominações atribuídas aos da Diretoria do Conselho Federal.

Parágrafo único. Os cargos da Diretoria da Subseção e da Caixa de Assistência dos Advogados têm as seguintes denominações: Presidente, Vice-Presidente, Secretário, Secretário Adjunto e Tesoureiro.

Art. 50. Ocorrendo vaga de cargo de diretoria do Conselho Federal ou do Conselho Seccional, inclusive do Presidente, em virtude de perda do mandato (art. 66 do Estatuto), morte ou renúncia, o substituto é eleito pelo Conselho a que se vincule, dentre os seus membros.

Art. 51. A elaboração das listas constitucionalmente previstas, para preenchimento dos cargos nos tribunais judiciários, é disciplinada em Provimento do Conselho Federal.

Art. 52. A OAB participa dos concursos públicos, previstos na Constituição e nas leis, em todas as suas fases, por meio de representante do Conselho competente, designado pelo Presidente, incumbindo-lhe apresentar relatório sucinto de suas atividades.

Parágrafo único. Incumbe ao representante da OAB velar pela garantia da isonomia e da integridade do certame, retirando-se quando constatar irregularidades ou favorecimentos e comunicando os motivos ao Conselho.

Art. 53. Os conselheiros e dirigentes dos órgãos da OAB tomam posse firmando, juntamente com o Presidente, o termo específico, após prestar o seguinte compromisso: "Prometo manter, defender e cumprir os princípios e finalidades da OAB, exercer com dedicação e ética as atribuições que me são delegadas e pugnar pela dignidade, independência, prerrogativas e valorização da advocacia."

Art. 54. Compete à Diretoria dos Conselhos Federal e Seccionais, da Subseção ou da Caixa de Assistência declarar extinto o mandato, ocorrendo uma das hipóteses previstas no art. 66 do Estatuto, encaminhando ofício ao Presidente do Conselho Seccional.

§ 1º A Diretoria, antes de declarar extinto o mandato, salvo no caso de morte ou renúncia, ouve o interessado no prazo de quinze dias, notificando-o mediante ofício com aviso de recebimento.

§ 2º Havendo suplentes de Conselheiros, a ordem de substituição é definida no Regimento Interno do Conselho Seccional.

§ 3º Inexistindo suplentes, o Conselho Seccional elege, na sessão seguinte à data do recebimento do ofício, o Conselheiro Federal, o diretor do Conselho Seccional, o Conselheiro Seccional, o diretor da Subseção ou o diretor da Caixa de Assistência dos Advogados, onde se deu a vaga.

§ 4º Na Subseção onde houver conselho, este escolhe o substituto.

CAPÍTULO II

DA RECEITA

Art. 55. Aos inscritos na OAB incumbe o pagamento das anuidades, contribuições, multas e preços de serviços fixados pelo Conselho Seccional

> ➤ Redação alterada (DJ, 24.11.1997)

§ 1º As anuidades, contribuições, multas e preços de serviços previstos no *caput* deste artigo serão fixados pelo Conselho Seccional, devendo seus valores ser comunicados ao Conselho Federal até o dia 30 de novembro do ano anterior, salvo em ano eleitoral, quando serão determinadas e comunicadas ao Conselho Federal até o dia 31 de janeiro do ano da posse, podendo ser estabelecidos pagamentos em cotas periódicas.

> ➤ Redação alterada (Resolução do Conselho Federal da OAB 2/2007)

§ 2º (REVOGADO)

> ➤ Revogado (Resolução do Conselho Federal da OAB 28.3.2006)

§ 3º O edital a que se refere o *caput* do art. 128 deste Regulamento divulgará a possibilidade de parcelamento e o número máximo de parcelas.

Art. 56. As receitas brutas mensais das anuidades, incluídas as eventuais atualizações monetárias e juros, serão deduzidas em 60% (sessenta por cento) para seguinte destinação:

> ➤ Redação alterada (Resolução do Conselho Federal da OAB 2/2013)

I – 10% (dez por cento) para o Conselho Federal;

➢ Redação alterada (Resolução do Conselho Federal da OAB 2/2007)

II – 3% (três por cento) para o Fundo Cultural;

➢ Redação alterada (Resolução do Conselho Federal da OAB 2/2007)

III – 2% (dois por cento) para o Fundo de Integração e Desenvolvimento Assistencial dos Advogados – FIDA, regulamentado em Provimento do Conselho Federal.

➢ Redação alterada (Resolução do Conselho Federal da OAB 2/2007)

IV – 45% (quarenta e cinco por cento) para as despesas administrativas e manutenção do Conselho Seccional.

➢ Redação alterada (Resolução do Conselho Federal da OAB 2/2007)

§ 1º Os repasses das receitas previstas neste artigo efetuam-se em instituição financeira, indicada pelo Conselho Federal em comum acordo com o Conselho Seccional, através de compartilhamento obrigatório, automático e imediato, com destinação em conta corrente específica deste, do Fundo Cultural, do Fundo de Integração e Desenvolvimento Assistencial dos Advogados – FIDA e da Caixa de Assistência dos Advogados, vedado o recebimento na Tesouraria do Conselho Seccional, exceto quanto às receitas de preços e serviços, e observados os termos do modelo aprovado pelo Diretor-Tesoureiro do Conselho Federal, sob pena de aplicação do art. 54, VII, do Estatuto da Advocacia e da OAB.

➢ Redação alterada (Resolução do Conselho Federal da OAB 2/2007)

§ 2º O Fundo Cultural será administrado pela Escola Superior de Advocacia, mediante deliberação da Diretoria do Conselho Seccional.

➢ Redação alterada (Resolução do Conselho Federal da OAB 2/2007)

§ 3º O Fundo de Integração e Desenvolvimento Assistencial dos Advogados – FIDA será administrado por um Conselho Gestor designado pela Diretoria do Conselho Federal.

➢ Redação alterada (Resolução do Conselho Federal da OAB 2/2007)

§ 4º Os Conselhos Seccionais elaborarão seus orçamentos anuais considerando o limite disposto no inciso IV para manutenção da sua estrutura administrativa e das subseções, utilizando a margem resultante para suplementação orçamentária do exercício, caso se faça necessária.

➢ Redação alterada (Resolução do Conselho Federal da OAB 2/2007)

§ 5º Qualquer transferência de bens ou recursos de um Conselho Seccional a outro depende de autorização do Conselho Federal.

➢ Redação alterada (Resolução do Conselho Federal da OAB 2/2007)

Art. 57. Cabe à Caixa de Assistência dos Advogados a metade da receita das anuidades, incluídas as eventuais atualizações monetárias e juros, recebidas pelo Conselho Seccional, considerado o valor resultante após as deduções obrigatórias, nos percentuais previstos no art. 56 do Regulamento Geral. (NR)

➢ Redação alterada (Resolução do Conselho Federal da OAB 2/2013)

§ 1º Poderão ser deduzidas despesas nas receitas destinadas à Caixa Assistência, desde que previamente pactuadas.

> Redação alterada (Resolução do Conselho Federal da OAB 2/2007)

§ 2º A aplicação dos recursos da Caixa de Assistência deverá estar devidamente demonstrada nas prestações de contas periódicas do Conselho Seccional, obedecido o disposto no § 5º do art. 60 do Regulamento Geral.

> Redação alterada (Resolução do Conselho Federal da OAB 2/2007)

Art. 58. Compete privativamente ao Conselho Seccional, na primeira sessão ordinária do ano, apreciar o relatório anual e deliberar sobre o balanço e as contas da Diretoria do Conselho Seccional, da Caixa de Assistência dos Advogados e das Subseções, referentes ao exercício anterior, na forma de seu Regimento Interno.

§ 1º O Conselho Seccional elege, dentre seus membros, uma comissão de orçamento e contas para fiscalizar a aplicação da receita e opinar previamente sobre a proposta de orçamento anual e as contas.

§ 2º O Conselho Seccional pode utilizar os serviços de auditoria independente para auxiliar a comissão de orçamento e contas.

§ 3º O exercício financeiro dos Conselhos Federal e Seccionais encerra-se no dia 31 de dezembro de cada ano.

Art. 59. Deixando o cargo, por qualquer motivo, no curso do mandato, os Presidentes do Conselho Federal, do Conselho Seccional, da Caixa de Assistência e da Subseção apresentam, de forma sucinta, relatório e contas ao seu sucessor.

Art. 60. Os Conselhos Seccionais aprovarão seus orçamentos anuais, para o exercício seguinte, até o mês de outubro e o Conselho Federal até a última sessão do ano, permitida a alteração dos mesmos no curso do exercício, mediante justificada necessidade, devidamente aprovada pelos respectivos colegiados.

> Redação alterada (DJ, 24.11.1997)

§ 1º O orçamento do Conselho Seccional, incluindo as Subseções, estima a receita, fixa a despesa e prevê as deduções destinadas ao Conselho Federal, ao Fundo Cultural, ao Fundo de Integração e Desenvolvimento Assistencial dos Advogados – FIDA e à Caixa de Assistência, e deverá ser encaminhado, mediante cópia, até o dia 10 do mês subseqüente, ao Conselho Federal, podendo o seu Diretor-Tesoureiro, após análise prévia, devolvê-lo à Seccional, para os devidos ajustes. (NR)

> Redação alterada (Resolução do Conselho Federal da OAB 2/2007)

§ 2º Aprovado o orçamento e, igualmente, as eventuais suplementações orçamentárias, encaminhar-se-á cópia ao Conselho Federal, até o dia 10 do mês subseqüente, para os fins regulamentares.

> Redação alterada (DJ, 24.11.1997)

§ 3º O Conselho Seccional recém empossado deverá promover, se necessário, preferencialmente nos dois primeiros meses de gestão, a reformulação do orçamento anual, encaminhando cópia do instrumento respectivo ao Conselho Federal, até o dia 10 do mês de março do ano em curso.

> Redação alterada (Resolução do Conselho Federal da OAB 2/2007)

§ 4º A Caixa de Assistência dos Advogados aprovará seu orçamento para o exercício seguinte, até a última sessão do ano. (NR)

➢ Redação alterada (Resolução do Conselho Federal da OAB 2/2007)

§ 5º O Conselho Seccional fixa o modelo e os requisitos formais e materiais para o orçamento, o relatório e as contas da Caixa de Assistência e das Subseções. (NR)

➢ Renumerado (Resolução do Conselho Federal da OAB 2/2007)

Art. 61. O relatório, o balanço e as contas dos Conselhos Seccionais e da Diretoria do Conselho Federal, na forma prevista em Provimento, são julgados pela Terceira Câmara do Conselho Federal, com recurso para o Órgão Especial.

§ 1º Cabe à Terceira Câmara fixar os modelos dos orçamentos, balanços e contas da Diretoria do Conselho Federal e dos Conselhos Seccionais.

§ 2º A Terceira Câmara pode determinar a realização de auditoria independente nas contas do Conselho Seccional, com ônus para este, sempre que constatar a existência de graves irregularidades.

§ 3º O relatório, o balanço e as contas dos Conselhos Seccionais do ano anterior serão remetidos à Terceira Câmara até o final do quarto mês do ano seguinte.

➢ Redação alterada (DJ, 24.11.1997)

§ 4º O relatório, o balanço e as contas da Diretoria do Conselho Federal são apreciados pela Terceira Câmara a partir da primeira sessão ordinária do ano seguinte ao do exercício.

§ 5º Os Conselhos Seccionais só podem pleitear recursos materiais e financeiros ao Conselho Federal se comprovadas as seguintes condições:

➢ Redação alterada (DJ, 24.11.1997)

a) remessa de cópia do orçamento e das eventuais suplementações orçamentárias, no prazo estabelecido pelo § 2º do art. 60;

b) prestação de contas aprovada na forma regulamentar; e

c) repasse atualizado da receita devida ao Conselho Federal, suspendendo-se o pedido, em caso de controvérsia, até decisão definitiva sobre a liquidez dos valores correspondentes.

➢ Redação alterada (DJ, 24.11.1997)

CAPÍTULO III
DO CONSELHO FEDERAL
SEÇÃO I
DA ESTRUTURA E DO FUNCIONAMENTO

Art. 62. O Conselho Federal, órgão supremo da OAB, com sede na Capital da República, compõe-se de um Presidente, dos Conselheiros Federais integrantes das delegações de cada unidade federativa e de seus ex-presidentes.

§ 1º Os ex-presidentes têm direito a voz nas sessões do Conselho, sendo assegurado o direito de voto aos que exerceram mandato antes de 05 de julho de 1994 ou em seu exercício se encontravam naquela data.

➢ Redação alterada (DJ, 24.11.1997)

§ 2º O Presidente, nas suas relações externas, apresenta-se como Presidente Nacional da OAB.

§ 3º O Presidente do Conselho Seccional tem lugar reservado junto à delegação respectiva e direito a voz em todas as sessões do Conselho e de suas Câmaras.

Art. 63. O Presidente do Instituto dos Advogados Brasileiros e os agraciados com a "Medalha Rui Barbosa" podem participar das sessões do Conselho Pleno, com direito a voz.

Art. 64. O Conselho Federal atua mediante os seguintes órgãos:

I – Conselho Pleno;

II – Órgão Especial do Conselho Pleno;

III – Primeira, Segunda e Terceira Câmaras; IV – Diretoria;

V – Presidente.

Parágrafo único. Para o desempenho de suas atividades, o Conselho conta também com comissões permanentes, definidas em Provimento, e com comissões temporárias, todas designadas pelo Presidente, integradas ou não por Conselheiros Federais, submetidas a um regimento interno único, aprovado pela Diretoria do Conselho Federal, que o levará ao conhecimento do Conselho Pleno.

> Redação alterada (DJ, 12.12.2000)

Art. 65. No exercício do mandato, o Conselheiro Federal atua no interesse da advocacia nacional e não apenas no de seus representados diretos.

§ 1º O cargo de Conselheiro Federal é incompatível com o de membro de outros órgãos da OAB, exceto quando se tratar de ex-presidente do Conselho Federal e do Conselho Seccional, ficando impedido de debater e votar as matérias quando houver participado da deliberação local.

§ 2º Na apuração da antiguidade do Conselheiro Federal somam-se todos os períodos de mandato, mesmo que interrompidos.

Art. 66. Considera-se ausente das sessões ordinárias mensais dos órgãos deliberativos do Conselho Federal o Conselheiro que, sem motivo justificado, faltar a qualquer uma.

Parágrafo único. Compete ao Conselho Federal fornecer ajuda de transporte e hospedagem aos Conselheiros Federais integrantes das bancadas dos Conselho Seccionais que não tenham capacidade financeira para suportar a despesa correspondente.

> Redação alterada (DJ, 24.11.1997)

Art. 67. Os Conselheiros Federais, integrantes de cada delegação, após a posse, são distribuídos pelas três Câmaras especializadas, mediante deliberação da própria delegação, comunicada ao Secretário-Geral, ou, na falta desta, por decisão do Presidente, dando-se preferência ao mais antigo no Conselho e, havendo coincidência, ao de inscrição mais antiga.

§ 1º O Conselheiro, na sua delegação, é substituto dos demais, em qualquer órgão do Conselho, nas faltas ou impedimentos ocasionais ou no caso de licença.51

§ 2º Quando estiverem presentes dois substitutos, concomitantemente, a preferência é do mais antigo no Conselho e, em caso de coincidência, do que tiver inscrição mais antiga.

§ 3º A delegação indica seu representante ao Órgão Especial do Conselho Pleno.

Art. 68. O voto em qualquer órgão colegiado do Conselho Federal é tomado por delegação, em ordem alfabética, seguido dos ex-presidentes presentes, com direito a voto.

§ 1º Os membros da Diretoria votam como integrantes de suas delegações.

§ 2º O Conselheiro Federal opina mas não participa da votação de matéria de interesse específico da unidade que representa.

§ 3º Na eleição dos membros da Diretoria do Conselho Federal, somente votam os Conselheiros Federais, individualmente.

> Incluído pela Resolução do Conselho Federal da OAB 1/2006

Art. 69. A seleção das decisões dos órgãos deliberativos do Conselho Federal é periodicamente divulgada em forma de ementário.

Art. 70. Os órgãos deliberativos do Conselho Federal podem cassar ou modificar atos ou deliberações de órgãos ou autoridades da OAB, ouvidos estes e os interessados previamente, no prazo de quinze dias, contado do recebimento da notificação, sempre que contrariem o Estatuto, este Regulamento Geral, o Código de Ética e Disciplina e os Provimentos.

Art. 71. Toda matéria pertinente às finalidades e às competências do Conselho Federal da OAB será distribuída automaticamente no órgão colegiado competente a um relator, mediante sorteio eletrônico, com inclusão na pauta da sessão seguinte, organizada segundo critério de antiguidade.

> ➢ Redação alterada (Resolução do Conselho Federal da OAB 1/2013)

§ 1º Se o relator determinar alguma diligência, o processo é retirado da ordem do dia, figurando em anexo da pauta com indicação da data do despacho.

§ 2º Incumbe ao relator apresentar na sessão seguinte, por escrito, o relatório, o voto e a proposta de ementa.

§ 3º O relator pode determinar diligências, requisitar informações, instaurar representação incidental, propor ao Presidente a redistribuição da matéria e o arquivamento, quando for irrelevante ou impertinente às finalidades da OAB, ou o encaminhamento do processo ao Conselho Seccional competente, quando for de interesse local.

§ 4º Em caso de inevitável perigo de demora da decisão, pode o relator conceder provimento cautelar, com recurso de ofício ao órgão colegiado, para apreciação preferencial na sessão posterior.

§ 5º O relator notifica o Conselho Seccional e os interessados, quando forem necessárias suas manifestações.

§ 6º Compete ao relator manifestar-se sobre as desistências, prescrições, decadências e intempestividades dos recursos, para decisão do Presidente do órgão colegiado.

Art. 72. O processo será redistribuído automaticamente caso o relator, após a inclusão em pauta, não o apresente para julgamento na sessão seguinte ou quando, fundamentadamente e no prazo de 05 (cinco) dias, a contar do recebimento dos autos, declinar da relatoria.

> ➢ Redação alterada (Resolução do Conselho Federal da OAB 1/2013)

§ 1º O presidente do colegiado competente poderá deferir a prorrogação do prazo de apresentação do processo para julgamento estipulado no caput, por 01 (uma) sessão, mediante requerimento por escrito e fundamentado do relator.

§ 2º Redistribuído o processo, caso os autos encontrem-se com o relator, o presidente do órgão colegiado determinará sua devolução à secretaria, em até 05 (cinco) dias.

Art. 73. Em caso de matéria complexa, o Presidente designa uma comissão em vez de relator individual.

Parágrafo único. A comissão escolhe um relator e delibera coletivamente, não sendo considerados os votos minoritários para fins de relatório e voto.

SEÇÃO II
DO CONSELHO PLENO

Art. 74. O Conselho Pleno é integrado pelos Conselheiros Federais de cada delegação e pelos ex-presidentes, sendo presidido pelo Presidente do Conselho Federal e secretariado pelo Secretário-Geral.

Art. 75. Compete ao Conselho Pleno deliberar, em caráter nacional, sobre propostas e indicações relacionadas às finalidades institucionais da OAB (art. 44, I, do Estatuto) e sobre as demais atribuições previstas no art. 54 do Estatuto, respeitadas as competências privativas dos demais órgãos deliberativos do Conselho Federal, fixadas neste Regulamento Geral, e ainda:

    I – eleger o sucessor dos membros da Diretoria do Conselho Federal, em caso de vacância;

    II – regular, mediante resolução, matérias de sua competência que não exijam edição de Provimento

    III – instituir, mediante Provimento, comissões permanentes para assessorar o Conselho Federal e a Diretoria.

    ➢ Redação alterada (Resolução do Conselho Federal da OAB 1/2013)

Parágrafo único. O Conselho Pleno pode decidir sobre todas as matérias privativas de seu órgão Especial, quando o Presidente atribuir-lhes caráter de urgência e grande relevância.

Art. 76. As proposições e os requerimentos deverão ser oferecidos por escrito, cabendo ao relator apresentar relatório e voto na sessão seguinte, acompanhados de ementa do acórdão.

    ➢ Redação alterada (Resolução do Conselho Federal da OAB 1/2013)

§ 1º No Conselho Pleno, o Presidente, em caso de urgência e relevância, pode designar relator para apresentar relatório e voto orais na mesma sessão.

§ 2º Quando a proposta importar despesas não previstas no orçamento, pode ser apreciada apenas depois de ouvido o Diretor Tesoureiro quanto às disponibilidades financeiras para sua execução.

Art. 77. O voto da delegação é o de sua maioria, havendo divergência entre seus membros, considerando-se invalidado em caso de empate.

§ 1º O Presidente não integra a delegação de sua unidade federativa de origem e não vota, salvo em caso de empate.

§ 2º Os ex-Presidentes empossados antes de 5 de julho de 1994 têm direito de voto equivalente ao de uma delegação, em todas as matérias, exceto na eleição dos membros da Diretoria do Conselho Federal.

    ➢ Redação alterada (Resolução do Conselho Federal da OAB 1/2006)

Art. 78. Para editar e alterar o Regulamento Geral, o Código de Ética e Disciplina e os Provimentos e para intervir nos Conselhos Seccionais é indispensável o quorum de dois terços das delegações.

Parágrafo único. Para as demais matérias prevalece o quorum de instalação e de votação estabelecido neste Regulamento Geral.

Art. 79. A proposta que implique baixar normas gerais de competência do Conselho Pleno ou encaminhar projeto legislativo ou emendas aos Poderes competentes somente pode ser deliberada se o relator ou a comissão designada elaborar o texto normativo, a ser remetido aos Conselheiros juntamente com a convocação da sessão.

§ 1º Antes de apreciar proposta de texto normativo, o Conselho Pleno delibera sobre a admissibilidade da relevância da matéria.

2º Admitida a relevância, o Conselho passa a decidir sobre o conteúdo da proposta do texto normativo, observados os seguintes critérios:

    a) procede-se à leitura de cada dispositivo, considerando-o aprovado se não houver destaque levantado por qualquer membro ou encaminhado por Conselho Seccional;

b) havendo destaque, sobre ele manifesta-se apenas aquele que o levantou e a comissão relatora ou o relator, seguindo-se a votação.

§ 3º Se vários membros levantarem destaque sobre o mesmo ponto controvertido, um, dentre eles, é eleito como porta-voz.

§ 4º Se o texto for totalmente rejeitado ou prejudicado pela rejeição, o Presidente designa novo relator ou comissão revisora para redigir outro.

Art. 80. A OAB pode participar e colaborar em eventos internacionais, de interesse da advocacia, mas somente se associa a organismos internacionais que congreguem entidades congêneres.

Parágrafo único. Os Conselhos Seccionais podem representar a OAB em geral ou os advogados brasileiros em eventos internacionais ou no exterior, quando autorizados pelo Presidente Nacional.

Art. 81. Constatando grave violação do Estatuto ou deste Regulamento Geral, a Diretoria do Conselho Federal notifica o Conselho Seccional para apresentar defesa e, havendo necessidade, designa representantes para promover verificação ou sindicância, submetendo o relatório ao Conselho Pleno.

§ 1º Se o relatório concluir pela intervenção, notifica-se o Conselho Seccional para apresentar defesa por escrito e oral perante o Conselho Pleno, no prazo e tempo fixados pelo Presidente.

§ 2º Se o Conselho Pleno decidir pela intervenção, fixa prazo determinado, que pode ser prorrogado, cabendo à Diretoria designar diretoria provisória.

§ 3º Ocorrendo obstáculo imputável à Diretoria do Conselho Seccional para a sindicância, ou no caso de irreparabilidade do perigo pela demora, o Conselho Pleno pode aprovar liminarmente a intervenção provisória.

Art. 82. As indicações de ajuizamento de ação direta de inconstitucionalidade submetem-se ao juízo prévio de admissibilidade da Diretoria para aferição da relevância da defesa dos princípios e normas constitucionais e, sendo admitidas, observam o seguinte procedimento:

I – o relator, designado pelo Presidente, independentemente da decisão da Diretoria, pode levantar preliminar de inadmissibilidade perante o Conselho Pleno, quando não encontrar norma ou princípio constitucional violados pelo ato normativo;

II – aprovado o ajuizamento da ação, esta será proposta pelo Presidente do Conselho Federal;

➢ Redação alterada (DJ, 12.12.2000)

III – cabe à assessoria do Conselho acompanhar o andamento da ação.

§ 1º Em caso de urgência que não possa aguardar a sessão ordinária do Conselho Pleno, ou durante o recesso do Conselho Federal, a Diretoria decide quanto ao mérito, ad referendum daquele.

§ 2º Quando a indicação for subscrita por Conselho Seccional da OAB, por entidade de caráter nacional ou por delegação do Conselho Federal, a matéria não se sujeita ao juízo de admissibilidade da Diretoria.

Art. 83. Compete à Comissão Nacional de Educação Jurídica do Conselho Federal opinar previamente nos pedidos para criação, reconhecimento e credenciamento dos cursos jurídicos referidos no art. 54, XV, do Estatuto.

➢ Redação alterada (Resolução do Conselho Federal da OAB 1/2011)

§ 1º O Conselho Seccional em cuja área de atuação situar-se a instituição de ensino superior interessada será ouvido, preliminarmente, nos processos que tratem das matérias referidas neste artigo, devendo a seu respeito manifestar-se no prazo de 30 (trinta) dias.

> ➢ Renumerado (Resolução do Conselho Federal da OAB 3/2006)

§ 2º A manifestação do Conselho Seccional terá em vista, especialmente, os seguintes aspectos:

> ➢ Incluído pela Resolução do Conselho Federal da OAB 3/2006

a) a verossimilhança do projeto pedagógico do curso, em face da realidade local;
b) a necessidade social da criação do curso, aferida em função dos critérios estabelecidos pela Comissão de Ensino Jurídico do Conselho Federal;
c) a situação geográfica do município sede do curso, com indicação de sua população e das condições de desenvolvimento cultural e econômico que apresente, bem como da distância em relação ao município mais próximo onde haja curso jurídico;
d) as condições atuais das instalações físicas destinadas ao funcionamento do curso;
e) a existência de biblioteca com acervo adequado, a que tenham acesso direto os estudantes.

§ 3º A manifestação do Conselho Seccional deverá informar sobre cada um dos itens mencionados no parágrafo anterior, abstendo-se, porém, de opinar, conclusivamente, sobre a conveniência ou não da criação do curso.

> ➢ Incluído (Resolução do Conselho Federal da OAB 3/2006)

§ 4º O Conselho Seccional encaminhará sua manifestação diretamente à Comissão de Ensino Jurídico do Conselho Federal, dela não devendo fornecer cópia à instituição interessada ou a terceiro antes do pronunciamento final do Conselho Federal.

> ➢ Incluído pela Resolução do Conselho Federal da OAB 3/2006

SEÇÃO III
DO ÓRGÃO ESPECIAL DO CONSELHO PLENO

Art. 84. O Órgão Especial é composto por um Conselheiro Federal integrante de cada delegação, sem prejuízo de sua participação no Conselho Pleno, e pelos ex-Presidentes, sendo presidido pelo Vice-Presidente e secretariado pelo Secretário-Geral Adjunto.

Parágrafo único. O Presidente do Órgão Especial, além de votar por sua delegação, tem o voto de qualidade, no caso de empate.

Art. 85. Compete ao Órgão Especial deliberar, privativamente e em caráter irrecorrível, sobre:

I – recurso contra decisões das Câmaras, quando não tenham sido unânimes ou, sendo unânimes, contrariem a Constituição, as leis, o Estatuto, decisões do Conselho Federal, este Regulamento Geral, o Código de Ética e Disciplina ou os Provimentos;

> ➢ Redação alterada (Resolução do Conselho Federal da OAB 1/2007)

II – recurso contra decisões unânimes das Turmas, quando estas contrariarem a Constituição, as leis, o Estatuto, decisões do Conselho Federal, este Regulamento Geral, o Código de Ética e Disciplina ou os Provimentos;

> ➢ Redação alterada (Resolução do Conselho Federal da OAB 1/2007)

III – recurso contra decisões do Presidente ou da Diretoria do Conselho Federal e do Presidente do Órgão Especial;

> Renumerado (Resolução do Conselho Federal da OAB 1/2007)

IV – consultas escritas, formuladas em tese, relativas às matérias de competência das Câmaras especializadas ou à interpretação do Estatuto, deste Regulamento Geral, do Código de Ética e Disciplina e dos Provimentos, devendo todos os Conselhos Seccionais ser cientificados do conteúdo das respostas;

> Renumerado (Resolução do Conselho Federal da OAB 1/2007)

V – conflitos ou divergências entre órgãos da OAB;

> Renumerado (Resolução do Conselho Federal da OAB 1/2007)

VI – determinação ao Conselho Seccional competente para instaurar processo, quando, em autos ou peças submetidos ao conhecimento do Conselho Federal, encontrar fato que constitua infração disciplinar.

> Renumerado (Resolução do Conselho Federal da OAB 1/2007)

§ 1º Os recursos ao Órgão Especial podem ser manifestados pelo Presidente do Conselho Federal, pelas partes ou pelos recorrentes originários.

§ 2º O relator pode propor ao Presidente do Órgão Especial o arquivamento da consulta, quando não se revestir de caráter geral ou não tiver pertinência com as finalidades da OAB, ou o seu encaminhamento ao Conselho Seccional, quando a matéria for de interesse local.

Art. 86. A decisão do Órgão Especial constitui orientação dominante da OAB sobre a matéria, quando consolidada em súmula publicada na imprensa oficial.

SEÇÃO IV
DAS CÂMARAS

Art. 87. As Câmaras são presididas:

I – a Primeira, pelo Secretário-Geral;

II – a Segunda, pelo Secretário-Geral Adjunto;

III – a Terceira, pelo Tesoureiro.

§ 1º Os Secretários das Câmaras são designados, dentre seus integrantes, por seus Presidentes.

§ 2º Nas suas faltas e impedimentos, os Presidentes e Secretários das Câmaras são substituídos pelos Conselheiros mais antigos e, havendo coincidência, pelos de inscrição mais antiga.

§ 3º O Presidente da Câmara, além de votar por sua delegação, tem o voto de qualidade, no caso de empate.

Art. 88. Compete à Primeira Câmara:

I – decidir os recursos sobre:

　a) atividade de advocacia e direitos e prerrogativas dos advogados e estagiários;

　b) inscrição nos quadros da OAB;

　c) incompatibilidades e impedimentos.

II – expedir resoluções regulamentando o Exame de Ordem, para garantir sua eficiência e padronização nacional, ouvida a Comissão Nacional de Exame de Ordem;

> Redação alterada (DJ, 12.12.2000)

> Vide art. 8º da Lei 8.906/94

III – julgar as representações sobre as matérias de sua competência; (NR)

> Redação alterada (DJ, 24.11.1997)

IV – propor, instruir e julgar os incidentes de uniformização de decisões de sua competência.

> Redação alterada (DJ, 24.11.1997)

V – determinar ao Conselho Seccional competente a instauração de processo quando, em autos ou peças submetidas ao seu julgamento, tomar conhecimento de fato que constitua infração disciplinar;

> Incluído (DJ, 12.12.2000)

VI – julgar os recursos interpostos contra decisões de seu Presidente.

> Incluído (DJ, 12.12.2000)

Art. 89. Compete à Segunda Câmara:

> Vide art. 58 e 59 do novo CED da OAB

I – decidir os recursos sobre ética e deveres do advogado, infrações e sanções disciplinares;

II – promover em âmbito nacional a ética do advogado, juntamente com os Tribunais de Ética e Disciplina, editando resoluções regulamentares ao Código de Ética e Disciplina.

III – julgar as representações sobre as matérias de sua competência;

> Redação alterada (DJ, 24.11.1997)

IV – propor, instruir e julgar os incidentes de uniformização de decisões de sua competência;

> Redação alterada (DJ, 24.11.1997)

V – determinar ao Conselho Seccional competente a instauração de processo quando, em autos ou peças submetidas ao seu julgamento, tomar conhecimento de fato que constitua infração disciplinar;

> Incluído (DJ, 12.12.2000)

VI – julgar os recursos interpostos contra decisões de seu Presidente;

> Incluído (DJ, 12.12.2000)

VII – eleger, dentre seus integrantes, os membros da Corregedoria do Processo Disciplinar, em número máximo de três, com atribuição, em caráter nacional, de orientar e fiscalizar a tramitação dos processos disciplinares de competência da OAB, podendo, para tanto, requerer informações e realizar diligências, elaborando relatório anual dos processos em trâmite no Conselho Federal e nos Conselhos Seccionais e Subseções.

> Incluído (DJ, 12.12.2000)

Art. 89-A. A Segunda Câmara será dividida em três Turmas, entre elas repartindo-se, com igualdade, os processos recebidos pela Secretaria.

> Incluído pela Resolução do Conselho Federal da OAB 1/2007

§ 1º Na composição das Turmas, que se dará por ato do Presidente da Segunda Câmara, será observado o critério de representatividade regional, de sorte a nelas estarem presentes todas as Regiões do País.

> Incluído pela Resolução do Conselho Federal da OAB 1/2007

§ 2º As Turmas serão presididas pelo Conselheiro presente de maior antigüidade no Conselho Federal, admitindo-se o revezamento, a critério dos seus membros, salvo a Turma integrada pelo Presidente da Segunda Câmara, que será por ele presidida.

> Incluído pela Resolução do Conselho Federal da OAB 1/2007

§ 3º Das decisões não unânimes das Turmas caberá recurso para o Pleno da Segunda Câmara.

> Incluído pela Resolução do Conselho Federal da OAB 1/2007

§ 4º No julgamento do recurso, o relator ou qualquer membro da Turma poderá propor que esta o afete ao Pleno da Câmara, em vista da relevância ou especial complexidade da matéria versada, podendo proceder do mesmo modo quando suscitar questões de ordem que impliquem a adoção de procedimentos comuns pelas Turmas.

> Incluído pela Resolução do Conselho Federal da OAB 1/2009

Art. 90. Compete à Terceira Câmara:

I – decidir os recursos relativos à estrutura, aos órgãos e ao processo eleitoral da OAB;

II – decidir os recursos sobre sociedades de advogados, advogados associados e advogados empregados;

III – apreciar os relatórios anuais e deliberar sobre o balanço e as contas da Diretoria do Conselho Federal e dos Conselhos Seccionais;

IV – suprir as omissões ou regulamentar as normas aplicáveis às Caixas de Assistência dos Advogados, inclusive mediante resoluções;

V – modificar ou cancelar, de ofício ou a pedido de qualquer pessoa, dispositivo do Regimento Interno do Conselho Seccional que contrarie o Estatuto ou este Regulamento Geral;

VI – julgar as representações sobre as matérias de sua competência;

> Redação alterada (DJ, 24.11.1997)

VII – propor, instruir e julgar os incidentes de uniformização de decisões de sua competência;

> Redação alterada (DJ, 24.11.1997)

VIII – determinar ao Conselho Seccional competente a instauração de processo quando, em autos ou peças submetidas ao seu julgamento, tomar conhecimento de fato que constitua infração disciplinar;

> Incluído (DJ, 12.12.2000)

IX – julgar os recursos interpostos contra decisões de seu Presidente.

> Incluído (DJ, 12.12.2000)

SEÇÃO V
DAS SESSÕES

Art. 91. Os órgãos colegiados do Conselho Federal reúnem-se ordinariamente nos meses de fevereiro a dezembro de cada ano, em sua sede no Distrito Federal, nas datas fixadas pela Diretoria.

> Redação alterada (Resolução do Conselho Federal da OAB 1/2010)

§ 1º Em caso de urgência ou no período de recesso (janeiro), o Presidente ou um terço das delegações do Conselho Federal pode convocar sessão extraordinária.

> Redação alterada (Resolução do Conselho Federal da OAB 1/2010)

§ 2º A sessão extraordinária, em caráter excepcional e de grande relevância, pode ser convocada para local diferente da sede do Conselho Federal.

§ 3º As convocações para as sessões ordinárias são acompanhadas de minuta da ata da sessão anterior e dos demais documentos necessários.

§ 4º Mediante prévia deliberação do Conselho Pleno, poderá ser dispensada a realização da sessão ordinária do mês de julho, sem prejuízo da regular fruição dos prazos processuais eregulamentares.

> Incluído pela Resolução do Conselho Federal da OAB 1/2010

Art. 92. Para instalação e deliberação dos órgãos colegiados do Conselho Federal da OAB exige-se a presença de metade das delegações, salvo nos casos de quorum qualificado, previsto neste Regulamento Geral.

§ 1º A deliberação é tomada pela maioria de votos dos presentes.

§ 2º Comprova-se a presença pela assinatura no documento próprio, sob controle do Secretário da sessão.

§ 3º Qualquer membro presente pode requerer a verificação do quorum, por chamada.

§ 4º A ausência à sessão, depois da assinatura de presença, não justificada ao Presidente, é contada para efeito de perda do mandato.

Art. 93. Nas sessões observa-se a seguinte ordem:

    I – verificação do *quorum* e abertura;

    II – leitura, discussão e aprovação da ata da sessão anterior;

    III – comunicações do Presidente;

    IV – ordem do dia;

    V – expediente e comunicações dos presentes.

Parágrafo único. A ordem dos trabalhos ou da pauta pode ser alterada pelo Presidente, em caso de urgência ou de pedido de preferência.

Art. 94. O julgamento de qualquer processo ocorre do seguinte modo:

    I – leitura do relatório, do voto e da proposta de ementa do acórdão, todos escritos, pelo relator;

    II – sustentação oral pelo interessado ou seu advogado, no prazo de quinze minutos, tendo o respectivo processo preferência no julgamento;

    III – discussão da matéria, dentro do prazo máximo fixado pelo Presidente, não podendo cada Conselheiro fazer uso da palavra mais de uma vez nem por mais de três minutos, salvo se lhe for concedida prorrogação;

    IV – votação da matéria, não sendo permitidas questões de ordem ou justificativa oral de voto, precedendo as questões prejudiciais e preliminares às de mérito;

    V – a votação da matéria será realizada mediante chamada em ordem alfabética das bancadas, iniciando-se com a delegação integrada pelo relator do processo em julgamento;

    ➢ Incluído pela Resolução do Conselho Federal da OAB 3/2013

    VI – proclamação do resultado pelo Presidente, com leitura da súmula da decisão.

    ➢ Incluído pela Resolução do Conselho Federal da OAB 3/2013

§ 1º Os apartes só serão admitidos quando concedidos pelo orador. Não será admitido aparte:

    ➢ Redação alterada (DJ, 12.12.2000)

a) à palavra do Presidente;

b) ao Conselheiro que estiver suscitando questão de ordem.

§ 2º Se durante a discussão o Presidente julgar que a matéria é complexa e não se encontra suficientemente esclarecida, suspende o julgamento, designando revisor para sessão seguinte.

    ➢ Renumerado (DJ, 12.12.2000)

§ 3º A justificação escrita do voto pode ser encaminhada à Secretaria até quinze dias após a votação da matéria.

    ➢ Renumerado (DJ, 12.12.2000)

§ 4º O Conselheiro pode pedir preferência para antecipar seu voto se necessitar ausentar-se justificadamente da sessão.

    ➢ Renumerado (DJ, 12.12.2000)

§ 5º O Conselheiro pode eximir-se de votar se não tiver assistido à leitura do relatório.

    ➢ Renumerado (DJ, 12.12.2000)

§ 6º O relatório e o voto do relator, na ausência deste, são lidos pelo Secretário.

> Renumerado (DJ, 12.12.2000)

§ 7º Vencido o relator, o autor do voto vencedor lavra o acórdão.

> Renumerado (DJ, 12.12.2000)

Art. 95. O pedido justificado de vista por qualquer Conselheiro, quando não for em mesa, não adia a discussão, sendo deliberado como preliminar antes da votação da matéria.

Parágrafo único. A vista concedida é coletiva, permanecendo os autos do processo na Secretaria, com envio de cópias aos que as solicitarem, devendo a matéria ser julgada na sessão ordinária seguinte, com preferência sobre as demais, ainda que ausentes o relator ou o Conselheiro requerente.

Art. 96. As decisões coletivas são formalizadas em acórdãos, assinados pelo Presidente e pelo relator, e publicadas.

§ 1º As manifestações gerais do Conselho Pleno podem dispensar a forma de acórdão.

§ 2º As ementas têm numeração sucessiva e anual, relacionada ao órgão deliberativo.

Art. 97. As pautas e decisões são publicadas na Imprensa Oficial, ou comunicadas pessoalmente aos interessados, e afixadas em local de fácil acesso na sede do Conselho Federal.

> Redação alterada (DJ, 12.12.2000)

SEÇÃO VI
DA DIRETORIA DO CONSELHO FEDERAL

Art. 98. O Presidente é substituído em suas faltas, licenças e impedimentos pelo Vice-Presidente, pelo Secretário-Geral, pelo Secretário-Geral Adjunto e pelo Tesoureiro, sucessivamente.

§ 1º O Vice-Presidente, o Secretário-Geral, o Secretário-Geral Adjunto e o Tesoureiro substituem-se nessa ordem, em suas faltas e impedimentos ocasionais, sendo o último substituído pelo Conselheiro Federal mais antigo e, havendo coincidência de mandatos, pelo de inscrição mais antiga.

§ 2º No caso de licença temporária, o Diretor é substituído pelo Conselheiro designado pelo Presidente.

§ 3º No caso de vacância de cargo da Diretoria, em virtude de perda do mandato, morte ou renúncia, o sucessor é eleito pelo Conselho Pleno.

§ 4º Para o desempenho de suas atividades, a Diretoria contará, também, com dois representantes institucionais permanentes, cujas funções serão exercidas por Conselheiros Federais por ela designados, ad referendum do Conselho Pleno, destinadas ao acompanhamento dos interesses da Advocacia no Conselho Nacional de Justiça e no Conselho Nacional do Ministério Público.

> Incluído pela Resolução do Conselho Federal da OAB 1/2015

Art. 99. Compete à Diretoria, coletivamente:

I – dar execução às deliberações dos órgãos deliberativos do Conselho;

II – elaborar e submeter à Terceira Câmara, na forma e prazo estabelecidos neste Regulamento Geral, o orçamento anual da receita e da despesa, o relatório anual, o balanço e as contas;

III – elaborar estatística anual dos trabalhos e julgados do Conselho;

IV – distribuir e redistribuir as atribuições e competências entre os seus membros;

V – elaborar e aprovar o plano de cargos e salários e a política de administração de pessoal do Conselho, propostos pelo Secretário-Geral;

VI – promover assistência financeira aos órgãos da OAB, em caso de necessidade comprovada e de acordo com previsão orçamentária;

VII – definir critérios para despesas com transporte e hospedagem dos Conselheiros, membros das comissões e convidados;

VIII – alienar ou onerar bens móveis;

IX – resolver os casos omissos no Estatuto e no Regulamento Geral, ad referendum do Conselho Pleno.

Art. 100. Compete ao Presidente:

I – representar a OAB em geral e os advogados brasileiros, no país e no exterior, em juízo ou fora dele;

II – representar o Conselho Federal, em juízo ou fora dele;

III – convocar e presidir o Conselho Federal e executar suas decisões;

IV – adquirir, onerar e alienar bens imóveis, quando autorizado, e administrar o patrimônio do Conselho Federal, juntamente com o Tesoureiro;

V – aplicar penas disciplinares, no caso de infração cometida no âmbito do Conselho Federal; VI – assinar, com o Tesoureiro, cheques e ordens de pagamento;

VII – executar e fazer executar o Estatuto e a legislação complementar.

Art. 101. Compete ao Vice-Presidente:

I – presidir o Órgão Especial e executar suas decisões;

II – executar as atribuições que lhe forem cometidas pela Diretoria ou delegadas, por portaria, pelo Presidente.

Art. 102. Compete ao Secretário-Geral:

I – presidir a Primeira Câmara e executar suas decisões;

II – dirigir todos os trabalhos de Secretaria do Conselho Federal;

III – secretariar as sessões do Conselho Pleno;

IV – manter sob sua guarda e inspeção todos os documentos do Conselho Federal;

V – controlar a presença e declarar a perda de mandato dos Conselheiros Federais;

VI – executar a administração do pessoal do Conselho Federal;

VII – emitir certidões e declarações do Conselho Federal.

Art. 103. Compete ao Secretário-Geral Adjunto:

I – presidir a Segunda Câmara e executar suas decisões;

II – organizar e manter o cadastro nacional dos advogados e estagiários, requisitando os dados e informações necessários aos Conselhos Seccionais e promovendo as medidas necessárias;

➤ Vide arts. 24 a 137-D

III – executar as atribuições que lhe forem cometidas pela Diretoria ou delegadas pelo Secretário-Geral;

IV – secretariar o Órgão Especial.

Art. 104. Compete ao Tesoureiro:

I – presidir a Terceira Câmara e executar suas decisões;

II – manter sob sua guarda os bens e valores e o almoxarifado do Conselho;

III – administrar a Tesouraria, controlar e pagar todas as despesas autorizadas e assinar cheques e ordens de pagamento com o Presidente;

IV – elaborar a proposta de orçamento anual, o relatório, os balanços e as contas mensais e anuais da Diretoria;

V – propor à Diretoria a tabela de custas do Conselho Federal;

VI – fiscalizar e cobrar as transferências devidas pelos Conselhos Seccionais ao Conselho Federal, propondo à Diretoria a intervenção nas Tesourarias dos inadimplentes;

VII – manter inventário dos bens móveis e imóveis do Conselho Federal, atualizado anualmente;

VIII – receber e dar quitação dos valores recebidos pelo Conselho Federal.

§ 1º Em casos imprevistos, o Tesoureiro pode realizar despesas não constantes do orçamento anual, quando autorizadas pela Diretoria.

2º Cabe ao Tesoureiro propor à Diretoria o regulamento para aquisições de material de consumo e permanente.

CAPÍTULO IV
DO CONSELHO SECCIONAL

Art. 105. Compete ao Conselho Seccional, além do previsto nos arts. 57 e 58 do Estatuto:

I – cumprir o disposto nos incisos I, II e III do art. 54 do Estatuto;

II – adotar medidas para assegurar o regular funcionamento das Subseções;

III – intervir, parcial ou totalmente, nas Subseções e na Caixa de Assistência dos Advogados, onde e quando constatar grave violação do Estatuto, deste Regulamento Geral e do Regimento Interno do Conselho Seccional;

IV – cassar ou modificar, de ofício ou mediante representação, qualquer ato de sua diretoria e dos demais órgãos executivos e deliberativos, da diretoria ou do conselho da Subseção e da diretoria da Caixa de Assistência dos Advogados, contrários ao Estatuto, ao Regulamento Geral, aos Provimentos, ao Código de Ética e Disciplina, ao seu Regimento Interno e às suas Resoluções;

V – ajuizar, após deliberação:

a) ação direta de inconstitucionalidade de leis ou atos normativos estaduais e municipais, em face da Constituição Estadual ou da Lei Orgânica do Distrito Federal;

b) ação civil pública, para defesa de interesses difusos de caráter geral e coletivos e individuais homogêneos;

➢ Redação alterada (DJ, 12.12.2000)

c) mandado de segurança coletivo, em defesa de seus inscritos, independentemente de autorização pessoal dos interessados;

d) mandado de injunção, em face da Constituição Estadual ou da Lei Orgânica do Distrito Federal.

Parágrafo único. O ajuizamento é decidido pela Diretoria, no caso de urgência ou recesso do Conselho Seccional.

Art. 106. Os Conselhos Seccionais são compostos de conselheiros eleitos, incluindo os membros da Diretoria, proporcionalmente ao número de advogados com inscrição concedida, observados os seguintes critérios:

I – abaixo de 3.000 (três mil) inscritos, até 30 (trinta) membros;

➢ Redação alterada (Resolução do Conselho Federal da OAB 2/2009)

II – a partir de 3.000 (três mil) inscritos, mais um membro por grupo completo de 3.000 (três mil) inscritos, até o total de 80 (oitenta) membros. (NR)

➢ Redação alterada (Resolução do Conselho Federal da OAB 2/2009)

§ 1º Cabe ao Conselho Seccional, observado o número da última inscrição concedida, fixar o número de seus membros, mediante resolução, sujeita a referendo do Conselho Federal, que aprecia a base de cálculo e reduz o excesso, se houver.

§ 2º O Conselho Seccional, a delegação do Conselho Federal, a diretoria da Caixa de Assistência dos Advogados, a diretoria e o conselho da Subseção podem ter suplentes, eleitos na chapa vencedora, em número fixado entre a metade e o total de conselheiros titulares.

> ➢ Redação alterada (Resolução do Conselho Federal da OAB 3/2012)

§ 3º Não se incluem no cálculo da composição dos elegíveis ao Conselho seus ex-Presidentes e o Presidente do Instituto dos Advogados.

Art. 107. Todos os órgãos vinculados ao Conselho Seccional reúnem-se, ordinariamente, nos meses de fevereiro a dezembro, em suas sedes, e para a sessão de posse no mês de janeiro do primeiro ano do mandato.

§1º Em caso de urgência ou nos períodos de recesso (janeiro), os Presidentes dos órgãos ou um terço de seus membros podem convocar sessão extraordinária.

> ➢ Redação alterada (Resolução do Conselho Federal da OAB 1/2010)
> ➢ Vide art. 91 do Regulamento Geral da OAB

§ 2º As convocações para as sessões ordinárias são acompanhadas de minuta da ata da sessão anterior e dos demais documentos necessários.

Art. 108. Para aprovação ou alteração do Regimento Interno do Conselho, de criação e intervenção em Caixa de Assistência dos Advogados e Subseções e para aplicação da pena de exclusão de inscrito é necessário quorum de presença de dois terços dos conselheiros.

§ 1º Para as demais matérias exige-se quorum de instalação e deliberação de metade dos membros de cada órgão deliberativo, não se computando no cálculo os ex-Presidentes presentes, com direito a voto.

§ 2º A deliberação é tomada pela maioria dos votos dos presentes, incluindo os ex-Presidentes com direito a voto.

§ 3º Comprova-se a presença pela assinatura no documento próprio, sob controle do Secretário da sessão.

§ 4º Qualquer membro presente pode requerer a verificação do quorum, por chamada.

§ 5º A ausência à sessão depois da assinatura de presença, não justificada ao Presidente, é contada para efeito de perda do mandato.

Art. 109. O Conselho Seccional pode dividir-se em órgãos deliberativos e instituir comissões especializadas, para melhor desempenho de suas atividades.

§ 1º Os órgãos do Conselho podem receber a colaboração gratuita de advogados não conselheiros, inclusive para instrução processual, considerando-se função relevante em benefício da advocacia.

§ 2º No Conselho Seccional e na Subseção que disponha de conselho é obrigatória a instalação e o funcionamento da Comissão de Direitos Humanos, da Comissão de Orçamento e Contas e da Comissão de Estágio e Exame de Ordem.

3º Os suplentes podem desempenhar atividades permanentes e temporárias, na forma do Regimento Interno.

§ 4º As Câmaras e os órgãos julgadores em que se dividirem os Conselhos Seccionais para o exercício das respectivas competências serão integradas exclusivamente por Conselheiros eleitos, titulares ou suplentes.

Art. 110. Os relatores dos processos em tramitação no Conselho Seccional têm competência para instrução, podendo ouvir depoimentos, requisitar documentos, determinar diligências e propor o arquivamento ou outra providência porventura cabível ao Presidente do órgão colegiado competente.

Art. 111. O Conselho Seccional fixa tabela de honorários advocatícios, definindo as referências mínimas e as proporções, quando for o caso.

> ➢ Vide arts. 48 a 54 do novo CED da OAB
> ➢ Vide arts. 22 a 26 da Lei 8.906/94

Parágrafo único. A tabela é amplamente divulgada entre os inscritos e encaminhada ao Poder Judiciário para os fins do art. 22 do Estatuto.

Art. 112. O Exame de Ordem será regulamentado por Provimento editado pelo Conselho Federal.

> ➢ Redação alterada (Resolução do Conselho Federal da OAB 1/2011)

§ 1º O Exame de Ordem é organizado pela Coordenação Nacional de Exame de Ordem, na forma de Provimento do Conselho Federal.

§ 2º Às Comissões de Estágio e Exame de Ordem dos Conselhos Seccionais compete fiscalizar a aplicação da prova e verificar o preenchimento dos requisitos exigidos dos examinandos quando dos pedidos de inscrição, assim como difundir as diretrizes e defender a necessidade do Exame de Ordem.

Art. 113. O Regimento Interno do Conselho Seccional define o procedimento de intervenção total ou parcial nas Subseções e na Caixa de Assistência dos Advogados, observados os critérios estabelecidos neste Regulamento Geral para a intervenção no Conselho Seccional.

Art. 114. Os Conselhos Seccionais definem nos seus Regimentos Internos a composição, o modo de eleição e o funcionamento dos Tribunais de Ética e Disciplina, observados os procedimentos do Código de Ética e Disciplina.

§ 1º Os membros dos Tribunais de Ética e Disciplina, inclusive seus Presidentes, são eleitos na primeira sessão ordinária após a posse dos Conselhos Seccionais, dentre os seus integrantes ou advogados de notável reputação ético-profissional, observados os mesmos requisitos para a eleição do Conselho Seccional.

§ 2º O mandato dos membros dos Tribunais de Ética e Disciplina tem a duração de três anos.

§ 3º Ocorrendo qualquer das hipóteses do art. 66 do Estatuto, o membro do Tribunal de Ética e Disciplina perde o mandato antes do seu término, cabendo ao Conselho Seccional eleger o substituto.

CAPÍTULO V
DAS SUBSEÇÕES

Art. 115. Compete às subseções dar cumprimento às finalidades previstas no art. 61 do Estatuto e neste Regulamento Geral.

Art. 116. O Conselho Seccional fixa, em seu orçamento anual, dotações específicas para as subseções, e as repassa segundo programação financeira aprovada ou em duodécimos.

Art. 117. A criação de Subseção depende, além da observância dos requisitos estabelecidos no Regimento Interno do Conselho Seccional, de estudo preliminar de viabilidade realizado por comissão especial designada pelo Presidente do Conselho Seccional, incluindo o número de advogados efetivamente residentes na base territorial, a existência de comarca judiciária, o levantamento e a perspectiva do mercado de trabalho, o custo de instalação e de manutenção.

Art. 118. A resolução do Conselho Seccional que criar a Subseção deve:

I – fixar sua base territorial;
II – definir os limites de suas competências e autonomia;
III – fixar a data da eleição da diretoria e do conselho, quando for o caso, e o início do mandato com encerramento coincidente com o do Conselho Seccional;
IV – definir a composição do conselho da Subseção e suas atribuições, quando for o caso.

§ 1º Cabe à Diretoria do Conselho Seccional encaminhar cópia da resolução ao Conselho Federal, comunicando a composição da diretoria e do conselho.

§ 2º Os membros da diretoria da Subseção integram seu conselho, que tem o mesmo Presidente.

Art. 119. Os conflitos de competência entre subseções e entre estas e o Conselho Seccional são por este decididos, com recurso voluntário ao Conselho Federal.

Art. 120. Quando a Subseção dispuser de conselho, o Presidente deste designa um de seus membros, como relator, para instruir processo de inscrição no quadro da OAB, para os residentes em sua base territorial, ou processo disciplinar, quando o fato tiver ocorrido na sua base territorial.

➢ Vide arts. 55 a 69 do novo CED da OAB
➢ Vide arts. 68 a 77 da Lei 8.906/94

§ 1º Os relatores dos processos em tramitação na Subseção têm competência para instrução, podendo ouvir depoimentos, requisitar documentos, determinar diligências e propor o arquivamento ou outra providência ao Presidente.

§ 2º Concluída a instrução do pedido de inscrição, o relator submete parecer prévio ao conselho da Subseção, que pode ser acompanhado pelo relator do Conselho Seccional.

§ 3º Concluída a instrução do processo disciplinar, nos termos previstos no Estatuto e no Código de Ética e Disciplina, o relator emite parecer prévio, o qual, se homologado pelo Conselho da Subseção, é submetido ao julgamento do Tribunal de Ética e Disciplina.

§ 4º Os demais processos, até mesmo os relativos à atividade de advocacia, incompatibilidades e impedimentos, obedecem a procedimento equivalente.

CAPÍTULO VI
DAS CAIXAS DE ASSISTÊNCIA DOS ADVOGADOS

Art. 121. As Caixas de Assistência dos Advogados são criadas mediante aprovação e registro de seus estatutos pelo Conselho Seccional.

Art. 122. O estatuto da Caixa define as atividades da Diretoria e a sua estrutura organizacional.

§ 1º A Caixa pode contar com departamentos específicos, integrados por profissionais designados por sua Diretoria.

§ 2º O plano de empregos e salários do pessoal da Caixa é aprovado por sua Diretoria e homologado pelo Conselho Seccional.

Art. 123. A assistência aos inscritos na OAB é definida no estatuto da Caixa e está condicionada à:

I – regularidade do pagamento, pelo inscrito, da anuidade à OAB;
II – carência de um ano, após o deferimento da inscrição;
III – disponibilidade de recursos da Caixa.

Parágrafo único. O estatuto da Caixa pode prever a dispensa dos requisitos de que cuidam os incisos I e II, em casos especiais.

Art. 124. A seguridade complementar pode ser implementada pela Caixa, segundo dispuser seu estatuto.

Art. 125. As Caixas promovem entre si convênios de colaboração e execução de suas finalidades.

Art. 126. A Coordenação Nacional das Caixas, por elas mantida, composta de seus presidentes, é órgão de assessoramento do Conselho Federal da OAB para a política nacional de assistência e seguridade dos advogados, tendo seu Coordenador direito a voz nas sessões, em matéria a elas pertinente.

Art. 127. O Conselho Federal pode constituir fundos nacionais de seguridade e assistência dos advogados, coordenados pelas Caixas, ouvidos os Conselhos Seccionais

CAPÍTULO VII
DAS ELEIÇÕES

- ➢ Vide art. 27 do novo CED da OAB
- ➢ Vide arts. 63 a 37 da Lei 8.906/94

Art. 128. O Conselho Seccional, até 45 (quarenta e cinco) dias antes da data da votação, no último ano do mandato, convocará os advogados inscritos para a votação obrigatória, mediante edital resumido, publicado na imprensa oficial, do qual constarão, dentre outros, os seguintes itens:

- ➢ Redação alterada (Resolução do Conselho Federal da OAB 1/2014)

I – dia da eleição, na segunda quinzena de novembro, dentro do prazo contínuo de oito horas, com início fixado pelo Conselho Seccional;

II – prazo para o registro das chapas, na Secretaria do Conselho, até trinta dias antes da votação;

III – modo de composição da chapa, incluindo o número de membros do Conselho Seccional;

IV – prazo de três dias úteis, tanto para a impugnação das chapas quanto para a defesa, após o encerramento do prazo do pedido de registro (item II), e de cinco dias úteis para a decisão da Comissão Eleitoral;

V – nominata dos membros da Comissão Eleitoral escolhida pela Diretoria;

VI – locais de votação;

VII – referência a este capítulo do Regulamento Geral, cujo conteúdo estará à disposição dos interessados.

§ 1º O edital define se as chapas concorrentes às Subseções são registradas nestas ou na Secretaria do próprio Conselho.

§ 2º Cabe aos Conselhos Seccionais promover ampla divulgação das eleições, em seus meios de comunicação, não podendo recusar a publicação, em condições de absoluta igualdade, do programa de todas as chapas.

- ➢ Redação alterada (DJ, 12.12.2000)

§ 3º Mediante requerimento escrito formulado pela chapa e assinado por seu representante legal, dirigido ao Presidente da Comissão Eleitoral, esta fornecerá, em 72 (setenta e duas) horas, listagem atualizada com nome e endereço postal dos advogados.

- ➢ Redação alterada (Resolução do Conselho Federal da OAB 2/2011)
- ➢ Vide Resolução do Conselho Federal da OAB 5 de 05.07.2016

§ 4º A listagem a que se refere o parágrafo 3º será fornecida mediante o pagamento das taxas fixadas pelo Conselho Seccional, não se admitindo mais de um requerimento por chapa concorrente.

- ➢ Incluído (DJ, 12.12.2000)

Art. 128-A. A Diretoria do Conselho Federal, no mês de fevereiro do ano das eleições, designará Comissão Eleitoral Nacional, composta por 05 (cinco) advogados e presidida preferencialmente por Conselheiro Federal que não seja candidato, como órgão deliberativo encarregado de supervisionar, com função correcional e consultiva, as eleições seccionais e a eleição para a Diretoria do Conselho Federal.

> ➤ Incluído pela Resolução do Conselho Federal da OAB 1/2014

Art. 129. A Comissão Eleitoral é composta de cinco advogados, sendo um Presidente, que não integrem qualquer das chapas concorrentes.

§ 1º A Comissão Eleitoral utiliza os serviços das Secretarias do Conselho Seccional e das subseções, com o apoio necessário de suas Diretorias, convocando ou atribuindo tarefas aos respectivos servidores.

§ 2º No prazo de cinco dias úteis, após a publicação do edital de convocação das eleições, qualquer advogado pode argüir a suspeição de membro da Comissão Eleitoral, a ser julgada pelo Conselho Seccional.

§ 3º A Comissão Eleitoral pode designar Subcomissões para auxiliar suas atividades nas subseções.

§ 4º As mesas eleitorais são designadas pela Comissão Eleitoral.

§ 5º A Diretoria do Conselho Seccional pode substituir os membros da Comissão Eleitoral quando, comprovadamente, não estejam cumprindo suas atividades, em prejuízo da organização e da execução das eleições.

Art. 130. Contra decisão da Comissão Eleitoral cabe recurso ao Conselho Seccional, no prazo de quinze dias, e deste para o Conselho Federal, no mesmo prazo, ambos sem efeito suspensivo.

Parágrafo único. Quando a maioria dos membros do Conselho Seccional estiver concorrendo às eleições, o recurso contra decisão da Comissão Eleitoral será encaminhado diretamente ao Conselho Federal.

> ➤ Incluído pela Resolução do Conselho Federal da OAB 2/2011

Art. 131. São admitidas a registro apenas chapas completas, que deverão atender ao mínimo de 30% (trinta por cento) e ao máximo de 70% (setenta por cento) para candidaturas de cada sexo, com indicação dos candidatos aos cargos de diretoria do Conselho Seccional, de conselheiros seccionais, de conselheiros federais, de diretoria da Caixa de Assistência dos Advogados e de suplentes, se houver, sendo vedadas candidaturas isoladas ou que integrem mais de uma chapa.

> ➤ Redação alterada (Resolução do Conselho Federal da OAB 1/2014)

§ 1º O percentual mínimo previsto no caput deste artigo poderá ser alcançado levando-se em consideração a chapa completa, compreendendo os cargos de titular e de suplência, não sendo obrigatória a observância em cargos específicos ou de diretoria, incluindo a do Conselho Federal.

> ➤ Redação alterada (Resolução do Conselho Federal da OAB 1/2014)

§ 2º Para o alcance do percentual mínimo previsto no caput deste artigo observar-se-á o arredondamento de fração para cima, considerando-se o número inteiro de vagas subsequente.

> ➤ Redação alterada (Resolução do Conselho Federal da OAB 1/2014)

§ 3º É facultativa a observação do percentual mínimo previsto neste artigo nas Subseções que não possuam Conselho.

> Redação alterada (Resolução do Conselho Federal da OAB 1/2014)

§ 4º O requerimento de inscrição, dirigido ao Presidente da Comissão Eleitoral, é subscrito pelo candidato a Presidente e por 02 (dois) outros candidatos à Diretoria, contendo nome completo, nº de inscrição na OAB e endereço profissional de cada candidato, com indicação do cargo a que concorre, acompanhado das autorizações escritas dos integrantes da chapa.

> Redação alterada (Resolução do Conselho Federal da OAB 1/2014)

§ 5º Somente integra chapa o candidato que, cumulativamente:

> Redação alterada (Resolução do Conselho Federal da OAB 1/2014)

a) seja advogado regularmente inscrito na respectiva Seccional da OAB, com inscrição principal ou suplementar;
b) esteja em dia com as anuidades;
c) não ocupe cargos ou funções incompatíveis com a advocacia, referidos no art. 28 do Estatuto, em caráter permanente ou temporário, ressalvado o disposto no art. 83 da mesma Lei;
d) não ocupe cargos ou funções dos quais possa ser exonerável ad nutum, mesmo que compatíveis com a advocacia;
e) não tenha sido condenado em definitivo por qualquer infração disciplinar, salvo se reabilitado pela OAB, ou não tenha representação disciplinar em curso, já julgada procedente por órgão do Conselho Federal;
f) exerça efetivamente a profissão, há mais de cinco anos, excluído o período de estagiário, sendo facultado à Comissão Eleitoral exigir a devida comprovação;
g) não esteja em débito com a prestação de contas ao Conselho Federal, na condição de dirigente do Conselho Seccional ou da Caixa de Assistência dos Advogados, responsável pelas referidas contas, ou não tenha tido prestação de contas rejeitada, após apreciação do Conselho Federal, com trânsito em julgado, nos 08 (oito) anos seguintes;
h) com contas rejeitadas segundo o disposto na alínea "a" do inciso II do art. 7º do Provimento n. 101/2003, ressarcir o dano apurado pelo Conselho Federal, sem prejuízo do cumprimento do prazo de 08 (oito) anos previsto na alínea "g";
i) não integre listas, com processo em tramitação, para provimento de cargos nos tribunais judiciais ou administrativos.

§ 6º A Comissão Eleitoral publica no quadro de avisos das Secretarias do Conselho Seccional e das subseções a composição das chapas com registro requerido, para fins de impugnação por qualquer advogado inscrito.

> Redação alterada (Resolução do Conselho Federal da OAB 1/2014)

§ 7º A Comissão Eleitoral suspende o registro da chapa incompleta ou que inclua candidato inelegível na forma do § 5º, concedendo ao candidato a Presidente do Conselho Seccional prazo improrrogável de cinco dias úteis para sanar a irregularidade, devendo a Secretaria e a Tesouraria do Conselho ou da Subseção prestar as informações necessárias. (NR)

> Redação alterada (Resolução do Conselho Federal da OAB 1/2014)

§ 8º A chapa é registrada com denominação própria, observada a preferência pela ordem de apresentação dos requerimentos, não podendo as seguintes utilizar termos, símbolos ou expressões iguais ou assemelhados.

> Incluído pela Resolução do Conselho Federal da OAB 1/2014

§ 9º Em caso de desistência, morte ou inelegibilidade de qualquer integrante da chapa, a substituição pode ser requerida, sem alteração da cédula única já composta, considerando-se votado o substituído.

> Incluído pela Resolução do Conselho Federal da OAB 1/2014

§ 10. Os membros dos órgãos da OAB, no desempenho de seus mandatos, podem neles permanecer se concorrerem às eleições.

> Incluído pela Resolução do Conselho Federal da OAB 1/2014

Art. 131-A. São condições de elegibilidade: ser o candidato advogado inscrito na Seccional, com inscrição principal ou suplementar, em efetivo exercício há mais de 05 (cinco) anos, e estar em dia com as anuidades na data de protocolo do pedido de registro de candidatura, considerando-se regulares aqueles que parcelaram seus débitos e estão adimplentes com a quitação das parcelas.

> Incluído pela Resolução do Conselho Federal da OAB 2/2011

§ 1º O candidato deverá comprovar sua adimplência junto à OAB por meio da apresentação de certidão da Seccional onde é candidato.

§ 2º Sendo o candidato inscrito em várias Seccionais, deverá, ainda, quando da inscrição da chapa na qual concorrer, declarar, sob a sua responsabilidade e sob as penas legais, que se encontra adimplente com todas elas.

§ 3º O período de 05 (cinco) anos estabelecido no caput deste artigo é o que antecede imediatamente a data da posse, computado continuamente.

Art.131-B. Desde o pedido de registro da chapa, poderá ser efetuada doação para a campanha por advogados, inclusive candidatos, sendo vedada a doação por pessoas físicas que não sejam advogados e por qualquer empresa ou pessoa jurídica, sob pena de indeferimento de registro ou cassação do mandato.

> Incluído pela Resolução do Conselho Federal da OAB 1/2014

§ 1º Será obrigatória a prestação de contas de campanha por parte das chapas concorrentes, devendo ser fixado pelo Conselho Federal o limite máximo de gastos.

§ 2º Também será fixado pelo Conselho Federal o limite máximo de doações para as campanhas eleitorais por parte de quem não é candidato.

Art. 132. A votação será realizada através de urna eletrônica, salvo comprovada impossibilidade, devendo ser feita no número atribuído a cada chapa, por ordem de inscrição.

> Incluído pela Resolução do Conselho Federal da OAB 2/2011

§ 1º Caso não seja adotada a votação eletrônica, a cédula eleitoral será única, contendo as chapas concorrentes na ordem em que foram registradas, com uma só quadrícula ao lado de cada denominação, e agrupadas em colunas, observada a seguinte ordem:

> Incluído (DJ 9.12.2005)

I – denominação da chapa e nome do candidato a Presidente, em destaque;

II – Diretoria do Conselho Seccional;

III – Conselheiros Seccionais; IV – Conselheiros Federais;

V – Diretoria da Caixa de Assistência dos Advogados; VI – Suplentes.

§ 2º Nas Subseções, não sendo adotado o voto eletrônico, além da cédula referida neste Capítulo, haverá outra cédula para as chapas concorrentes à Diretoria da Subseção e do respectivo Conselho, se houver, observando-se idêntica forma.

> Incluído (DJ 9.12.2005)

§ 3º O Conselho Seccional, ao criar o Conselho da Subseção, fixará, na resolução, a data da eleição suplementar, regulamentando-a segundo as regras deste Capítulo.

➢ Incluído (DJ 9.12.2005)

4º Os eleitos ao primeiro Conselho da Subseção complementam o prazo do mandato da Diretoria.

➢ Incluído (DJ 9.12.2005)

Art. 133. Perderá o registro a chapa que praticar ato de abuso de poder econômico, político e dos meios de comunicação, ou for diretamente beneficiada, ato esse que se configura por:

I – propaganda transmitida por meio de emissora de televisão ou rádio, permitindo-se entrevistas e debates com os candidatos;

➢ Incluído (DJ 9.12.2005)

II – propaganda por meio de outdoors ou com emprego de carros de som ou assemelhados;

➢ Incluído (DJ 9.12.2005)

III – propaganda na imprensa, a qualquer título, ainda que gratuita, que exceda, por edição, a um oitavo de página de jornal padrão e a um quarto de página de revista ou tabloide, não podendo exceder, ainda, a 10 (dez) edições;

➢ Redação alterada (Resolução do Conselho Federal da OAB 2/2011)

IV – uso de bens imóveis e móveis pertencentes à OAB, à Administração direta ou indireta da União, dos Estados, do Distrito Federal e dos Municípios, ou de serviços por estes custeados, em benefício de chapa ou de candidato, ressalvados os espaços da Ordem que devam ser utilizados, indistintamente, pelas chapas concorrentes;

➢ Incluído (DJ 9.12.2005)

V – pagamento, por candidato ou chapa, de anuidades de advogados ou fornecimento de quaisquer outros tipos de recursos financeiros ou materiais que possam desvirtuar a liberdade do voto;

➢ Incluído (DJ 9.12.2005)

VI – utilização de servidores da OAB em atividades de campanha eleitoral.

➢ Incluído (DJ 9.12.2005)

§ 1º A propaganda eleitoral, que só poderá ter início após o pedido de registro da chapa, tem como finalidade apresentar e debater propostas e ideias relacionadas às finalidades da OAB e aos interesses da Advocacia, sendo vedada a prática de atos que visem a exclusiva promoção pessoal de candidatos e, ainda, a abordagem de temas de modo a comprometer a dignidade da profissão e da Ordem dos Advogados do Brasil ou ofender a honra e imagem de candidatos.

➢ Redação alterada (Resolução do Conselho Federal da OAB 1/2014)

§ 2º A propaganda antecipada ou proibida importará em notificação de advertência a ser expedida pela Comissão Eleitoral competente para que, em 24 (vinte e quatro horas), seja suspensa, sob pena de aplicação de multa correspondente ao valor de 01(uma) até 10 (dez) anuidades.

➢ Redação alterada (Resolução do Conselho Federal da OAB 1/2014)

§ 3º Havendo recalcitrância ou reincidência, a Comissão Eleitoral procederá à abertura de procedimento de indeferimento ou cassação de registro da chapa ou do mandato, se já tiver sido eleita.

➢ Redação alterada (Resolução do Conselho Federal da OAB 1/2014)

§ 4º Se a Comissão Eleitoral entender que qualquer ato configure infração disciplinar, deverá notificar os órgãos correcionais competentes da OAB.

> Redação alterada (Resolução do Conselho Federal da OAB 1/2014)

§ 5º É vedada:

> Redação alterada (Resolução do Conselho Federal da OAB 1/2014)

I – no período de 15 (quinze) dias antes da data das eleições, a divulgação de pesquisa eleitoral;

II – no período de 30 (trinta) dias antes da data das eleições, a regularização da situação financeira de advogado perante a OAB para torná-lo apto a votar;

III – no período de 60 (sessenta) dias antes das eleições, a promoção pessoal de candidatos na inauguração de obras e serviços da OAB;

IV – no período de 90 (noventa) dias antes da data das eleições, a concessão ou distribuição, às Seccionais e Subseções, por dirigente, candidato ou chapa, de recursos financeiros, salvo os destinados ao pagamento de despesas de pessoal e de custeio ou decorrentes de obrigações e de projetos pré-existentes, bem como de máquinas, equipamentos, móveis e utensílios, ressalvados os casos de reposição, e a convolação de débitos em auxílios financeiros, salvo quanto a obrigações e a projetos pré-existentes.

§ 6º Qualquer chapa pode representar, à Comissão Eleitoral, relatando fatos e indicando provas, indícios e circunstâncias, para que se promova a apuração de abuso.

> Redação alterada (Resolução do Conselho Federal da OAB 1/2014)

§ 7º Cabe ao Presidente da Comissão Eleitoral, de ofício ou mediante representação, até a proclamação do resultado do pleito, instaurar processo e determinar a notificação da chapa representada, por intermédio de qualquer dos candidatos à Diretoria do Conselho ou, se for o caso, da Subseção, para que apresente defesa no prazo de 5 (cinco) dias, acompanhada de documentos e rol de testemunhas.

> Redação alterada (Resolução do Conselho Federal da OAB 1/2014)

§ 8º Pode o Presidente da Comissão Eleitoral determinar à representada que suspenda o ato impugnado, se entender relevante o fundamento e necessária a medida para preservar a normalidade e legitimidade do pleito, cabendo recurso, à Comissão Eleitoral, no prazo de 3 (três) dias.

> Redação alterada (Resolução do Conselho Federal da OAB 1/2014)

§ 9º Apresentada ou não a defesa, a Comissão Eleitoral procede, se for o caso, a instrução do processo, pela requisição de documentos e a oitiva de testemunhas, no prazo de 3 (três) dias.

> Redação alterada (Resolução do Conselho Federal da OAB 1/2014)

§ 10. Encerrada a dilação probatória, as partes terão prazo comum de 2 (dois) dias para apresentação das alegações finais.

> Redação alterada (Resolução do Conselho Federal da OAB 1/2014)

§ 11. Findo o prazo de alegações finais, a Comissão Eleitoral decidirá, em no máximo 2 (dois) dias, notificando as partes da decisão, podendo, para isso, valer-se do uso de fax.

> Redação alterada (Resolução do Conselho Federal da OAB 1/2014)

§ 12. A decisão que julgar procedente a representação implica no cancelamento de registro da chapa representada e, se for o caso, na anulação dos votos, com a perda do mandato de seus componentes.

> Redação alterada (Resolução do Conselho Federal da OAB 1/2014)

§ 13. Se a nulidade atingir mais da metade dos votos a eleição estará prejudicada, convocando-se outra no prazo de 30 (trinta) dias.

> Redação alterada (Resolução do Conselho Federal da OAB 1/2014)

§ 14. Os candidatos da chapa que tiverem dado causa à anulação da eleição não podem concorrer no pleito que se realizar em complemento.

> Redação alterada (Resolução do Conselho Federal da OAB 1/2014)

§ 15. Ressalvado o disposto no § 7º deste artigo, os prazos correm em Secretaria, publicando- se, no quadro de avisos do Conselho Seccional ou da Subseção, se for o caso, os editais relativos aos atos do processo eleitoral.

> Redação alterada (Resolução do Conselho Federal da OAB 1/2014)

Art. 134. O voto é obrigatório para todos os advogados inscritos da OAB, sob pena de multa equivalente a 20% (vinte por cento) do valor da anuidade, salvo ausência justificada por escrito, a ser apreciada pela Diretoria do Conselho Seccional.

§ 1º O eleitor faz prova de sua legitimação apresentando seu Cartão ou a Carteira de Identidade de Advogado, a Cédula de Identidade – RG, a Carteira Nacional de Habilitação – CNH, a Carteira de Trabalho e Previdência Social – CTPS ou o Passaporte, e o comprovante de quitação com a OAB, suprível por listagem atualizada da Tesouraria do Conselho ou da Subseção.

> Redação alterada (Resolução do Conselho Federal da OAB 2/2011)

§ 2º O eleitor, na cabine indevassável, deverá optar pela chapa de sua escolha, na urna eletrônica ou na cédula fornecida e rubricada pelo presidente da mesa eleitoral.

> Redação alterada (Resolução do Conselho Federal da OAB 2/2011)

§ 3º Não pode o eleitor suprir ou acrescentar nomes ou rasurar a cédula, sob pena de nulidade do voto.

§ 4º O advogado com inscrição suplementar pode exercer opção de voto, comunicando ao Conselho onde tenha inscrição principal.

§ 5º O eleitor somente pode votar no local que lhe for designado, sendo vedada a votação em trânsito.

§ 6º Na hipótese de voto eletrônico, adotar-se-ão, no que couber, as regras estabelecidas na legislação eleitoral.

> Incluído (DJ 24.11.1997)

§ 7º A transferência do domicílio eleitoral para exercício do voto somente poderá ser requerida até as 18 (dezoito) horas do dia anterior à publicação do edital de abertura do período eleitoral da respectiva Seccional, observado o art. 10 do Estatuto e ressalvados os casos do § 4º do art. 134 do Regulamento Geral e dos novos inscritos.

> Incluído pela Resolução do Conselho Federal da OAB 4/2012

Art. 135. Encerrada a votação, as mesas receptoras apuram os votos das respectivas urnas, nos mesmos locais ou em outros designados pela Comissão Eleitoral, preenchendo e assinando os documentos dos resultados e entregando todo o material à Comissão Eleitoral ou à Subcomissão.

§ 1º As chapas concorrentes podem credenciar até dois fiscais para atuar alternadamente junto a cada mesa eleitoral e assinar os documentos dos resultados.

§ 2º As impugnações promovidas pelos fiscais são registradas nos documentos dos resultados, pela mesa, para decisão da Comissão Eleitoral ou de sua Subcomissão, mas não prejudicam a contagem de cada urna.

§ 3º As impugnações devem ser formuladas às mesas eleitorais, sob pena de preclusão.

Art. 136. Concluída a totalização da apuração pela Comissão Eleitoral, esta proclamará o resultado, lavrando ata encaminhada ao Conselho Seccional.

§ 1º São considerados eleitos os integrantes da chapa que obtiver a maioria dos votos válidos, proclamada vencedora pela Comissão Eleitoral, sendo empossados no primeiro dia do início de seus mandatos.

§ 2º A totalização dos votos relativos às eleições para diretoria da Subseção e do conselho, quando houver, é promovida pela Subcomissão Eleitoral, que proclama o resultado, lavrando ata encaminhada à Subseção e ao Conselho Seccional.

Art. 137. A eleição para a Diretoria do Conselho Federal observa o disposto no art. 67 do Estatuto.

§ 1º O requerimento de registro das candidaturas, a ser apreciado pela Diretoria do Conselho Federal, deve ser protocolado ou postado com endereçamento ao Presidente da entidade:

> ➢ Redação alterada (Resolução do Conselho Federal da OAB 1/2006)

I – de 31 de julho a 31 de dezembro do ano anterior à eleição, para registro de candidatura à Presidência, acompanhado das declarações de apoio de, no mínimo, seis Conselhos Seccionais;

II – até 31 de dezembro do ano anterior à eleição, para registro de chapa completa, com assinaturas, nomes, números de inscrição na OAB e comprovantes de eleição para o Conselho Federal, dos candidatos aos demais cargos da Diretoria.

§ 2º Os recursos interpostos nos processos de registro de chapas serão decididos pelo Conselho Pleno do Conselho Federal.

> ➢ Redação alterada (Resolução do Conselho Federal da OAB 1/2006)

§ 3º A Diretoria do Conselho Federal concederá o prazo de cinco dias úteis para a correção de eventuais irregularidades sanáveis.

> ➢ Redação alterada (Resolução do Conselho Federal da OAB 1/2006)

§ 4º O Conselho Federal confecciona as cédulas únicas, com indicação dos nomes das chapas, dos respectivos integrantes e dos cargos a que concorrem, na ordem em que forem registradas.

> ➢ Redação alterada (Resolução do Conselho Federal da OAB 1/2006)

§ 5º O eleitor indica seu voto assinalando a quadrícula ao lado da chapa escolhida.

> ➢ Redação alterada (Resolução do Conselho Federal da OAB 1/2006)

§ 6º Não pode o eleitor suprimir ou acrescentar nomes ou rasurar a cédula, sob pena de nulidade do voto.

> ➢ Redação alterada (Resolução do Conselho Federal da OAB 1/2006)

§ 7º REVOGADO.

> ➢ Revogado pela Resolução do Conselho Federal da OAB 1/2006

Art. 137-A. A eleição dos membros da Diretoria do Conselho Federal será realizada às 19 horas do dia 31 de janeiro do ano seguinte ao da eleição nas Seccionais.

> Redação alterada (Resolução do Conselho Federal da OAB 1/2006)

§ 1º Comporão o colégio eleitoral os Conselheiros Federais eleitos no ano anterior, nas respectivas Seccionais.

§ 2º O colégio eleitoral será presidido pelo mais antigo dos Conselheiros Federais eleitos, e, em caso de empate, o de inscrição mais antiga, o qual designará um dos membros como Secretário.

§ 3º O colégio eleitoral reunir-se-á no Plenário do Conselho Federal, devendo os seus membros ocupar as bancadas das respectivas Unidades federadas.

§ 4º Instalada a sessão, com a presença da maioria absoluta dos Conselheiros Federais eleitos, será feita a distribuição da cédula de votação a todos os eleitores, incluído o Presidente.

§ 5º As cédulas serão rubricadas pelo Presidente e pelo Secretário-Geral e distribuídas entre todos os membros presentes.

§ 6º O colégio eleitoral contará com serviços de apoio de servidores do Conselho Federal, especificamente designados pela Diretoria.

§ 7º As cédulas deverão ser recolhidas mediante o chamamento dos representantes de cada uma das Unidades federadas, observada a ordem alfabética, devendo ser depositadas em urna colocada na parte central e à frente da mesa, após o que o eleitor deverá assinar lista de freqüência, sob guarda do Secretário-Geral.

§ 8º Imediatamente após a votação, será feita a apuração dos votos por comissão de três membros, designada pelo Presidente, dela não podendo fazer parte eleitor da mesma Unidade federada dos integrantes das chapas.

§ 9º Será proclamada eleita a chapa que obtiver a maioria simples do colegiado, presente metade mais um dos eleitores.

§ 10. No caso de nenhuma das chapas atingir a maioria indicada no § 9º, haverá outra votação, na qual concorrerão as duas chapas mais votadas, repetindo-se a votação até que a maioria seja atingida.

§ 11. Proclamada a chapa eleita, será suspensa a reunião para a elaboração da ata, que deverá ser lida, discutida e votada, considerada aprovada se obtiver a maioria de votos dos presentes. As impugnações serão apreciadas imediatamente pelo colégio eleitoral.

Art. 137-B. Os membros do colegiado tomarão posse para o exercício do mandato trienal de Conselheiro Federal, em reunião realizada no Plenário, presidida pelo Presidente do Conselho Federal, após prestarem o respectivo compromisso.

> Incluído (DJ 4.09.2006)

Art.137-C. Na ausência de normas expressas no Estatuto e neste Regulamento, ou em Provimento, aplica-se, supletivamente, no que couber, a legislação eleitoral.

> Incluído (DJ 4.09.2006)

CAPÍTULO VIII

DAS NOTIFICAÇÕES E DOS RECURSOS

Art. 137-D A notificação inicial para a apresentação de defesa prévia ou manifestação em processo administrativo perante a OAB deverá ser feita através de correspondência, com aviso de recebimento, enviada para o endereço profissional ou residencial constante do cadastro do Conselho Seccional.

> Renumerado (DJ 4.9.2006)
> Vide arts. 55 a 69 do novo CED da OAB
> Vide art. 24 do Regulamento Geral da OAB
> Vide arts. 68 a 77 da Lei 8.906/94

§ 1º Incumbe ao advogado manter sempre atualizado o seu endereço residencial e profissional no cadastro do Conselho Seccional, presumindo-se recebida a correspondência enviada para o endereço nele constante.

§ 2º Frustrada a entrega da notificação de que trata o caput deste artigo, será a mesma realizada através de edital, a ser publicado na imprensa oficial do Estado.

§ 3º Quando se tratar de processo disciplinar, a notificação inicial feita através de edital deverá respeitar o sigilo de que trata o artigo 72, § 2º, da Lei 8.906/94, dele não podendo constar qualquer referência de que se trate de matéria disciplinar, constando apenas o nome completo do advogado, o seu número de inscrição e a observação de que ele deverá comparecer à sede do Conselho Seccional ou da Subseção para tratar de assunto de seu interesse.

> Vide Resolução do Conselho Federal da OAB de 05.07.2016

§ 4º As demais notificações no curso do processo disciplinar serão feitas através de correspondência, na forma prevista no caput deste artigo, ou através de publicação na imprensa oficial do Estado ou da União, quando se tratar de processo em trâmite perante o Conselho Federal, devendo, as publicações, observarem que o nome do representado deverá ser substituído pelas suas respectivas iniciais, indicando-se o nome completo do seu procurador ou o seu, na condição de advogado, quando postular em causa própria.

> Vide Resolução do Conselho Federal da OAB de 05.07.2016

§ 5º A notificação de que trata o inciso XXIII, do artigo 34, da Lei 8.906/94 será feita na forma prevista no caput deste artigo ou através de edital coletivo publicado na imprensa oficial do Estado.

Art. 138. À exceção dos embargos de declaração, os recursos são dirigidos ao órgão julgador superior competente, embora interpostos perante a autoridade ou órgão que proferiu a decisão recorrida.

§ 1º O juízo de admissibilidade é do relator do órgão julgador a que se dirige o recurso, não podendo a autoridade ou órgão recorrido rejeitar o encaminhamento.

§ 2º O recurso tem efeito suspensivo, exceto nas hipóteses previstas no Estatuto.

§ 3º Os embargos de declaração são dirigidos ao relator da decisão recorrida, que lhes pode negar seguimento, fundamentadamente, se os tiver por manifestamente protelatórios, intempestivos ou carentes dos pressupostos legais para interposição.

§ 4º Admitindo os embargos de declaração, o relator os colocará em mesa para julgamento, independentemente de inclusão em pauta ou publicação, na primeira sessão seguinte, salvo justificado impedimento.

§ 5º Não cabe recurso contra as decisões referidas nos §§ 3º e 4º.

Art. 139. O prazo para qualquer recurso é de quinze dias, contados do primeiro dia útil seguinte, seja da publicação da decisão na imprensa oficial, seja da data do recebimento da notificação, anotada pela Secretaria do órgão da OAB ou pelo agente dos Correios.

> Redação alterada (DJ 12.12.2000)

§ 1º O recurso poderá ser interposto via fac-simile ou similar, devendo o original ser entregue até 10 (dez) dias da data da interposição.

§ 2º Os recursos poderão ser protocolados nos Conselhos Seccionais ou nas Subseções nos quais se originaram os processos correspondentes, devendo o interessado indicar a quem recorre e remeter cópia integral da peça, no prazo de 10 (dez) dias, ao órgão julgador superior competente, via sistema postal rápido, fac-símile ou correio eletrônico.

> Redação alterada (Resolução do Conselho Federal 2/2012)

§ 3º Durante o período de recesso do Conselho da OAB que proferiu a decisão recorrida, os prazos são suspensos, reiniciando-se no primeiro dia útil após o seu término.

Art. 140. O relator, ao constatar intempestividade ou ausência dos pressupostos legais para interposição do recurso, profere despacho indicando ao Presidente do órgão julgador o indeferimento liminar, devolvendo-se o processo ao órgão recorrido para executar a decisão.

Parágrafo único. Contra a decisão do Presidente, referida neste artigo, cabe recurso voluntário ao órgão julgador.

Art. 141. Se o relator da decisão recorrida também integrar o órgão julgador superior, fica neste impedido de relatar o recurso.

Art. 142. Quando a decisão, inclusive dos Conselhos Seccionais, conflitar com orientação de órgão colegiado superior, fica sujeita ao duplo grau de jurisdição.

Art. 143. Contra decisão do Presidente ou da Diretoria da Subseção cabe recurso ao Conselho Seccional, mesmo quando houver conselho na Subseção.

Art. 144. Contra a decisão do Tribunal de Ética e Disciplina cabe recurso ao plenário ou órgão especial equivalente do Conselho Seccional.

Parágrafo único. O Regimento Interno do Conselho Seccional disciplina o cabimento dos recursos no âmbito de cada órgão julgador.

Art. 144-A. Para a formação do recurso interposto contra decisão de suspensão preventiva de advogado (art. 77, Lei nº 8.906/94), dever-se-á juntar cópia integral dos autos da representação disciplinar, permanecendo o processo na origem para cumprimento da pena preventiva e tramitação final, nos termos do artigo 70, § 3º, do Estatuto.

> Incluído (DJ 12.12.2000)

CAPÍTULO IX
DAS CONFERÊNCIAS E DOS COLÉGIOS DE PRESIDENTES

Art. 145. A Conferência Nacional dos Advogados é órgão consultivo máximo do Conselho Federal, reunindo-se trienalmente, no segundo ano do mandato, tendo por objetivo o estudo e o debate das questões e problemas que digam respeito às finalidades da OAB e ao congraçamento dos advogados.

§ 1º As Conferências dos Advogados dos Estados e do Distrito Federal são órgãos consultivos dos Conselhos Seccionais, reunindo-se trienalmente, no segundo ano do mandato.

§ 2º No primeiro ano do mandato do Conselho Federal ou do Conselho Seccional, decidem-se a data, o local e o tema central da Conferência.

§ 3º As conclusões das Conferências têm caráter de recomendação aos Conselhos correspondentes.

Art. 146. São membros das Conferências:

I – efetivos: os Conselheiros e Presidentes dos órgãos da OAB presentes, os advogados e estagiários inscritos na Conferência, todos com direito a voto;

II – convidados: as pessoas a quem a Comissão Organizadora conceder tal qualidade, sem direito a voto, salvo se for advogado.

§ 1º Os convidados, expositores e membros dos órgãos da OAB têm identificação especial durante a Conferência.

§ 2º Os estudantes de direito, mesmo inscritos como estagiários na OAB, são membros ouvintes, escolhendo um porta-voz entre os presentes em cada sessão da Conferência.

Art. 147. A Conferência é dirigida por uma Comissão Organizadora, designada pelo Presidente do Conselho, por ele presidida e integrada pelos membros da Diretoria e outros convidados.

§ 1º O Presidente pode desdobrar a Comissão Organizadora em comissões específicas, definindo suas composições e atribuições.

§ 2º Cabe à Comissão Organizadora definir a distribuição do temário, os nomes dos expositores, a programação dos trabalhos, os serviços de apoio e infra-estrutura e o regimento interno da Conferência.

Art. 148. Durante o funcionamento da Conferência, a Comissão Organizadora é representada pelo Presidente, com poderes para cumprir a programação estabelecida e decidir as questões ocorrentes e os casos omissos.

Art. 149. Os trabalhos da Conferência desenvolvem-se em sessões plenárias, painéis ou outros modos de exposição ou atuação dos participantes.

§ 1º As sessões são dirigidas por um Presidente e um Relator, escolhidos pela Comissão Organizadora.

§ 2º Quando as sessões se desenvolvem em forma de painéis, os expositores ocupam a metade do tempo total e a outra metade é destinada aos debates e votação de propostas ou conclusões pelos participantes.

§ 3º É facultado aos expositores submeter as suas conclusões à aprovação dos participantes.

Art. 150. O Colégio de Presidentes dos Conselhos Seccionais é regulamentado em Provimento.99

Parágrafo único. O Colégio de Presidentes das subseções é regulamentado no Regimento Interno do Conselho Seccional.

TÍTULO III

DAS DISPOSIÇÕES GERAIS E TRANSITÓRIAS

Art. 151. Os órgãos da OAB não podem se manifestar sobre questões de natureza pessoal, exceto em caso de homenagem a quem tenha prestado relevantes serviços à sociedade e à advocacia.

Parágrafo único. As salas e dependências dos órgãos da OAB não podem receber nomes de pessoas vivas ou inscrições estranhas às suas finalidades, respeitadas as situações já existentes na data da publicação deste Regulamento Geral.

Art. 152. A "Medalha Rui Barbosa" é a comenda máxima conferida pelo Conselho Federal às grandes personalidades da advocacia brasileira.

Parágrafo único. A Medalha só pode ser concedida uma vez, no prazo do mandato do Conselho, e será entregue ao homenageado em sessão solene.

Art. 153. Os estatutos das Caixas criadas anteriormente ao advento do Estatuto serão a ele adaptados e submetidos ao Conselho Seccional, no prazo de cento e vinte dias, contado da publicação deste Regulamento Geral.

Art. 154. Os Provimentos editados pelo Conselho Federal complementam este Regulamento Geral, no que não sejam com ele incompatíveis.100

Parágrafo único. Todas as matérias relacionadas à Ética do advogado, às infrações e sanções disciplinares e ao processo disciplinar são regulamentadas pelo Código de Ética e Disciplina.

Art. 155. Os Conselhos Seccionais, até o dia 31 de dezembro de 2007, adotarão os documentos de identidade profissional na forma prevista nos artigos 32 a 36 deste Regulamento.

> Redação alterada (Resolução do Conselho Federal 2/2006)

§ 1º Os advogados inscritos até a data da implementação a que se refere o caput deste artigo deverão substituir os cartões de identidade até 31 de janeiro de 2009.

> Redação alterada (Resolução do Conselho Federal 1/2008)

§ 2º Facultar-se-á ao advogado inscrito até 31 de dezembro de 1997 o direito de usar e permanecer exclusivamente com a carteira de identidade, desde que, até 31 de dezembro de 1999, assim solicite formalmente.

> Redação alterada (DJ 24.11.1997)

§ 3º O pedido de uso e permanência da carteira de identidade, que impede a concessão de uma nova, deve ser anotado no documento profissional, como condição de sua validade.

> Redação alterada (DJ 24.11.1997)

§ 4º Salvo nos casos previstos neste artigo, findos os prazos nele fixados, os atuais documentos perderão a validade, mesmo que permaneçam em poder de seus portadores.

> Redação alterada (DJ 24.11.1997)

Art. 156. Os processos em pauta para julgamento das Câmaras Reunidas serão apreciados pelo Órgão Especial, a ser instalado na primeira sessão após a publicação deste Regulamento Geral, mantidos os relatores anteriormente designados, que participarão da respectiva votação.

Art.156-A. Excetuados os prazos regulados pelo Provimento n. 102/2004, previstos em editais próprios, ficam suspensos até 1º de agosto de 2010 os prazos processuais iniciados antes ou durante o mês de julho de 2010. (NR)106

> Incluído pela Resolução do Conselho Federal da OAB 1/2010

Art. 157. Revogam-se as disposições em contrário, especialmente os Provimentos de nºs 1, 2, 3, 5, 6, 7, 9, 10, 11, 12, 13, 14, 15, 16, 17, 18, 19, 20, 21, 22, 24, 25, 27, 28, 29, 30, 31, 32, 33, 34, 35, 36, 38, 39, 40, 41, 46, 50, 51, 52, 54, 57, 59, 60, 63, 64, 65, 67 e 71, e o Regimento Interno do Conselho Federal, mantidos os efeitos das Resoluções nºs 01/94 e 02/94.

Art. 158. Este Regulamento Geral entra em vigor na data de sua publicação.

Sala das Sessões, em Brasília, 16 de outubro e 6 de novembro de 1994

JOSÉ ROBERTO BATOCHIO
(Presidente)

PAULO LUIZ NETTO LÔBO (Relator)

(Publicação no DJ de 16.11.1994)

Impressão e acabamento:

Grupo SmartPrinter
Soluções em impressão